LE MOUTON NOIR

Du même auteur

Affaire Elf, affaire d'État (entretiens avec Éric Decouty), Le Cherche-Midi, 2001
La Crevette et le Champignon, Le Cherche-Midi, 2005
Une incarcération ordinaire, Le Cherche-Midi, 2006
Granit rosse (roman), Coop Breizh, 2012

Loïk Le Floch-Prigent

LE MOUTON NOIR

Mémoires

Pygmalion

Sur simple demande adressée à
Pygmalion, 87 quai Panhard et Levassor, 75647 Paris Cedex 13,
vous recevrez gratuitement notre catalogue
qui vous tiendra au courant de nos dernières publications.

ISBN : 978-2-7564-1426-3

À Marlène, ma femme

À mes enfants et ma famille

Et aux 2 700 personnes qui, avec eux, ont fait campagne pour ma libération

Prologue

Évoquant l'entrée en guerre de Napoléon contre la Russie d'Alexandre, Tolstoï écrit dans *La Guerre et la Paix* : « Nous ne comprenons pas que des millions de chrétiens aient pu s'entretuer et se faire souffrir parce que Napoléon était avide de puissance, Alexandre ferme, la politique de l'Angleterre retorse et le duc d'Oldenbourg offensé (...) Les actes de Napoléon et d'Alexandre, d'un mot de qui dépendait, semblait-il, que l'événement se produisît ou ne se produisît pas, étaient tout aussi peu libres que ceux de chacun des soldats qui faisaient campagne par tirage au sort ou par recrutement. Il ne pouvait en être autrement car, pour que la volonté de Napoléon ou d'Alexandre (maîtres apparents de l'événement) fût accomplie, il fallait la concordance d'innombrables circonstances ; une seule d'entre elles aurait manqué et l'événement n'aurait pu avoir lieu. » Ce que Tolstoï veut ainsi souligner, c'est que si, de façon criante, les passions des souverains ont mille fois plus de poids que celles du commun, ils n'en seraient pas moins les instruments de la marche de l'histoire. Malgré eux. Loin d'être aussi libres qu'ils se l'imaginent, ils seraient prédéterminés. Après avoir rencontré un grand succès, il est clair que cette conception hégélienne d'une marche de la raison dans l'histoire a perdu de son éclat. Il n'empêche que Tolstoï dit vrai lorsqu'il insiste sur le choc des passions et sur le concours des circonstances.

Bien malin quiconque prétendrait décrire fidèlement cette « concordance d'innombrables circonstances » qui dicte le destin des individus, des familles ou des nations ? Je ne m'appelle pas Loïk Affaire Elf, ni Le Plouc Fringant ; je m'appelle Loïk Le Floch-Prigent. À chacun son soleil d'Austerlitz ou sa campagne de Russie.

Qu'il s'agisse de ceux que nous avons déclenchés, de ceux où nous avons joué un rôle fortuitement, nous ne maîtrisons pas grand-chose de la portée aussi bien collective que personnelle de tous les événements et circonstances qui jalonnent le cours de notre existence. Et, cependant, la nature humaine est ainsi faite que, de génération en génération, chacun est tenté tantôt de fanfaronner ses exploits en passant sous silence la part que d'autres y ont prise, tantôt de leur imputer l'origine des défaites auxquelles il arrive inévitablement à chacun d'être associé. Aux généraux, le prestige de la victoire. Aux soldats, la honte de la défaite. Les généraux se réclament de l'art ou de la science de la guerre. Les soldats sont sous leurs ordres et sous le feu.

Il se trouve que, pour avoir été général lorsque m'ont été confiées les présidences de quatre grandes entreprises françaises de premier plan, je n'ai – presque jamais – étouffé la voix du petit soldat que j'avais été pendant dix ans au sein de la Délégation générale à la recherche scientifique et technique. Si, depuis, j'ai pu me laisser abuser ou griser parfois, je n'ai pas été dupe longtemps. Et aujourd'hui, moins que jamais. La première étape de mon ressaisissement a consisté à reconnaître la nature et l'étendue de ma dette. À l'égard de ma famille, à l'égard des hommes de science qui, tels que Jacob Bronowski ou Jacques Monod, m'ont aidé à trouver ma voie, à l'égard d'hommes d'État qui, tels que Pierre Dreyfus et François Mitterrand, ont donné sa chance à un « mouton noir », moi simple ingénieur diplômé de l'école de Grenoble, plutôt qu'à un ingénieur ou qu'à un administrateur issu d'une grande école. Enfant unique au cœur d'une tribu qui comptait beaucoup d'enfants, premier de sa classe soudain médiocrement noté, bachelier privé de mention et donc de préparation aux grandes écoles, adolescent ingénu devenu souffre-douleur d'un chef de bizutage, fonctionnaire bas-breton toisé par des Parisiens de la haute bourgeoisie, nommé à la tête d'une grande entreprise publique au vif dépit des seigneurs de la poly-énarchie : autant de situations qui ont inspiré le surnom dont François Mitterrand m'avait affublé : le Mouton noir.

Faire la part de ce que j'ai reçu, de ce que j'ai conservé, de ce que j'ai écarté, de ce que j'ai transformé (pour le meilleur ou pour le pire) et de ce que je léguerai, c'est le premier objet de ces mémoires. Oui, je n'ai pas tout maîtrisé des événements privés ou publics qui m'ont marqué depuis que j'ai vu le jour le 21 septembre 1943. Du moins me suis-je mis en demeure de les rapporter, d'identifier leurs sources, d'évaluer leurs interférences et jusqu'à leurs échos les plus inattendus.

Par-dessus tout, je souffre d'être privé depuis dix-sept ans de la possibilité de diriger une entreprise alors que, moi qui n'ai jamais cessé de me tenir étroitement informé de la marche des choses, en particulier dans mes domaines de prédilection et d'expérience que sont l'industrie et l'énergie, j'aimerais tant apporter mon concours au redressement de l'économie française, au développement du continent africain. Ce qui est le second objet de ces mémoires.

Ce livre aurait pu se limiter à retracer mon histoire familiale et mon parcours professionnel, à livrer toutes sortes d'anecdotes sur les coulisses des nationalisations de 1981, sur mes rapports avec les magistrats saisis du dossier Elf ou sur les premiers pas de la révolution culturelle qui fait désormais de la SNCF une entreprise plus autonome, plus responsable et plus dynamique. C'est ce que j'avais entrepris de faire. Lorsque, près de rentrer à Paris à l'issue d'un séjour à Abidjan, l'on m'a signifié au beau milieu de l'aéroport que j'étais en état d'arrestation – attendu, soi-disant, que je devais être déféré devant la justice togolaise. Piquante ironie : moi qui venais de publier un roman policier, *Granit rosse*, voilà que la réalité surpassait la fiction. J'étais soudain devenu le principal protagoniste d'une intrigue abracadabrante. Mais entendre à nouveau parler de Loïk

Le Floch-Prigent à l'occasion cette fois d'une « affaire africaine » : quel pain bénit pour les médias ! À croire que le spectre du dévoyé Loïk Affaire Elf, le témoin gênant, le commode bouc émissaire des « années Mitterrand » (sous-entendu inévitable : les « années fric »), était revenu au premier plan hanter les consciences, plus spécialement les mauvaises consciences…

Isolé pendant des mois, sali par des rumeurs incontrôlables, empêché de me défendre et de faire respecter la légalité, gravement malade, j'ai souvent douté d'en sortir vivant. Aussi ai-je choisi de faire du récit circonstancié de cette mésaventure la porte d'entrée de ces mémoires. Car, sans cette dernière épreuve, je ne me serais pas aussi farouchement efforcé de comprendre comment elle m'était arrivée, au titre de quelle curieuse et fâcheuse prédisposition et à la faveur de quelle incroyable « concordance d'innombrables circonstances »…

1

Rapt à Abidjan

Je me rends régulièrement à Abidjan, presque chaque mois. Pour rendre service à un ami qui y possède une petite société de courtage d'assurance. Si gravement malade qu'il ne peut plus quitter Paris, ce dernier m'a chargé temporairement d'en assurer la gestion, sur place et pour son compte. Je l'ai accepté volontiers. À l'occasion, j'en profite pour rencontrer certains officiels gouvernementaux et industriels privés pour des affaires touchant cette fois-ci à mon premier domaine de compétence : l'énergie.

Aux premiers jours de septembre 2012, alors que mon ami est au plus mal, je pars à nouveau pour Abidjan. Je dois m'empresser de redresser les comptes et de préparer la cession de la société. Ma semaine est ponctuée de nombreux rendez-vous. Je me rends, en particulier, au palais présidentiel et au ministère de l'Énergie. En marge de cette mission, il se trouve que je viens de publier mon polar breton, *Granit rosse*. Et c'est de bon cœur que je me prête aux séances de dédicace chez mes amis restaurateurs et à la librairie

Cap Sud, dans le centre-ville d'Abidjan. Invité par Radio Nostalgie, j'ai parlé pendant une heure de mon polar et, accessoirement, d'autres sujets. Le vendredi 14 septembre au soir, c'est donc avec le sentiment du devoir accompli que je me dispose à rentrer à Paris. Le décollage du vol Air France est prévu à 22 heures. Prudent comme à mon habitude, il est 20 heures lorsque je pénètre dans l'aéroport international Félix-Houphouët-Boigny.

Dans l'intervalle, la triste nouvelle est tombée : mon ami est décédé. Aussi ai-je fait mettre en soute un certain nombre de documents destinés à sa famille.

Ma propre santé n'est pas au beau fixe. Je souffre d'un psoriasis dont, depuis ces derniers jours, l'évolution devient alarmante. La veille de mon départ d'Abidjan, j'ai réclamé à mon chirurgien un nouveau rendez-vous. Des petites tumeurs apparaissent sur mes jambes, qui peuvent proliférer et grossir vite. Alors que j'ai déjà subi deux interventions sur la jambe gauche en l'espace des deux dernières années, une nouvelle tumeur s'est déclarée depuis mon arrivée à Abidjan. Elle enfle à vue d'œil. La douleur me prive de sommeil. J'ai obtenu de mon chirurgien qu'il pratique la prochaine intervention le 26 septembre.

Au comptoir de la salle d'enregistrement, l'hôtesse m'a délivré ma place d'avion. Je garde mon bagage à main et me dirige vers le poste de police. C'est la première étape du chemin qui conduit à la salle d'embarquement. Je le franchis sans incident. J'ai quitté le territoire de la république de Côte d'Ivoire mais, voyageur en transit, je n'ai pas encore mis le pied en France. Je poursuis vers le portique de détection du contenu métallique des bagages et des passagers quand, soudain, un policier en uniforme s'adresse à moi. Il me demande si je suis bien Loïk Le Floch-Prigent. Je lui tends mon passeport. Il y jette un coup d'œil puis me prie de le suivre jusqu'au poste de police. J'obtempère. Quel désagrément aurais-je à redouter ? Je me sens en sûreté. Mon passeport en fait foi : j'ai déjà passé le contrôle de police. Cela signifie, ainsi que je le rappelle au policier, que je suis sorti du territoire ivoirien.

Assis à la table d'un petit local situé à quelques mètres de là, un jeune policier feuillette des revues d'un air las. Il m'invite à m'asseoir. J'observe que c'est lui à présent qui détient et qui conserve mon passeport. Je l'interroge du regard. Il me signifie d'attendre que les autorités se manifestent. Le siège qu'il m'a désigné est cassé, mais c'est toujours mieux que rien. J'assiste au va-et-vient des policiers qui rentrent et qui sortent. Personne ne me prête attention, ni ne s'inquiète de mon sort. Au bout d'un moment, je n'y tiens plus. Au jeune désœuvré je demande de m'indiquer pourquoi l'on me retient dans ce local. En raison d'un « papier » ordonnant mon arrestation, me dit-il, et d'un « mandat d'arrêt international émanant du Togo ». Un mandat d'arrêt ? Émis par le Togo ? Interloqué, je le prie de me les montrer, lesdits « papiers ». Il s'y refuse. Au motif qu'il n'est pas habilité. Je n'ai qu'à patienter, me dit-il, qu'à attendre l'arrivée imminente d'un « gradé ».

Du temps a passé. Il est presque 21 heures. L'avion doit décoller pour Paris à 22 heures. Je commence à téléphoner à Abidjan, à Paris. Je cherche à savoir quelle conduite tenir. Je consulte deux ministres ivoiriens de mes amis. J'informe de ma situation la personne de permanence à l'ambassade de France. De son côté, ma collaboratrice à Abidjan appelle tous ceux que j'ai rencontrés sur place. À Paris, ma femme alerte le Quai d'Orsay. Je m'efforce de joindre par téléphone l'ambassadeur de France et son premier conseiller, mais personne ne décroche. À ce compte-là, je vais finir par rater mon avion. Le jeune policier a gardé mon passeport. Il n'a pas d'autre pouvoir que celui de me retenir. Je dois m'adresser en toute urgence à une autorité quelconque qui m'indiquera la meilleure conduite à adopter. Car me rebeller et hurler ne servirait strictement à rien, sauf à me faire maltraiter.

Pour mon interlocutrice à l'ambassade, je n'ai qu'à désigner un avocat. Au Quai d'Orsay, les interlocuteurs de ma femme estiment, eux aussi, qu'il s'agit d'une affaire judiciaire et, subséquemment, qu'elle n'est pas de leur ressort. À 21 heures 30, en désespoir de cause, ma femme réussit à me trouver un avocat. Ce n'est que le lendemain matin que je le rencontrerai. Il s'appelle maître Kele Kone.

À 22 heures, alors que tous les autres passagers ont embarqué, on m'annonce que des policiers d'Interpol vont venir me chercher. À l'évidence, le voyage vers Paris, ce sera pour plus tard. De fait, quatre hommes pénètrent dans le local. Leurs costumes civils arborent des badges indiquant leur grade et leur appartenance à la police. Mais aucune mention d'Interpol. Dans le cas contraire, j'aurais sursauté. Et pour cause : il n'y a pas trace du moindre dossier Le Floch-Prigent à Interpol !

*

En rapportant à leur façon que, au titre d'une affaire judiciaire, j'avais été « extradé » d'Abidjan à Lomé, les médias et les sites Internet qui recueillent, inventent et divulguent sans le certifier ni le vrai ni le faux, incitaient, jusqu'à mes propres connaissances, à poser crûment la question : mais à quelles nouvelles turpitudes, moi, Loïk Le Floch-Prigent, j'avais bien pu me livrer, et à présent au Togo, pour faire une fois encore l'objet d'un mandat d'arrestation ?

Un homme est à l'origine de cette invraisemblable mésaventure : Abbas Youssef. J'ai rencontré cet homme d'affaires des Émirats arabes unis en 2005. Il m'a inspiré assez de sympathie et de confiance pour que j'accepte volontiers de travailler avec lui. De ses sociétés de droit helvétique, Pilatus Energy et Pilatus Resources, je ne suis pas l'employé, mais le conseiller et le partenaire. Sous certaines conditions, Abbas Youssef prend à son compte mes frais de mission, et nous nous entendons pour partager plus tard les résultats de mes actions. Je ne perçois donc pas de rémunération en cas de succès qui m'est imputable (*success fee*), une fois que les contrats ont été signés, puisque nous avons prévu d'être associés dans les deux entreprises.

Il était convenu dès le début de notre collaboration que je détiendrais une part du capital à la fin de mes problèmes judiciaires. Mais l'entente entre nous s'est dégradée au début 2009. Puis notre relation a tourné à la grande fâcherie début 2011 à Paris lorsqu'il lui a pris soudain de m'accuser, chez mon avocat, d'être le complice d'une arnaque qui, en l'espace de deux ans et demi, lui aurait coûté la bagatelle de 48 millions de dollars. En 2012, Abbas Youssef a poussé l'accusation un cran plus haut. Il soutient à présent que j'aurais été le cerveau de cette escroquerie internationale, opérée sur le territoire africain, qui l'aurait ruiné.

*

L'histoire remonte à l'été 2008 à Dubaï. Abbas Youssef rapporte qu'il y a fait la connaissance d'une certaine Mounira, une Ivoirienne qui se présente à lui comme la veuve de l'éphémère président ivoirien Robert Gueï (1999-2000). En effet, le 19 septembre 2002 à Abdidjan, ce dernier a été torturé et abattu dans des circonstances que, depuis, la justice ivoirienne a été chargée d'éclaircir. Hélas, le même jour, Rose, son épouse, a perdu la vie, elle aussi. Il n'y a pas de « veuve Gueï ». Il n'y en a jamais eu. Comment un homme aussi avisé qu'Abbas Youssef a-t-il pu se convaincre du contraire ? Ce n'est sûrement pas moi, Loïk Le Floch-Prigent, réputé (parfois à mes dépens) tout connaître des coulisses de l'Afrique politique, qui aurait pu certifier à Abbas Youssef que cette Mounira avait été effectivement mariée au général Gueï. J'ajoute qu'elle ne pouvait pas non plus se faire passer pour sa seconde épouse – la polygamie est illégale en Côte d'Ivoire, et quoique sous réserve d'exceptions.

Vertiges de l'argent rendent aveugle et sourd. Car ce que la dame de ses pensées fait miroiter à Abbas Youssef, en plus de moments personnels, c'est la perspective de toucher l'énorme magot que, à son intention, dit-elle, Robert Gueï aurait mis de côté jusqu'à la veille de son assassinat. Il ne tient qu'à toi, assure-t-elle à Abbas Youssef, de m'aider à le récupérer (pas moins de 275 millions de dollars, prétendument). Sauf que pour réussir à sortir la montagne d'argent qui, selon elle, dort dans le coffre d'une banque au Togo, elle l'avertit qu'il devra monnayer cher la part du trésor qu'elle lui rétrocédera, qu'il s'agisse de rémunérer les vigiles et bien d'autres, les uns et les autres jusqu'aux plus hauts échelons de l'État, ou de financer les transports, etc.

C'est dans ces conditions qu'Abbas Youssef se met à dépenser sans compter cet argent liquide. De fait, je le vois dépenser sans compter. Pour la dame en question, puis pour son associé. Dans les derniers mois de 2008, il leur remet une somme de l'ordre de 5 millions de dollars. Puis il disparaît pendant des semaines. Il me laisse sans nouvelles tandis que je me débats avec les problèmes financiers de ses sociétés. Lorsqu'il réapparaît enfin, c'est pour me parler de l'argent caché de Saddam Hussein ! Il s'est mis à fréquenter des personnages mystérieux à Paris. Sa personnalité a profondément changé. Je comprends qu'il est temps de me séparer de lui, mais tout en préservant nos actifs. Il a investi son argent, j'y ai investi mon temps et mon savoir-faire. Chacun doit en retirer sa part. C'est pourquoi, quand un journaliste écrit qu'Abbas Youssef a déposé plainte contre moi à Lomé au Togo, et que je suis visé par un mandat d'arrêt international, je crois d'abord à un gag.

Les jours suivants, je prends rendez-vous avec l'ambassadeur du Togo en France. Ce dernier me reçoit. Il me prodigue de bonnes paroles en présence de mon avocat. Il me prie de lui adresser un mémorandum écrit sur ce que je sais de l'affaire. Il me promet de me donner des nouvelles dès qu'il en aura parlé au ministre de la Justice. Nous sommes en octobre 2011, la plainte remontant à mars 2011, soit suite à ma dernière entrevue avec Abbas Youssef. Depuis je n'ai eu aucun contact officiel avec le Togo. L'ambassadeur dispose de mon adresse, de mon adresse courriel et de mon numéro de téléphone. Dans le même temps, j'observe que, sur le site Wikipedia, une personne anonyme alimente la rumeur de ma participation à une escroquerie dont aurait pâti mon ex-partenaire.

L'avocat togolais d'Abbas Youssef entre en relation avec le mien. Et puis je m'entends bientôt dire qu'il n'y a plus lieu de s'inquiéter. Les choses se calment. Le mandat d'arrêt international a disparu. La justice togolaise est près de rendre un non-lieu. Mieux encore… voici que les autorités togolaises m'appellent à l'aide !

Il s'agit de résoudre le lourd contentieux qui oppose l'administration de Lomé à un grand groupe français. En août 2006, le Togo résiliait du jour au lendemain le contrat de l'opérateur d'électricité Elyo, filiale du groupe GDF-Suez, associé à Hydro Québec, en faveur de la Compagnie Énergie Électrique du Togo (CEET). Ayant demandé réparation du préjudice, GDF-Suez obtenait en août 2010 du Centre international pour le règlement des différends relatifs aux investissements (CIRDI) la condamnation de l'État du Togo à payer 60 millions d'euros de dommages et intérêts.

En interjetant appel, les autorités togolaises n'ont pas gagné au change. La condamnation à 60 millions d'euros a été confirmée, augmentée des frais de procédure, y compris ceux du plaignant, soit désormais 100 millions d'euros. Incapable de s'en acquitter, mais sous la menace de la saisie de certains de ses actifs à l'étranger, le Togo cherche depuis à obtenir un règlement à l'amiable. Que son administration ait songé à se tourner vers moi pour le favoriser n'a rien d'insolite. Je suis président d'honneur de Gaz de France. Je connais bien les problématiques du secteur de l'énergie, les enjeux juridiques et de souveraineté. Et, après tout, c'est volontiers que j'accepterais de travailler à l'élaboration d'un accord dans l'intérêt bien compris des deux parties. Prudent, je prie les autorités togolaises de me confirmer ces informations par écrit, et l'ordre de mission et le non-lieu. Elles n'en feront rien.

*

Que s'est-il réellement passé ? Toute l'affaire porte à croire qu'Abbas Youssef s'est escroqué tout seul, très vraisemblablement pour avoir tenté de doubler des tiers. Ainsi que je l'avais noté à partir de 2008, son caractère s'était modifié et altéré. Cet ancien officier de l'armée de l'air, qui a travaillé avec EADS, Thalès ou le ministère de la Défense, a changé de comportement. L'homme plutôt brillant qui, par le passé, m'avait proposé de devenir son partenaire, je ne le reconnais plus. Jamais je n'aurais pu imaginer que, par la suite, lui et d'autres personnages peu recommandables s'étaient juré de retrouver le soi-disant trésor caché de Saddam Hussein.

Nous ne nous sommes pas revus depuis l'entrevue orageuse de mars 2011. Début 2012, il n'a pas répondu aux vœux que je lui adresse chaque année à l'occasion des fêtes. Cependant, j'ai appris qu'auparavant la plainte d'Abbas Youssef avait déclenché à l'été 2011 l'incarcération d'un certain Agba Bertin, l'un des deux associés de la dame dont il s'était épris (« Mounira »), puis aux premiers jours de septembre 2012 l'arrestation de Pascal Bodjona, son cousin. Celui-là occupait le poste de ministre d'État chargé de l'Administration territoriale. Jusqu'au seuil de l'été 2012, il était le principal collaborateur du président du Togo, Faure Gnassingbé. C'est dire si sa disgrâce signifiée soudainement en juillet 2012 fut un coup de théâtre !

Par précaution, avant de me rendre au Sénégal et en Côte d'Ivoire, j'avais examiné scrupuleusement les textes régissant l'extradition au sein de la Communauté économique de l'Afrique de l'Ouest. Pour en déduire qu'il n'y a pas lieu de s'inquiéter. En effet, je peux m'estimer doublement protégé : par les textes et, par ailleurs, par le fait que je suis régulièrement bien accueilli par l'un ou l'autre des proches, ministres ou conseillers, de chaque chef d'État de la CEDEAO.

Quant au fameux mandat d'arrêt international, soit il n'existe pas ou plus, soit c'est un faux privé de toute validité – d'autant, à en croire les journaux, qu'il porterait la mention « En fuite » ! Sur le fond, je n'ai escroqué personne, pas plus Abbas Youssef qu'aucun autre. En outre, en cas d'incident, je compte être protégé en ultime recours par ma familiarité avec les officiels de ces pays qui m'ont régulièrement manifesté leur confiance.

*

C'est dans ce contexte que, retenu ce soir-là contre ma volonté dans ce local de police de l'aéroport d'Abidjan, je réagis à cette histoire de mandat d'arrêt émanant du Togo comme s'il s'agissait d'un nouveau gag, un gag au goût amer mais qui, faute de fondement légal, ne saurait s'éterniser. J'estime donc que la meilleure façon de dégonfler la baudruche est de passer devant un juge ivoirien. La règle veut que mon dossier soit communiqué au magistrat avant et afin qu'il puisse rendre sa décision ou non d'extradition. Changer de pays nécessite de passer devant un juge.

Aucun élément de preuve et aucune charge sérieuse ne pèse contre moi dans cette pseudo-affaire. Je me prépare donc à être retenu seulement quelques jours de plus en Côte d'Ivoire, le temps d'être entendu par un juge, et aussitôt relâché. En attendant, je dois faire respecter mon statut de personne en « transit », et trouver un lieu où dormir à l'aéroport, par exemple dans le salon VIP. J'en suis là de mes réflexions lorsque des policiers en civil pénètrent dans le local. Ils m'enjoignent de les suivre hors de l'aéroport. Je leur réponds que, légalement, je ne suis plus sur le territoire ivoirien, que je vais demander au consulat de France la conduite à tenir et enfin qu'en aucun cas je n'accepterai de quitter l'aéroport.

Le ton des policiers en civil change aussitôt. J'allais composer un numéro quand l'un d'entre eux m'arrache mon téléphone. Je suis projeté hors du fauteuil déglingué, et poussé brutalement à l'extérieur du local. Au pied du petit parapet du couloir, s'abat une volée de coups de pied. Leur « chef » me traite de « crapule ». Mis ventre à terre, les bras tordus dans le dos, je sens les menottes qu'ils viennent de me passer. Puis je suis littéralement porté vers la sortie de l'aéroport et jusqu'à une voiture. Le « chef » a pris le volant. Mes bagages à main ont été jetés dans le coffre. Vers quelle destination roule cette auto aux amortisseurs défoncés, je ne sais. À bord, une conversation s'engage entre les quatre policiers. Ne partageant pas le même idiome, ils s'expriment en français. Leur « chef » ne laisse rien au hasard. Tous quatre ne s'écarteront pas de sa version des faits. Qu'il soit entendu que lui ne m'a pas frappé. C'est moi qui ai résisté, moi qui ai refusé d'obtempérer.

Nous voici arrivés au « plateau », au centre d'Abidjan, au siège de la police judiciaire. Je surveille mon téléphone qui passe de mains en mains. Les menottes me sont ôtées. On m'indique un banc à l'intérieur de la salle de permanence. Une heure, deux heures passent. Je suis assis là dans l'indifférence générale. Vers minuit, l'un des quatre policiers en civil de l'aéroport, manifestement de garde jusqu'au lendemain, m'amène dans son bureau. Je me laisse choir sur un vieux fauteuil. J'y passerai la nuit tandis que le policier somnolera les pieds sur la table de son bureau.

À 5 heures du matin, se présente un jeune homme élégamment habillé. En sa qualité de commissaire d'Interpol, Alain Angui m'annonce que je vais être transféré au Togo, en vertu soi-disant des accords inter-polices en vigueur au sein de la CEDEAO. Effaré, je lui oppose les textes qui régissent l'extradition. Peine perdue.

De la réunion des responsables des polices de la CEDEAO qui s'est tenue à Abidjan la semaine passée, le jeune officier a retenu que les polices avaient tout à fait le droit de coopérer entre elles « pour s'échanger les malfaiteurs » !

Je n'ai pas vraiment dormi, mais il me reste encore assez de lucidité. Arrêté sur la foi d'un document signé par un juge togolais, coopération oblige, je dois pouvoir être entendu par un juge ivoirien, lui dis-je. Il me traite alors de voyou et de criminel. Il me sermonne. Ce n'est pas aux « Blancs » de faire la loi en Afrique. Et il espère bien que, avant la fin de la journée, j'aurai été transféré à Lomé.

À 6 heures, je suis conduit dans une autre aile du bâtiment. Il y a cinq bureaux dans cette grande pièce. Chacun est équipé d'un ordinateur. Mon interlocuteur est le capitaine Tiho. Il ne quittera pas sa table. Il va passer la journée entière avec moi. Je lui fais face, assis sur une petite chaise. J'assiste au va-et-vient des uns et des autres, en présence de trois hommes et d'une femme qui feignent d'être occupés. On leur livrera quelques pizzas à l'heure du déjeuner. On débouchera des bouteilles de vin rouge. Ils recevront la visite de deux femmes journalistes, l'une appartient à la rédaction de France 24, l'autre à celle de RFI. Je passerai ainsi des heures à somnoler à moitié sur mon siège. À mes questions sur la procédure, jamais le capitaine ne répondra. Sur les autres sujets, en revanche, il se montrera bavard.

Mes collaborateurs ont obtenu de me rendre visite. Ils m'ont apporté un croissant, un fruit et du thé. Mon téléphone traîne-t-il depuis un moment sur l'un des bureaux ? Je le subtilise et, dans l'instant, je le leur confie en même temps que mon ordinateur. Sur ces entrefaites, je reçois mon avocat. Kele Kone estime, lui aussi, que la décision de me transférer vers le Togo enfreint les textes. Puis, c'est au tour – enfin ! – du consul général de France à Abidjan. Il est venu accompagné d'un médecin. Ce dernier constate ma tumeur à la jambe. Il me délivre un substitut au médicament que je m'administre quotidiennement pour contrôler ma tension artérielle. Je souligne le fait que je dois subir dans les jours prochains une indispensable intervention chirurgicale. Initialement envisagée le 18 septembre, elle a dû être repoussée au 26 septembre. Une information que je l'entends transmettre à la fois au consul général et au capitaine Tiho.

Pour finir, je signale au consul général, en présence du capitaine Tiho et de mon avocat, qu'un policier m'a averti ce matin que je pourrais être transféré au Togo au seul titre de la coopération policière entre les États de la CEDEAO. Or jusqu'à preuve du contraire, ainsi que me le confirme mon avocat, cette mesure-là est absolument contraire à la loi sur l'extradition. Mais à attendre de vérifier si ladite mesure serait suivie d'effet ou pas, n'étais-je pas en train de courir un grand risque ? Le consul général botte en touche. Il me dit que le traitement de ce problème n'est pas de sa compétence. Sa mission a pour seul objet de vérifier que l'on prend soin de ma santé et que je dispose bien d'un avocat. Je lui apprends que j'ai été molesté la nuit précédente. Veut-il s'en assurer ? Du fait de ma maladie, ma peau « marque ». Je lui montre les ecchymoses. En pareil cas, le port des menottes est naturellement contre-indiqué. Mais le consul général ne veut rien entendre. Pour lui, je représente un problème judiciaire. Ce qui m'attend entre Abidjan et Lomé ne le concerne pas. Toutefois, je lui demande d'en faire part à l'ambassadeur de France ou au premier conseiller. J'ajoute que je souhaiterais leur en parler directement, pourvu qu'ils se donnent la peine de venir jusqu'à moi.

Les deux Français et mon avocat repartent. Je demeure sur ma chaise. Les femmes journalistes attendent de moi une déclaration. Elles insistent. Je reste muet. Elles me font l'effet d'être très à l'aise avec le capitaine Tiho. Je l'entends roucouler pendant une bonne heure. En début d'après-midi, passé l'épisode des pizzas, le consul général de France revient auprès de moi. Il m'informe que l'ambassadeur de France ne peut rien faire. Toujours le même leitmotiv : je suis retenu pour une affaire judiciaire, laquelle n'entre pas dans ses attributions. Alors que j'avais jusque-là fait confiance aux représentants de mon pays, leur dérobade me met en panique. Je prie mon avocat de produire les textes de la CEDEAO. Une fois de plus, je demande à être reçu par un juge. À quoi l'on me répond qu'il faudra attendre le lundi. De guerre lasse, je finis par demander le droit d'aller me coucher quelque part. Parce que j'ai 69 ans, et que je n'ai pas dormi de la nuit.

Mon avocat suggère que l'on me réserve une chambre à l'hôtel Ibis, tout à côté. Nous tombons d'accord avec le capitaine sur le « salaire » des deux policiers qui surveilleront ma chambre, soit 100 000 francs CFA (environ 130 euros) chacun. Et il s'en va consulter son chef. À 17 heures, le revoici. Pour m'apprendre que ma requête est rejetée. Je demande à mes collaborateurs d'aller me trouver un petit matelas. Ils reviennent à 17 heures 30.

Le capitaine Tiho, en présence de mon avocat, enregistre une brève déclaration de ma part. J'indique que je conteste les faits reprochés d'escroquerie, que je suis malade, et que je réclame le respect de la procédure d'extradition. Puis je m'étends et je ne tarde pas à m'endormir comme une masse dans ce grand bureau à présent déserté. Ne sont plus à leurs postes que le capitaine Tiho et l'un de ses collègues.

Mon répit sera bref. Il est 18 heures quand je suis brusquement réveillé, secoué comme un prunier. On m'ordonne de me lever sans délai. Parmi les huit personnes en civil qui m'entourent, je n'aperçois plus le capitaine Tiho. Il a disparu. Un petit homme râblé, que je présume être leur supérieur, s'adresse à moi : « On vous change d'endroit. » Mais de quel nouvel endroit s'agit-il ? Il me rétorque, grossièrement : « Vous verrez bien, on n'a pas à vous le dire ! » Je demande à être assisté de mon avocat et du consul général. « Précisément, me répond-il, ils vous attendent à l'endroit où nous allons. »

Ils sont huit, je suis seul. Je viens de me réveiller après à peine une demi-heure d'assoupissement. J'essaie de résister une fois encore. Le petit homme râblé me pousse. J'ai de plus en plus mal à la jambe, et je n'ai guère envie d'avoir à endurer de nouveaux coups. Je finis par m'exécuter en maugréant. Je réclame le capitaine Tiho, mes collaborateurs. Sans résultat.

Deux armoires à glace m'empoignent sous les bras. Ils m'extirpent littéralement du bâtiment de la PJ, me traînent et me projettent à bord d'un 4 × 4. Un autre véhicule, gyrophares en action, nous ouvre la voie. Personne ne m'a indiqué notre destination, mais je me doute que nous roulons vers l'aéroport. Je le leur dis. Je leur demande confirmation. Personne ne me répond. Pour finir, nous nous arrêtons bien à hauteur du hall de départ des avions.

Les policiers me font comprendre qu'ils attendent le commissaire de l'aéroport. Quand celui-ci vient à notre rencontre, nous pénétrons dans le hall des départs. Je tiens à parler au commissaire pour lui signaler que j'attends mon avocat et le consul général. À bon droit : mon « chef » d'escorte ne m'avait-il pas assuré qu'ils m'attendraient à cet endroit ? Là même où il venait de me traîner de force ? Pour toute réponse, je suis frappé par un policier. Le commissaire de l'aéroport feint de ne rien avoir entendu. C'est un petit homme que je n'avais jamais rencontré auparavant. Aussi je lui repose ma question, cette fois en épelant distinctement mon nom pour qu'il s'en souvienne un jour. Mais il se fiche éperdument de ce que je peux dire.

Je tente une ultime fois de retrouver ma liberté. En marchant vers les comptoirs de départs Air France. Je veux dénoncer publiquement le rapt dont je suis victime, et ameuter. Mais ils sont désormais une dizaine sur mes talons, et je suis vite rattrapé. Je n'ai plus aucune chance de m'échapper. À ce moment-là, à cette heure creuse, il n'y a pas de vol Air France.

Deux policiers togolais m'escorteront donc jusqu'à l'avion de la compagnie ASKY en partance pour Lomé. Me voilà enlevé et transféré contre mon gré vers le Togo, et cela n'émeut personne. Du moins ai-je la chance d'être sous la garde de deux policiers qui, eux, me respectent et ne cherchent pas à me frapper.

*

Grâce aux courriels trouvés depuis par ma famille, en décembre 2012, courriels adressés aux responsables ivoiriens, la preuve est faite que des hommes ont été payés pour me surveiller à Abidjan, puisque des policiers ont été soudoyés pour rendre possible, en toute illégalité, mon arrestation et mon transfert à Lomé. Les documents en notre possession en font foi. Cette manipulation a coûté 50 000 dollars.

Du côté togolais, mon accueil a été programmé de la même façon. Parmi les documents recueillis, il est aussi question d'un procureur à

Abidjan. Mais aucun papier officiel ne nous a jamais été remis à Abidjan, pas même ma propre déclaration qu'avait recueillie le capitaine Tiho. Par la suite, soit pendant les cinq mois et dix jours de ma détention à Lomé, aucun dossier ni document officiel ne nous a été communiqué par les autorités judiciaires togolaises.

Nous en sommes donc réduits, mais c'est déjà une ressource non négligeable, à nous appuyer sur les courriels échangés entre les auteurs du piège qui m'a été tendu, à savoir par Abbas Youssef lui-même, par son fils Saeed, par un « ami » de l'actuel président de la Côte d'Ivoire, par un « conseiller » de celui du Togo, et par un auxiliaire de Abbas Youssef, un Franco-Sénégalais.

Il reste à reconstituer et à expliquer l'attitude des autorités françaises, celle des autorités ivoiriennes. Ces dernières ne peuvent pas ne pas avoir informé le gouvernement français, le Quai d'Orsay ou Matignon, de mon arrestation et de mon imminent « transfert » forcé à Lomé. Alors que Paris était en droit de faire savoir à Abidjan qu'il s'agissait là d'une mesure juridiquement injustifiable, Paris a laissé faire.

En revanche, aucun doute ne subsiste, hélas, touchant le comportement des autorités togolaises. Elles étaient averties et ont trouvé parfaitement « licite » qu'on se soit cru autorisé à « aider » la justice togolaise. La fin justifie les moyens.

2

Lomé

L'avion se pose à Lomé vers 19 heures. Il fait nuit. Sorti parmi les derniers passagers, je traîne mon bagage à main, encadré par les deux policiers. Ce sont eux qui détiennent mon précieux passeport. Me voilà bouclé dans un cagibi. Je dispose d'une chaise. Malgré la chaleur, près de 30°, il n'y a pas de ventilateur. J'entends parler de certaines formalités à effectuer. Lesquelles ? Je n'en sais rien. Au bout d'un quart d'heure, « mes » deux policiers se représentent. Ils me font monter à bord d'une voiture. Direction le « boulevard circulaire », cette route à double voie qui forme un demi-cercle autour de Lomé et conduit à la mer. Puis le conducteur oblique vers le grand boulevard du 13-Janvier, dénommé ainsi en mémoire du coup d'État du 13 janvier 1963 – le père de l'actuel président du Togo, Gnassingbé Eyadema, en fut l'artisan avant de se porter au pouvoir en 1967 et de s'y maintenir jusqu'à sa mort en 2005.

La voiture stoppe à hauteur de la caserne de la gendarmerie nationale, face au grand bâtiment futuriste où siègent la CEDEAO (l'ECOWAS, pour les pays membres anglophones) et sa Banque d'investissement et de développement. C'est la première fois que je pénètre dans la caserne principale de la gendarmerie togolaise. Et je n'imagine pas une seconde que l'on m'y retiendra plus de vingt-quatre heures. « Valeurs et Discipline », c'est sa devise. Créé au temps de la colonisation allemande, legs de la colonisation française à partir de 1919, ce corps des forces armées togolaises s'inspire de l'organisation de notre gendarmerie nationale.

Les policiers m'introduisent dans un bureau, situé à proximité immédiate de l'entrée. Affairés autour de la photocopieuse, ils reproduisent en plusieurs exemplaires ma déposition, celle que le capitaine Tiho a enregistrée la veille à Abidjan. Lorsqu'ils reviennent auprès de moi, c'est dans les pas du maître des lieux, le capitaine Akokpo qui dirige le Service de recherches et d'investigations (SRI). Ce dernier m'informe que je passerai la nuit dans ce local. C'est celui de son adjoint. Actuellement en mission extérieure, le capitaine Yanani n'en a pas l'usage. Rapporté à sa surface, le bureau me fait l'effet d'être très encombré. Outre la photocopieuse, j'aperçois – à la lumière glauque de deux tubes au néon – une table de bureau assortie d'un fauteuil et d'un ordinateur, deux canapés et un fauteuil hors d'âge et poussiéreux, un coffre et un réfrigérateur désaffectés. Je dispose donc de quelques mètres carrés pour me mouvoir, pas plus.

Pour avoir mal enduré les conditions de la nuit précédente, je demande s'il leur serait possible de me trouver un matelas, un drap et un coussin. Ma requête est bien acceptée. Le sous-officier qui m'a accueilli à l'aéroport, et que je surnommerai à compter de ce jour le « Chef », me les apporte sans délai : un grand matelas qui occupe tout l'espace derrière le bureau, un drap bleu et un oreiller. Quel luxe ! On me propose même de manger quelque chose, mais je ne réclame que de l'eau. Il est 22 heures lorsque je m'écroule sur le lit. Le « Chef » s'allonge sur l'un des canapés. Il ferme la porte à clef, éteint la lumière. Les rideaux qui donnent sur l'entrée de la gendarmerie sont du même bleu que les murs. La poussière s'infiltre dans les narines. Par bonheur, le local est équipé de l'air conditionné. La fraîcheur bercera mon sommeil, ainsi que celui du « Chef ».

À 5 heures le lendemain matin, branle-bas de combat ! Le « Chef » ouvre la porte, allume la lumière. À compter de ce moment-là, je ne cesse d'entendre les pétarades d'innombrables motos. Tous leurs conducteurs stoppent à hauteur de la fenêtre. Les uns quittent la caserne, et le vacarme s'estompe. Les autres y pénètrent plein gaz, et le vacarme s'amplifie. Dans un sens comme dans l'autre, le bruyant ballet est pénible à supporter. Huit cents gendarmes sont affectés à la caserne, soit huit cents motos… Il leur arrive d'y rentrer et d'en sortir plusieurs fois dans la même journée. À partir de 5 heures, l'équipe de nuit s'en va, et celle de jour arrive. Après les motos, la trompette… À 6 heures et quart, c'est le lever des couleurs. La cérémonie s'accompagne de la trompette ; la nuit, le drapeau repose dans la guérite située en face de mon « logis ».

Dès 6 heures et demie, les jeunes gendarmes veulent voir « le Blanc ». Sous un prétexte facile : l'utilisation de la photocopieuse. Ils sont ainsi une vingtaine à venir me dévisager. Parmi eux, il y a quelques gendarmettes, plus curieuses encore que les hommes. Je connaîtrai bientôt les prénoms des uns et des autres mais, fidèle à mon habitude, je leur donnerai par la suite des surnoms dont certains ou certaines seront très fiers.

À 8 heures, se présente un petit homme à lunettes : « Je m'appelle Rustico Lawson, je suis votre avocat ! » Son apparition auprès de moi fait immédiatement partir tous les gendarmes. C'est la loi. Et nous restons seuls tous les deux, en face l'un de l'autre, chacun sur son canapé pourri. Il connaît un peu l'affaire. Il a entendu parler de moi. C'est ma femme qui me l'a adressé, sur l'indication d'un avocat parisien, et il me plaît tout de suite. Rustico Lawson m'indique que le juge devrait m'entendre dès le lundi matin, le 17 septembre. Mais je m'impatiente, j'ai besoin d'en savoir plus. Quand aurai-je enfin à ma disposition le dossier, à savoir la plainte d'Abbas Youssef et l'instruction ouverte depuis, les p.-v. des auditions des différents accusés, ainsi que les pièces déposées par la partie civile ? « Pas avant Noël », me répond mon avocat. Je tombe de haut !

Ayant déjà subi dix-sept ans de procédure pénale à Paris et sachant que le droit togolais est largement calqué sur le droit français, j'ai raison de m'alarmer. Maître Lawson ne cherche pas à me rassurer. « Ici, me dit-il, la tradition veut qu'on ne fasse aucune photocopie du dossier. » Les inculpés n'y ont jamais accès, seuls les avocats peuvent aller le consulter au tribunal et prendre des notes. Ce dossier a fait l'objet de recours des autres inculpés auprès de la Cour suprême. Tant qu'il demeure entre les mains des magistrats de cette juridiction, il ne peut pas être consulté. Compte tenu des délais, du jeu des questions-réponses entre la Cour, le plaignant, et les deux inculpés, il faut compter trois mois au minimum. Nous pouvons donc espérer prendre connaissance du dossier avant Noël, sauf si la Cour était saisie d'un nouveau recours. Parce que la procédure est confuse. En effet, j'ai appris qu'Abbas Youssef a déposé deux plaintes, l'une en mars 2011, l'autre en août 2012, contre moi et cinq autres protagonistes, et qu'il me désigne d'abord comme complice puis comme chef. Or, dans la mesure où le premier inculpé-détenu, quoique « libéré » en droit par la Cour suprême, demeure de fait toujours détenu, nous ne pouvons pas savoir sous quel délai le dossier sera porté à notre connaissance.

En voilà, une nouvelle ! En voilà une galère ! Car si je peux attendre Noël, je crains que l'évolution de mon état de santé ne me permette pas d'être retenu à Lomé au-delà d'un certain temps. Je lui parle de ma tumeur, de la souffrance croissante qu'elle occasionne, de l'urgence d'une intervention chirurgicale, du fait qu'elle ne peut être pratiquée que dans un pays occidental et, de préférence, à Paris par mon chirurgien, tout désigné pour traiter cette récidive, lui qui m'a déjà opéré à deux reprises au même endroit de la jambe – l'autre jambe a déjà été opérée à neuf reprises. Après avoir échangé quelques minutes, nous estimons que le mieux est de répondre aux juges, d'accepter auditions et confrontations puisque je n'ai rien à cacher dans cette affaire. D'ailleurs, il est patent que je n'en ai pas tiré ou retiré un traître sou et que, tout au contraire de ce que soutient mon accusateur, je me suis efforcé d'empêcher Abbas Youssef de s'embarquer dans l'aventure. À l'occasion de cette première audition, je parlerai au juge togolais de ma tumeur et du caractère urgent de l'intervention chirurgicale qui ne peut être effectuée qu'à Paris.

*

J'ai indiqué au cours du précédent chapitre la nature de mes relations avec Abbas Youssef et comment, loin d'être la victime d'une escroquerie que j'aurais moi-même ourdie au côté d'autres fâcheux personnages, il s'est livré à une affabulation pour son propre compte mais encore, et c'est l'envers inaperçu du dossier, pour le compte d'un chef de l'État qui l'aura grossièrement instrumentalisé afin de mieux consolider sa position.

À la réflexion, il ne fait aucun doute, en effet, que j'ai été la victime d'un marchandage entre la Côte d'Ivoire et le Togo. En contrepartie du « transfert éclair » vers Abidjan de celui qui fut le ministre ivoirien de la Défense, Moïse Lida Kouassi, sous le régime de Laurent Gbagbo, opéré le 6 juin 2012 par les autorités togolaises, le Togo a pu obtenir, au mépris de toute légalité, mon arrestation et mon « transfert » (pas mon extradition, j'y insiste !) vers Lomé. Mais qu'attendaient donc de moi les autorités togolaises ? Une pseudo-révélation de la politique intérieure.

Une fois tombé entre les mains de la police et de la justice togolaises, las d'être injustement détenu et traité, j'aurais dû accepter de dénoncer Pascal Bodjona. C'est ce que je n'ai pas tardé à comprendre. Ce dernier passait pour avoir été le meilleur ami du président togolais. Il en avait fait son ministre d'État. Jusqu'au jour où Bodjona est entré en disgrâce. Il lui fallait le déconsidérer et l'humilier publiquement pour justifier sa volte-face. C'est pourquoi l'entourage du président togolais attendait de moi que je fasse passer Bodjona pour complice de l'escroquerie dont se plaignait Abbas Youssef. Attention : Bodjona n'était pas un simple sous-fifre. Il avait été ministre de l'Administration territoriale, de la Décentralisation et des Collectivités locales en même temps que le porte-parole du gouvernement. Le brutal remaniement opéré le 26 juillet précédent, avec pour alibi la volonté affichée du président togolais de former un gouvernement « d'ouverture », avait signifié sa disgrâce. Bodjona aurait eu le tort de paraître bien trop brillant et bien trop populaire et, subséquemment, d'avoir eu une vraie chance de succès en se présentant à l'élection présidentielle de 2015.

Il n'y a pas de hasard. Pascal Bodjona, arrêté le 1er septembre 2012, était lui aussi incarcéré à l'intérieur de la caserne de la gendarmerie, à deux cents mètres de moi. En haut lieu, on se promettait de me passer à la moulinette pour que je prête foi à la fable d'Abbas Youssef, selon lequel Bodjona l'aurait trompé, arnaqué et, accessoirement, aurait porté atteinte à l'honneur de l'État togolais. Écarter tout prétendant éventuel : le pouvoir togolais n'a-t-il pas utilisé voici deux ans le même procédé en faisant emprisonner Kpatcha, le demi-frère de l'actuel président, qui a été condamné en 2011 à vingt ans de détention ? Le pouvoir au Togo fait l'objet d'une lutte interne qui ne connaît pas de relâche. Abbas Youssef en est le jouet, lui parmi d'autres. En me désignant comme le complice majeur de « l'escroquerie », il devait donner une justification internationale à la condamnation de Pascal Bodjona. De moi, est donc attendu un témoignage, quoique sans preuves, qui permettrait d'éliminer définitivement ce présumé futur rival de l'actuel chef de l'État. C'est ce que me confirment les magistrats togolais eux-mêmes ! J'aurais ainsi apporté au pouvoir togolais une justification internationale du limogeage, puis de la mise à l'écart définitive de Pascal Bodjona.

*

Je préviens Rustico que le local où nous nous trouvons est sonorisé, et que notre conversation est sans doute écoutée. Néanmoins, je peux très bien répondre à ses questions. Je n'ai pas l'habitude de mentir pour sauver ma peau. D'autres l'ont fait lors du procès Elf, ça les regarde.

Lors de mes séjours au Togo dans les années 2006-2008, j'ai certes rencontré beaucoup de menteurs et de manipulateurs. Je n'en garde pas de bons souvenirs. En revanche, je n'ai aucun élément d'aucune nature qui prouverait que Pascal Bodjona a effectivement pris part à l'escroquerie dont aurait été victime mon ex-partenaire. Que son nom ait été mentionné et utilisé, cela est évident. Une aubaine pour les hommes au pouvoir au Togo ! Mais dans son dos, car il peut n'en avoir rien su. De ce qu'il a fait ou de ce qu'il aurait pu faire, je n'ai aucunement connaissance. Quant à ma prétendue implication personnelle, ce n'est pas à 69 ans que je vais entamer une carrière d'escroc, pas plus qu'une carrière de faux témoin. Nous en convenons : dans l'esprit de l'équipe qui m'a enlevé, un témoignage en ce sens conduirait à un procès rapide, à l'exemple de celui qui a vu Kpatcha, le demi-frère de Faure Gnassingbé, écoper d'une lourde condamnation. Condamné à mon tour, il s'ensuivrait une longue procédure afin que je puisse effectuer ma peine en France et non au Togo. Inutile d'ajouter qu'avec l'évolution de ma tumeur à la jambe, je serais mort avant qu'elle aboutisse.

Nous faisons le choix de la vérité. Nous répondrons aux juges sans attendre le dossier. Je dois tout faire pour sauver ma jambe malade. Il s'agit de faciliter ma prise en charge par le chirurgien à

Paris. L'audition du lundi sera courte, m'indique Rustico. Le juge me notifiera officiellement mon inculpation. Je déclarerai que je nie les faits qui me sont reprochés, à savoir la participation à une escroquerie. J'ajouterai que je dois rejoindre rapidement Paris pour y être opéré et que, dans ce contexte, j'accepte toutes les questions, auditions ou confrontations. Nous sommes avertis qu'il ne peut pas y avoir de confrontations avec les deux autres détenus, ces derniers ayant saisi la Cour suprême. Cependant, en me déclarant ouvert à toute confrontation, c'est d'abord à une confrontation avec Abbas Youssef à laquelle je songe. Nous nous donnons rendez-vous pour le lendemain.

Quelques minutes plus tard, je reçois la visite du consul de France, Marie-Odile Imbert, et du médecin de l'ambassade, Corinne Joulin, deux femmes qui, je ne m'en doute pas encore, seront à mon chevet pendant les cinq mois et dix jours que durera ma détention. Mme Imbert m'a apporté des serviettes de toilette et du savon. Elle me remettra par la suite traversin et oreillers. Toutes deux feront le tour des bibliothèques de Lomé, en sorte que je lirai bientôt un à deux livres par jour. Pour l'heure Mme Joulin m'examine. Elle constate la grosseur de la tumeur dont elle prendra des photos à chacune de ses visites, prend ma tension, me délivre les ordonnances, tandis que Mme Imbert m'apprend que l'ambassadeur ne viendra pas me voir, car on ne doit pas mélanger activité consulaire et activité diplomatique. Mais elle m'assure qu'elle fera tout pour informer le Quai d'Orsay de ma situation. Je lui fais part de mon opinion : l'affaire n'a pas un caractère judiciaire, mais un caractère politique. Je suis un homme public, et de l'attitude du gouvernement français dépendra en bonne part mon sort. Elle me rétorque que le Togo est très jaloux de son indépendance, surtout vis-à-vis de l'ancienne puissance coloniale, et que l'efficacité exige la prudence.

Après leur départ, le « Chef » me propose de faire le tour des installations sanitaires. Il y a un urinoir à l'entrée du complexe de la gendarmerie, près de la guérite, des toilettes à l'étage du bâtiment en face du mien (je devrais en réclamer la clef à l'officier qui commande l'étage), et une pièce d'eau pour se laver « en grand » à 200 mètres de là dans un autre bâtiment où nous nous rendons… en voiture. Mes serviettes sous le bras, je me propose de prendre une douche. Je pénètre dans la salle d'eau. Las ! la douche est hors service depuis des années. J'y trouve toutefois deux seaux d'eau et une écuelle pour s'asperger – j'ai l'habitude. Je me lave enfin. Je nettoie mes slips, je change de chemise et de pantalon. Et je m'en retourne à mon bureau de capitaine.

Rustico m'avait apporté de quoi manger, bienveillance qu'il rééditera quotidiennement pendant tout mon séjour forcé. Je fais vite l'inventaire : du thé, de l'ananas, de l'eau, des biscuits ainsi qu'une assiette, une fourchette, une cuiller et une tasse ; ma vie quotidienne s'organise ! Le « Chef » me rapporte « ma lessive », qui a séché à l'extérieur, ainsi que ma serviette de toilette. Il est convenu que mon avocat se chargera de faire nettoyer mon grand linge à la laverie-pressing. Par ailleurs, en même temps qu'elle m'adressait Rustico, je sais que ma femme a désigné un avocat à Paris. Tous deux communiquent. Ma défense devrait être bien coordonnée. Loin d'être entièrement rassuré, j'apprécie le répit que m'offrent mes dernières lectures. Je lis et je relis Hannah Arendt, spécialement son analyse de « la crise de la culture ».

Le lendemain, concert des pétaradantes motos oblige, je suis réveillé aux aurores. Je vais à la douche. Je prends mon thé et mon ananas. Je m'habille comme la veille. Puis quatre gendarmes, dont le « Chef », tous armés de fusils-mitrailleurs, me conduisent en voiture banalisée au palais de justice. Sitôt arrivé, les journalistes se ruent sur moi. Ils veulent recueillir mes commentaires. À défaut, ils prendront des photos. Je m'efforce de marcher du même pas. Mais pas aussi dignement que je l'aurais souhaité. Car les images que la presse en rapportera, celle d'un homme échevelé et que l'on dit convaincu de déchéance, images qui feront la une, ne sont évidemment pas à mon avantage. Je suis désolé, les gars ! Mais ce dimanche-là à Lomé, je n'ai pu compter sur personne pour repasser mon costard, pas plus que sur le coiffeur qui aurait pu être de permanence à la gendarmerie. Je n'avais pas prévu d'être réveillé à 5 heures du matin par les motos pétaradantes. Si l'on devait condamner les gens au vu de leurs photos, il faudrait leur permettre de passer chez les maquilleuses comme à la télé…

Rustico m'attendait. Nous gagnons ensemble le bureau du doyen des juges d'instruction. Il sera là, ainsi que le juge et le deuxième substitut du procureur de la République. D'après la loi, seul le juge d'instruction a la parole. Rustico – lui et moi avons vite choisi de nous tutoyer – me recommande toutefois de ne pas créer d'incidents de séance, car selon lui tout le monde risque de parler. Nous patientons une bonne heure, le temps que tous prennent place. Lorsque nous entrons dans la pièce, le juge est en face, le greffier à droite, le doyen des juges et le procureur se tiennent à gauche.

En l'espace de quelques minutes, je comprends que nos véritables interlocuteurs sont le doyen et le substitut, et non pas le juge d'instruction. Le greffier apparaît aussi mal à l'aise avec la langue française qu'avec l'ordinateur – je crains que noircir une page lui prenne un temps fou. C'est bien ce qui se passe. Le juge s'est tu. Le doyen prend sa place. Il va et vient dans la pièce, surveille ce qu'écrit le greffier. Il me fait fréquemment préciser mes propos quand il ne tente pas de les déformer. Au bout de deux bonnes heures, nous tenons enfin nos deux pages. Rustico a surveillé, lui aussi, le travail du greffier. Lorsque je veux relire ma déclaration avant de la signer, le doyen me l'arrache des mains. Il me dit que l'on a perdu assez de temps comme cela. J'ai confiance en Rustico. C'est pourquoi je signe.

J'en demande une copie. Le doyen me la refuse, au motif que ce n'est pas la tradition. J'en déduis qu'il y a une différence entre la loi et la tradition, et qu'au Togo la tradition prime sur le droit.

Je ressors du tribunal avec la même meute de journalistes sur les talons. Je suis convoqué pour répondre aux questions des juges le mercredi 19 septembre et je me déclare prêt à des confrontations le 21 septembre. Pour accélérer le dossier… et sauver ma jambe.

Avant notre départ, Rustico obtient du tribunal que je puisse demeurer à la gendarmerie nationale, tout le temps de l'instruction. De plus, il demande à ce que je sois autorisé à téléphoner et à recevoir des appels de ma femme ; la requête sera acceptée un peu plus tard.

Le lendemain Rustico m'annonce que Patrick Klugman, mon avocat parisien, arrivera mercredi matin pour l'audition et la confrontation de vendredi et qu'il repartira le vendredi 21 au soir, avant d'ajouter : «… Avec toi, je l'espère. » À ce qu'il a appris, le substitut du procureur m'a trouvé coriace. Je décode. Cela signifie qu'il n'a pas apprécié que je m'abstienne de parler du fameux Bodjona dès le 17 septembre.

*

Le mercredi 19, me voici à nouveau au palais de justice de Lomé. Prêt au jeu des questions. Outre le renfort de Patrick, nous pouvons nous appuyer sur un jeune avocat togolais. Tokou Laré a choisi de nous aider. Ayant été proche du ministre de la Justice, Tchitchao Tchalim, avocat de métier, nommé à la faveur du remaniement, motivé par la volonté d'« ouverture » de Faure Gnassingbé, le 26 juillet 2012. Les forces sont égales : face aux trois juges et au greffier, nous sommes quatre.

La séance durera plus de huit heures, marquée par une seule coupure de quelques minutes, le temps de déjeuner. La rédaction du greffier sera pareillement laborieuse. Le juge d'instruction brillera une fois encore par sa discrétion, sinon par son effacement. C'est toujours le doyen des juges qui mène la danse. Le substitut du procureur me pose quelques questions, toutes liées au sieur Bodjona. J'y réponds. Sans trop chercher à exposer mes relations avec Abbas Youssef, puisqu'elles paraissent n'intéresser personne et parce que le greffier me fait l'effet d'être littéralement épuisé dès les premières minutes. Il est clair que les juges ont lu un dossier dont nous ne disposons pas. D'où le dialogue de sourds. Font-ils référence aux « pièces » de la partie civile, nous objectons que nous n'en avons pas connaissance. Ils n'ont d'autre issue que le repli. Le lendemain, nous écrirons à la partie civile pour réclamer la communication desdites « pièces ». Depuis, six mois et plus ont passé. Et nous les attendons toujours !

Le jeudi 20 septembre, alors que nous avons passé un peu de temps ensemble à la gendarmerie, la fin de journée se solde par un coup de théâtre : la confrontation prévue pour le lendemain avec Abbas Youssef vient de tomber à l'eau.

Nous croyons comprendre que celui-ci a été de nouveau entendu à Lomé ce jeudi 20, et qu'il refuse la confrontation avec moi seul. Officieusement, il serait reparti précipitamment pour quelque impérieux rendez-vous d'affaires. Mais voulait-il vraiment la confrontation avec les deux autres détenus ? Vrai ou faux, nous ne le saurons peut-être jamais. Toujours est-il que mon avocat parisien tournera en rond tout le vendredi en attendant de prendre l'avion du soir d'Air France. Sans se douter qu'à bord du même avion il se trouvera tout seul « confronté »... au fameux Abbas Youssef, et à son auxiliaire franco-sénégalais.

À l'issue de ces séances qui témoignent de notre bonne volonté, nous rédigeons une demande de mise en liberté provisoire pour raisons médicales avec, à l'appui, les certificats des deux dermatologues parisiens et du médecin de l'ambassade de France. Quelques jours plus tard le juge nous signifiera le refus, sans mention de la raison médicale, en conformité avec l'avis du procureur.

*

Nous sommes début octobre. Je ne dors plus que quelques heures par nuit. La seule façon de n'avoir pas à souffrir de ma jambe, c'est de conserver aussi longtemps que possible la station debout. Le « Chef » m'a autorisé à faire une petite marche de deux kilomètres par jour à l'intérieur du périmètre de la gendarmerie. Je veux me fatiguer assez dans l'espoir de retrouver le sommeil. J'ai désormais ma femme tous les jours au téléphone. Question discrétion, c'est zéro. Nos propos peuvent être écoutés. Un gendarme est présent lors de nos conversations, mais je me dis que c'est toujours ça de pris ! Ma tumeur grossit. Elle exerce une pression sur le nerf qui me cause un mal de chien. Or je ne peux m'administrer que du tremadol et du paracetamol, compte tenu d'autres soucis de santé. Mme Corinne Joulin décide donc de me faire examiner par un dermatologue réputé de Lomé. Il vient m'ausculter le 4 octobre et confirme le diagnostic des confrères consultés avant lui. Il certifie les risques de métastases si la tumeur n'est pas opérée d'urgence. Il estime que l'intervention doit être réalisée par le même chirurgien puisqu'il s'agit de traiter une récidive et, plus particulièrement, à Paris pour certains examens biologiques qui ne peuvent pas être effectués à Lomé.

Ce nouvel avis, émis cette fois par un médecin togolais, est communiqué aux autorités judiciaires, lesquelles continueront de n'en tenir aucun compte. Nous faisons appel du refus de remise en liberté, et nous attendons la décision de la cour d'appel. À partir de cette période-là vont s'engager des négociations plus ou moins souterraines. L'ambassadeur de France joue sa partition et, à son tour, l'ambassadeur du Togo en France. Les uns et les autres s'en mêlent : les procureurs divers, certains Français bien introduits, dont le fameux Charles Debbasch, l'ex-doyen de l'université d'Aix-en-Provence devenu depuis trente ans, soit depuis sa reconversion comme conseiller, un familier des chefs d'État et ministres du Togo, ainsi que ses amis avocats et que les experts du Quai d'Orsay. Si bien que ma femme est bientôt assaillie d'avis et de recommandations péremptoires, et moi aussi.

Et, fâcheuse coïncidence, c'est le moment que choisit le président du Togo pour effectuer un changement complet dans la magistrature : personne ne reste à sa place, y compris nos trois interlocuteurs du 19 septembre et les signataires du refus de ma demande de remise en liberté. Rustico et moi devons attendre que les nouveaux venus entrent dans leurs fonctions pour convenir de la conduite à tenir. Nous sommes priés de retirer notre appel, d'accepter une nouvelle audition et de « nouvelles » confrontations, avant de pouvoir redéposer une demande de remise en liberté, requête dont on nous laisse entendre qu'elle pourrait être acceptée en contrepartie d'une caution au montant raisonnable.

Que faut-il entendre par « raisonnable » ? La caution qu'a réclamée la justice togolaise pour la remise en liberté du principal bénéficiaire de l'escroquerie – il en aurait retiré pas moins de 4,4 millions de dollars ! – a été fixée à 200 000 euros. Parce qu'il n'y a aucune preuve de mon implication, et parce que je n'ai strictement rien perçu, cette somme de 200 000 euros paraît indiquer un maximum. Nous pouvons estimer, en toute logique, qu'il m'en coûtera tout au plus quelques dizaines de milliers d'euros. C'est déjà un montant assez considérable en Afrique. Je ne dispose pas de cet argent, mais je conserve la ressource de l'emprunter. Sauver ma jambe est à ce prix-là.

Devons-nous accepter de retirer notre appel ? Après discussions à Paris comme à Lomé, au vu des engagements des experts du Quai d'Orsay et sous la pression de divers milieux qui nous ont accablés de conseils, y compris de conseils menaçants, nous décidons, et cela malgré l'absence d'engagements écrits, de faire confiance. Et nous retirons notre appel.

Le 18 octobre, un dermatologue du CHU de Lomé vient se pencher sur ma tumeur. Il a été désigné par la justice togolaise. À son tour, il confirme les diagnostics précédents, souligne les risques de métastases si l'opération n'est pas effectuée. Il me quitte pour faire son rapport puisque mon audition, entouré de mes trois avocats, est prévue pour le lendemain 19 octobre.

Nous reprenons le vendredi suivant le chemin du Palais. Ce jour-là, je ne me heurte pas à des journalistes. Toutefois, une surprise nous attend. Au poste de juge, nous retrouvons un homme qui avait tenu un autre rôle lors de la précédente audition, le rôle de substitut. Cette fois-ci, le juge d'instruction préside pour de bon la séance, mais les trois autres magistrats ne cessent d'intervenir, en particulier l'ex-substitut qui, manifestement, intimide ou domine les trois autres. En une occasion, celui-ci me coupe la parole. Je le mouche. Il se vexe, sort de la pièce. Il demande des excuses à mes avocats. Ces derniers s'exécutent. Moi, je m'en abstiens.

Il est 18 heures. La séance touche à sa fin. Nous sommes fatigués. Le greffier, comme de bien entendu, est livide. Vient-on lui demander de procéder à l'impression, son ordinateur tombe en panne et aucune sauvegarde ! Tout est à refaire ! Nous reprenons rendez-vous pour le lendemain à 8 heures. Il nous est indiqué à l'occasion de cette nouvelle séance qu'il n'y aura pas de confrontations et que, comme convenu, nous pourrons déposer une autre demande de mise en liberté.

La journée a été perdue, et nous n'avons toujours pas accès au dossier, ni à un aperçu du dossier ni même au libellé de la plainte d'Abbas Youssef, celle datée de mars 2011. Tous ces éléments demeurent entre les mains de la Cour suprême. Mes réponses à l'interrogatoire procèdent juste de mes souvenirs et ne donnent lieu qu'à de nouvelles questions. À aucun moment, il n'a été fait état de l'enquête de qui que ce soit.

Nous remettons le couvert le lendemain matin à 10 heures. Cette fois, nous sommes attendus dans le bureau de l'ex-substitut devenu juge, dont l'ordinateur paraît être en état de marche. Nous répétons les mêmes propos avec, c'est à craindre, moins de naturel et moins d'éloquence que la veille. La séance vient de s'achever quand s'annonce Mme le consul de France. Elle s'inquiète de savoir si le montant de la caution sera raisonnable comme cela avait été entendu. Il est trop tôt pour le confirmer.

Le juge m'emmène faire un petit tour sur le boulevard du 13-Janvier pour examiner, de l'extérieur, l'établissement de l'Union Togolaise de Banque, où auraient été conservés les soi-disant millions de dollars convoités par les escrocs. Puis nous revenons pour signer le procès-verbal. Je m'exécute. Le juge me prie alors de ne pas plus attendre, et de rentrer à la gendarmerie. L'atmosphère est détendue. Ma présence n'est plus requise. Il m'annonce qu'il va s'occuper avec les avocats et le procureur de ma demande de mise en liberté, comme s'il s'agissait d'une simple formalité. « Au revoir, me dit-il, et bon voyage à Paris. » Le procureur me salue à son tour. Quant au doyen des juges d'instruction, il me demande si je serais disposé à le revoir à l'occasion d'un prochain séjour à Paris…

Il est 19 heures lorsque je retrouve mon « bureau-cellule ». Il s'est écoulé à peine une heure lorsque mes avocats font leur entrée. La tête basse et les mains vides. Je blêmis. La partie civile a été convoquée. Notre demande de remise en liberté ? Le juge n'a pas statué, il a renvoyé la décision à une date ultérieure. Je suis abasourdi. Nous ne saurons rien de plus avant la semaine prochaine. Le tribunal a cinq jours pour répondre. Et c'est ainsi que Patrick, mon avocat français, rentrera à Paris sans moi.

Quel choc ! Dire que je viens de subir deux auditions consécutives de dix heures chacune, que ma jambe malade m'élance à chaque seconde, que je suis toujours sous sédatifs, et que j'avais pris sur moi, à la demande de tous, de faire confiance à des hommes qui, à l'heure de vérité, ont trahi leur parole… Je suis sonné, mes avocats aussi. Sur le moment, je traite ces gens-là de voyous. À tort, en fait. Car qui a connu des voyous (à l'ancienne) savent qu'ils ont une parole, un certain code de l'honneur ! Je suis désespéré. Désormais, je redoute le pire. Ce soir-là, le samedi 20 octobre 2012, déjà averti que j'y passerai Noël et le premier jour de l'an, je me vois mourir à Lomé sans avoir revu ma femme, ma mère, ma famille et tous ceux que j'aime. Compte tenu du piège que m'ont tendu les autorités togolaises, il ne faudrait pas qu'à son tour ma famille tombe dans un traquenard.

Le mardi matin, j'ai la surprise de voir débarquer dans mon « bureau-cellule » le juge d'instruction, l'ex-substitut devenu juge et le procureur, tous trois accompagnés d'un greffier. Ils ont décidé de m'amener à nouveau à la fameuse banque. Et, cette fois-ci, ils m'y feront entrer. Je réponds que nous ne sommes pas au temps des jeux du cirque de la Rome impériale, que je suis fatigué, que j'ai du mal à marcher, que cette démarche doit se préparer sans journalistes et sans photos, que je n'ai aucun souvenir, que je n'ai plus rien à déclarer et, pour tout dire, que j'attends ma remise en liberté pour me faire opérer, point final !

En réalité, cette demande de remise en liberté, j'ignorais à cet instant-là que le tribunal l'avait signée la veille. Sans faire état de la justification médicale. Mais à l'appui d'une caution dont il avait fixé le montant à… 9 millions de dollars !

Mon avocat recevra la notification le lendemain mercredi. Je ne suis pas près d'oublier la mine catastrophée avec laquelle, ce jour-là, Rustico me tendit le papier. Mais, les trois juges ayant pris soin de ne pas me regarder dans les yeux, je m'étais douté depuis la veille qu'ils m'avaient fait un mauvais coup.

Nous faisons aussitôt appel de la décision. La semaine suivante, le juge me fait une visite de courtoisie. Les uns et les autres se sont renseignés, notamment auprès du barreau. Et c'est ainsi que, peu à peu, nous comprenons que ce montant astronomique, 9 millions de dollars, c'est celui qui a été exigé en très haut lieu. Les magistrats n'ont fait qu'obéir. Ils me font comprendre qu'ils ne sont en rien responsables, qu'ils avaient été sincères le jour où ils m'avaient souhaité bon voyage. Ils admettent que j'ai été très complet dans mes dépositions. Si je n'ai pas été confronté avec Abbas Youssef, c'est parce que celui-ci était à La Mecque. Il n'y a plus rien à me reprocher.

C'est alors que l'ex-substitut rentre en scène. Il soutient, au milieu de nous tous, que j'aurais dû obéir en disant du mal du ministre Bodjona, que je n'arrête pas de faire de la procédure avec mes appels, etc. Décidément, il n'a pas volé le surnom que je lui ai donné : « La Voix de son maître ». Mais comment sortir de ce guet-apens ? L'ex-substitut suggère d'ouvrir une négociation sur le montant de la caution. C'est le déclic ! Il me permet de reconstituer ce qui s'est passé dans mon dos ces derniers temps. Certains beaux esprits auraient donc été prétendre en haut lieu que j'étais un milliardaire !

Je songe d'abord à Abbas Youssef lui-même qui répand beaucoup de fausses rumeurs sur moi. Je songe à tous les Français qui viennent au Togo rencontrer le président et Charles Debbasch. Sans compter tous les PDG des sociétés installées à Lomé, les trafiquants, les affairistes, les avocats, tous ceux qui ont bénéficié et qui bénéficient encore des ressources de ce pauvre pays dont les habitants luttent quotidiennement pour leur survie.

Le système, je le connais. On fixe un montant délibérément très élevé. Un négociateur se présente. Il promet d'obtenir l'accord du demandeur en faveur d'un montant plus faible, ou du même montant mais fractionné, tranche par tranche, en contrepartie d'un dessous-de-table réparti entre lui-même et certaines autorités dont il est prudent de taire le nom. Mais ces prédateurs sont exceptionnellement gourmands. Ils comptent en millions de dollars, pas en millions de francs CFA. Et ils sont dangereux, car ce sont des maîtres. J'ai refusé de me prêter au jeu qui, en haut lieu, était attendu de moi. Je dois donc être châtié, je dois donc être rançonné. Au prix le plus élevé possible, en sorte qu'il y en ait pour tout le monde. Ainsi, la cour d'appel fera bientôt passer le montant de la caution de 9 à… 6 millions de dollars. Mais comment aurais-je pu réunir une telle somme ? Pour prouver que je n'en avais pas la ressource, ma femme a dû prier mes successeurs à la tête des entreprises que j'ai dirigées

– Michel Clamadieu, pour Rhodia, ex-Rhône-Poulenc ; Christophe de Margerie pour Total, ex-Elf ; Gérard Mestrallet, pour GDF-Suez et Guillaume Pepy pour la SNCF – de lui communiquer le montant de mes salaires depuis 1982. Le total de mes revenus cumulés en l'espace de trente ans n'atteint pas un million de dollars.

Qu'à cela ne tienne, puisque les autorités françaises s'agitent, Lomé décide de négocier directement avec elles le montant et les modalités de la rançon. Le Quai d'Orsay reçoit la visite de deux émissaires qui, en contrepartie de ma remise en liberté, lui demandent de faire procéder au versement d'une première tranche de 1,5 million de dollars. À la suite de quoi ma femme reçoit un appel du ministère des Affaires étrangères : « Combien pouvez-vous mettre ? » On croit rêver !

Ma maladie, qui demeure un casse-tête pour Lomé, va donner lieu à deux manœuvres de diversion. L'auteur de la première est un chirurgien togolais venu me visiter de la part du ministre de la Santé togolais « pour préparer l'opération ». Je l'éconduis, au motif que je conserve le droit de choisir celui qui pratiquera l'intervention. L'auteur de la seconde diversion est un chirurgien français de Rouen, ami d'amis de Togolais. Il se propose de venir m'opérer à Lomé, ville où il n'a jamais mis les pieds. Il le ferait à la demande, cette fois-ci, du ministre de la Justice. Mon avocat parisien n'aura qu'à le renvoyer aux fondamentaux de la déontologie médicale, qu'il avait perdue de vue, pour achever de le dissuader.

3

Le dénouement

Ponctuée par autant de ces plaisanteries d'un goût douteux, les semaines passent. Nous convenons de porter plainte au tribunal de Paris contre celui qui, complice consentant ou jouet malgré lui d'une manipulation politique, est matériellement à l'origine de ma séquestration : Abbas Youssef. Il s'agit de mettre à jour l'organisation, le financement et le marchandage de mon enlèvement en plein aéroport d'Abidjan, puis mon départ forcé pour Lomé. Preuves à l'appui, dont je ne disposais pas à ce moment-là puisqu'elles n'ont été trouvées que par la suite, en décembre 2012 : les courriels qu'il a envoyés avant et pendant mon incarcération à Lomé. Je précise que, depuis, les copies desdits courriels ont été jointes au dossier de ma plainte pour corruption de fonctionnaires que j'ai déposée contre Abbas Youssef, l'une à Paris et l'autre à Lomé.

De son côté, ma femme démontre une fois de plus qu'elle n'est pas sans courage. Marlène décide de faire appel au président de la République française, afin qu'il plaide pour ma libération et mon rapatriement sanitaire. Cet appel diffusé par les télévisions et les radios le 5 décembre est également relayé par la famille, par les amis et, mieux encore, par des personnes qui, sans être de nos connaissances, sont fermement convaincues de la justesse de la cause. La visite à Paris dans les derniers jours de janvier 2013 du Premier ministre du Togo, Kwesi Ahoomey-Zunu, donnera l'occasion d'organiser une manifestation devant l'ambassade du Togo, puis jusque sous les fenêtres du Quai d'Orsay à l'heure où le chef du gouvernement togolais était reçu par Laurent Fabius. Certains journalistes ont enfin pris l'affaire au sérieux. Et le ton est en train de changer à Lomé. En haut lieu, l'on cherche désormais un moyen de sortir de l'embrouillamini sans perdre la face.

Noël et le jour de l'an sont derrière moi. J'ai fini par bien m'organiser dans mon local. J'y dispose d'une bouilloire, d'un roulement de draps et de serviettes, d'un poste de radio et d'un ordinateur, quoique sans connexion Internet. Il m'est permis de téléphoner à ma mère et à mes enfants. J'ai reçu la visite de commerçants de Lomé, de Bretons, d'Ivoiriens. Et toute l'équipe du SRI m'est devenue familière. Je jouis de la considération du « Chef ». Deux gendarmettes, « la Femme et le Clown », me fournissent régulièrement les ananas du matin, le produit antimoustiques, les pommes, les grappes de raisins, les noix de coco, le papier et les stylos. Je me livre quotidiennement à un petit balayage sommaire. Mme Imbert et Mme Joulin m'alimentent en livres et en films. Le colonel « coopérant » qui travaille en face vient souvent me saluer. Ainsi qu'on m'en avait averti depuis Abidjan, je ne reçois aucune visite de l'ambassadeur de France, Nicolas Warnery. Toutefois, je sais bien que notre représentant s'active, et sans relâche. Mais il nous a fallu jusque-là continuer à feindre : à agir publiquement comme si j'étais réellement au centre d'une affaire purement judiciaire, et non pas politique, laquelle affaire ne saurait donner lieu qu'à une action consulaire, et nullement diplomatique. En dépit du fait que tous les protagonistes savent depuis plus de trois mois qu'il n'en est rien, qu'il s'agit au contraire, par-delà le thème de l'escroquerie, d'une manipulation politique, laquelle affaire d'escroquerie est d'une très grande banalité pour quiconque connaît le contexte africain.

Il est clair que je ne suis ni auteur ni complice. Qu'on ait eu l'idée de régler un problème de politique intérieure en vue des prochaines élections en éliminant un concurrent potentiel au providentiel prétexte que ce dernier aurait trempé dans l'escroquerie, chacun s'en doute. Par ailleurs, tous les Togolais n'ont pas l'intention de venir au secours de mon ex-partenaire, Abbas Youssef, mais, bien au contraire, celle de lui soutirer encore et encore de l'argent. J'avais accepté de jouer le jeu jusqu'à présent. La vérité, c'est que je suis un otage politique, un otage plus averti que jamais qui ne pourra retrouver la liberté qu'au prix d'une action politique de son propre pays, assortie d'un versement d'argent d'une manière ou d'une autre.

C'est alors, aux premiers jours de janvier 2013, que ma femme et moi estimons que, compte tenu des millions de dollars exigés par les autorités togolaises, il est temps de prononcer les mots de « rançon » et d'« otage », car ils décrivent avec exactitude la situation qui m'est faite. Qu'une escroquerie ait été commise, sans doute. Mais je n'ai rien à y voir. Si j'ai eu vent du premier épisode de l'arnaque à l'été 2008, ainsi que je le reconnais, cela ne fait pas de moi le cerveau, ni le complice. Il y a tant de zones d'ombre, et à mon encontre aucun élément de preuve, dans l'affaire. Par exemple, le montant de l'arnaque indiqué, près de 50 millions de dollars, est totalement farfelu. Ajoutons, tant elle est loin d'être nette, qu'il reste encore à éclaircir la relation entre l'escroqué et son escroqueuse.

Janvier 2013 marque donc le grand tournant. Avec la publication de mon interview dans *Le Parisien*, l'ouverture d'une enquête préliminaire consécutivement à ma plainte contre Abbas Youssef, les protestations publiques et manifestations à Paris, le succès rencontré par la pétition réclamant ma libération (2 700 signatures recueillies en quelques jours). Tant à Paris qu'à Lomé, l'espoir revient. Mieux, nous sentons que, à moins d'un faux pas, le dénouement est proche. Un faux pas, nous avions pourtant bien failli en commettre un fameux quelques semaines plus tôt. À la veille des fêtes de Noël, notre moral avait atteint un tel niveau d'anxiété et de doute que, au pic de notre désarroi, ma femme et moi étions près de nous en remettre à des affairistes et prédateurs (avocats se disant proches du président togolais et de son « conseiller » Charles Debbasch, anciens des services secrets israéliens) qui nous avaient promis la lune. Ils ont obtenu de nous de l'argent, trop d'argent pour nous, pas assez pour eux. Par chance, ils se sont vite trahis. À la fin décembre, nous avons coupé court. Scandaleuse et odieuse, cette propension de certains à exploiter ainsi la détresse des victimes ! Les familles ayant porté secours à des proches enlevés et séquestrés en font l'expérience : ces viles personnes sans foi ni loi existent et il suffit d'un moment de panique pour se raccrocher à n'importe quelle promesse, à n'importe quel espoir, même le plus improbable.

*

Ce jour-là, et pour la première fois, Nicolas Warnery a le droit de me rendre visite. Nous sommes début février. Un scénario crédible a été mis au point. Premier acte : le retrait de mon pourvoi, une fois encore. Il devrait être suivi de confrontations avec Abbas Youssef, puis d'une nouvelle demande de mise en liberté assortie, cette fois-ci, de la fixation d'une caution et non d'une rançon.

À partir du moment où la diplomatie française est clairement garante, dès lors que c'est elle qui négocie, je suis prêt à respecter scrupuleusement les directives. Nous retirons donc notre pourvoi devant la Cour suprême, démarche toutefois assortie de précautions épistolaires : je rappelle par écrit dans quelles conditions j'ai accepté ce retrait. Et les rendez-vous judiciaires sont fixés.

Les confrontations avec Abbas Youssef dureront deux jours entiers : onze heures le premier jour, quinze heures le deuxième. L'état de ma jambe a empiré. La station assise est devenue si douloureuse que je ne la supporte plus depuis déjà deux semaines. Je ne pouvais aborder ces séances dans des conditions plus pénibles. J'arrive en boitant au palais de justice avec, sous le bras, les deux coussins que m'a prêtés Mme Imbert. Je resterai étendu par terre pendant vingt-six heures, stoïque sous les insultes de mon ex-partenaire. Il raconte bêtise sur bêtise, me traite de criminel, soutient que j'ai attenté à sa vie au Nigeria – à cette période-là, j'étais encore détenu à la prison de Fresnes ! Je passe des heures et des heures à être calomnié et pointé du doigt. À une question du juge qui aurait impliqué une réponse par oui ou par non, il se dérobe. Par une nouvelle digression : il la poursuivra pendant une bonne heure et demie. Je suis à bout de forces. Me déplaçant appuyé sur une canne, il m'est de plus en plus pénible de gravir les étages pour me rendre aux toilettes. Je suis sujet à des vertiges, je sens que ma vue s'affaiblit. D'heure en heure, les divagations du plaignant m'agacent, m'indignent et bientôt nous lassent, moi-même mais aussi le juge, au point que ce dernier sombre parfois dans une demi-somnolence. Il finit d'ailleurs par ne plus résumer qu'en quelques mots ces digressions permanentes que, de son côté, le greffier… ignore royalement. Quand soudain Abbas Youssef entreprend de créer un incident. Il sort de sa poche un petit papier. Il va pour le tendre au juge. Son avocat l'en dissuade sur-le-champ : « Non, pas maintenant ! »

Le lendemain, tourné vers Abbas Youssef, l'un de mes avocats lui pose la question qui lui brûle les lèvres : « Quel intérêt trouviez-vous à dépenser ainsi votre argent pour permettre à une dame de récupérer sa fortune ? » Mon accusateur réédite alors le geste de la veille, soit le petit numéro qu'il avait préparé mais que son avocat l'avait sommé de repousser à plus tard. Il ressort donc de sa poche le petit papier. Et il se met à hurler. Sur le petit papier blanc, nous pouvons discerner un mot, le mot « ROHYPNOL ». C'est, nous dit-il, le médicament que les escrocs avaient introduit dans sa nourriture. Si bien qu'il n'a plus été lui-même et qu'il a fait des bêtises, toutes sortes de choses illégales et stupides. Il a corrompu, il a essayé de blanchir de l'argent, il a vendu ses propriétés à des prix dérisoires mais parce qu'il était sous l'emprise de ce terrible médicament, dont on peut faire le tour des méfaits en consultant Internet.

À la question suivante : « Qui accusez-vous précisément ? » Abbas Youssef répond qu'il s'agit de moi. Ce serait moi qui, le recevant chez moi, aurait à son insu glissé ce produit dans sa nourriture. En sorte que j'aurais pris le contrôle de son cerveau et que je l'aurais fait agir contre son gré pendant quatre ans !

Mes avocats annoncent aussitôt qu'ils vont déposer plainte pour dénonciation calomnieuse, et qu'ils vont demander une expertise psychiatrique du plaignant. Ils ne croient pas si bien dire : après une demi-heure de cris et de pleurs, mon accusateur sort un mouchoir pour sécher ses larmes tout en poursuivant son discours à l'adresse du procureur qui comprend l'anglais et qui opine du chef d'un air catastrophé. La coupe est pleine. Il est presque minuit. On corrigera le texte plus tard, mais on ne se reverra plus. Il est prévu que je retournerai le lendemain à la banque, une obsession du procureur, et nous déposerons une nouvelle demande de mise en liberté.

*

À mon retour dans mon bureau-cellule, l'accueil est chaleureux. Les capitaines m'appellent « mon frère », les autres « président », mes trois sous-officiers le « Chef », la « Femme » et le « Clown » font des heures supplémentaires, s'inquiétant de savoir dans quel état je ressortirai de l'épreuve. C'est dire combien je me sens de plus en plus en famille, comme je le suis habituellement dans les pays d'Afrique où il m'a été donné de séjourner. On m'a acheté un pot de chambre pour limiter mes déplacements, un autre seau pour que je n'ai pas à me traîner jusqu'à la douche. Le capitaine Yanani, dont j'occupe le bureau depuis le premier jour, est rentré de sa mission extérieure. Il a accepté d'en adopter un autre pour ne venir « chez moi » que quelques minutes par jour. Le sous-officier provocateur que j'avais surnommé « Discipline » a été écarté. On me laisse tout seul une grande partie de la journée. Mais mes trois amis profitent très souvent de leur temps libre pour venir discuter avec moi de tout et de rien. De mon côté, je leur pose beaucoup de questions sur leurs familles et leurs parcours. Je me permets de les conseiller. J'encourage les deux gendarmettes à passer les concours pour devenir officier. J'ai le désir d'être utile à tous. C'est aussi une façon pour moi d'atténuer l'appréhension que cause l'évolution de mon état de santé. J'ai déjà compté une douzaine de carcinomes sur les deux jambes et, pour comble, je finis par ne plus savoir laquelle est la bonne. Les prochains examens, scanner et échographies, indiqueront à quel stade en est la progression du mal. En attendant, je redoute de me retrouver bientôt grabataire.

Après mon calvaire des 13 et 14 février, la visite le vendredi 15 février au même établissement de l'Union Togolaise de Banque et le dépôt dans l'après-midi de la demande de libération conditionnelle, j'estime avoir tenu tous les engagements que, pour ma part, j'avais pris lorsque avait été scellé notre accord. La semaine à venir sera la bonne, j'en suis sûr. J'ai hâte de voir mes médecins. Et l'ambassadeur est aussi pressé que moi de me voir reprendre l'avion pour Paris. Il me dit même qu'il ne partira pas en vacances avec sa famille tant que Lomé ne m'aura pas relâché ! Mon sort est dorénavant entre ses mains et dans celles des diplomates professionnels de Paris.

Personne n'ose plus se retrancher derrière l'alibi de la non-assistance qui m'avait été opposé au soir de mon arrestation à Abidjan : le caractère prétendument « judiciaire » de mon affaire. Qu'il s'agisse d'une affaire politique camouflée, ce point est définitivement acquis. La diplomatie saura accompagner intelligemment le camouflage. Et le comportement de ces diplomates fera honneur à la France !

Mais, en haut lieu, les Togolais gigotent encore. La visite que m'a rendue l'ambassadeur de France en personne dans mon bureau-cellule de capitaine a changé la donne. L'entourage du chef de l'État, et le chef de l'État lui-même, savent désormais que la République française est derrière moi, et cela pour la première fois depuis cinq mois ! C'est un fait nouveau. Il n'a d'ailleurs pas échappé à la presse française que Florence Cassez a bénéficié d'un meilleur traitement, l'ambassadeur de France au Mexique, tant sous la présidence de Nicolas Sarkozy que de François Hollande, lui a rendu visite chaque mois dans sa prison.

Le lundi 18 février, nous attendons tous des nouvelles. L'ambassadeur m'a demandé de réserver une place dans l'avion du lendemain au soir. Mais rien ne vient ! Le mardi 19, c'est toujours le calme plat. Comment croire encore que je prendrai l'avion le soir même ? Je m'impatiente. Au bord de la colère. L'ambassadeur appelle le ministre togolais de la Justice. Il lui répond que tout doit être en place, que mes avocats n'ont qu'à se rendre chez le juge. Indication inutile. Depuis la veille au Palais, mes avocats campent à la porte du bureau du juge. Mais il n'apparaît toujours pas. Et le greffier ne sait pas où est passé ledit magistrat, alors qu'il doit lui faire signer un papier. Le greffier fait le chemin jusqu'à chez lui. Sa voiture est là, sa femme est là, mais le juge n'y est pas. Sa femme dit qu'elle-même ne sait pas où il se trouve ! À 18 heures, nous annulons la réservation de ma place d'avion. Mes gendarmes s'agitent. Mon téléphone n'arrête pas de sonner. Personne n'y comprend plus rien. Sous les effets du stress, de la fatigue, du bruit, des va-et-vient, je fais un malaise. En proie à des vertiges, je suis incapable de me lever. « Ma » médecin pratique un électrocardiogramme. Rien d'alarmant, mais le mal à la poitrine persiste. Elle me donne un spray à vaporiser sous la langue, Natispray, et Corvasal. Plus de peur que de mal.

Dès le mercredi matin, ayant repris nos esprits, nous repartons aux nouvelles. C'est alors que nous apprenons que le juge, le procureur, l'avocat d'Abbas Youssef ainsi que le « conseiller » du président du Togo sont à Bamako depuis lundi, à Bamako une nouvelle fois. Une information que le ministre de la Justice togolaise ne pouvait pas ignorer. Mais pourquoi Bamako ?

*

Cet épisode-là remonte à janvier 2013, lorsque la femme à l'origine de l'affaire – « Mounira, épouse Gueï », ainsi qu'elle se faisait appeler et ainsi que paraissait le certifier son « passeport » –

a été kidnappée par des hommes de main. Déférée au commissariat de Bamako, elle aurait été interrogée par des policiers togolais et le doyen des juges d'instruction togolais, en même temps que par l'avocat d'Abbas Youssef et le fameux « conseiller » du président du Togo. Parce qu'elle est née au Mali, Lomé n'avait pu obtenir son extradition. D'où ce déplacement éclair. Au cours de son interrogatoire, qu'elle et sa famille ont qualifié de « musclé », elle aurait déclaré avoir été la maîtresse pendant longtemps d'Abbas Youssef. Elle aurait ainsi reçu de l'argent de lui. Quant à moi, elle aurait assuré ne m'avoir rencontré qu'en une ou deux occasions après qu'Abbas Youssef lui-même m'eut présenté à elle à Dubaï.

Bien mal en a pris à Abbas Youssef ! Toutes les déclarations de « Mounira » contredisent formellement ses assertions, celles qu'il formulait dans sa plainte, laquelle plainte les journalistes ont fini par dénicher et que tout un chacun peut désormais consulter en ligne sur Internet.

Le pataquès ne s'arrête pas là. Par ailleurs, Mounira, qui réside à Abidjan, considère avoir été piégée par l'une de ses amies qui l'aurait convaincue de venir à Bamako pour y rencontrer, en toute amitié, Abbas Youssef… Et elle entend porter plainte pour enlèvement et séquestration. Sa famille à Bamako se mobilise, celle de son amie qui l'avait engagée à faire le voyage s'agite à son tour. Pour le procureur de Bamako, il n'y a pas de suite à donner à l'interrogatoire. Cette femme est malienne. Contre elle, il n'y a pas de dossier d'accusation. Le nom figurant sur le mandat d'arrêt n'est pas conforme. En bref, « Mounira » est libre de rentrer à Abidjan, et nos quatre mousquetaires n'ont plus qu'à repartir les mains vides à Lomé sans l'avoir auditionnée. En conclusion, ce n'est pas une affaire d'escroquerie, mais une affaire d'enlèvement au détour d'une histoire d'amour qui a mal tourné. L'amie ivoirienne qui avait voulu organiser une rencontre d'amoureux revient à Bamako. Et s'organise pour y porter plainte contre Abbas Youssef !

Nous sommes donc début janvier, et les juges vont repartir un peu plus tard. Le juge d'instruction compte revenir à Lomé avec pour trophée une déposition « légale » de la dame quand, au bout de trois jours, il comprend que le procureur ne le laissera pas interroger la fameuse « Mounira ». Sa véritable identité est découverte. Elle appartient à une famille malienne qui compte des hommes politiques maliens et ivoiriens – un ministre de l'Information de Houphouët-Boigny, un ambassadeur du Mali en Libye et en Arabie Saoudite. Perspicace, le procureur malien fait également remarquer que le mandat d'arrêt international – le même que celui qui m'a valu mon arrestation à Abidjan le 14 septembre 2012 – n'a aucune validité juridique au regard du droit international ! Il ajoute une fois encore que la dame est de nationalité malienne, et qu'elle ne peut pas être extradée (ni transférée, elle a plus de chance que moi !).

Décidément insensibles à la démonstration, les autorités togolaises n'ont pourtant pas désarmé. C'est ainsi que, le lundi 18 février, pour tenter une dernière fois de jouer la montre contre moi, elles ont dépêché à nouveau leurs quatre magistrats ou assimilés. Deux objectifs : obtenir de la dame un témoignage contre moi, et la faire déférer au Togo ! Incroyable, mais vrai… Le juge ne réapparaîtra donc que le lundi 25 février. Les délais légaux sont certes dépassés mais, après tout, je n'en suis plus à un étonnement près ; cela fait cinq mois et plus que mes persécuteurs se sont assis dessus – je parle de la légalité.

L'ambassadeur réserve deux places dans l'avion d'Air France du 26 février au soir, une pour lui et une pour moi. Et, de fait, ce mardi-là tout le monde est sur le pont. Le commissaire divisionnaire de l'ambassade de France, qui commande la coopération policière et militaire entre le Togo et la France, fait stationner sa voiture officielle devant ma fenêtre. Le commandant de la gendarmerie nationale est à ses côtés.

Il est 18 heures lorsque, à mon vif soulagement, le juge apparaît enfin, entouré de son greffier et de mes avocats. Je signe les attestations selon lesquelles le juge reconnaît avoir reçu le premier chèque (soit 50 000 euros en définitive) d'une caution dont, cependant, le montant s'élève toujours à 6 millions de dollars, payable en x mensualités.

Je n'ai qu'une idée : sauter dans la voiture, et tant pis si cela me fait très mal à la jambe. Je dépose seulement une partie de mes effets dans le coffre de la voiture. Ce que je ne peux emporter, je le laisse volontiers à mes trois sous-officiers qui me quittent en m'embrassant et en pleurant. Je n'aurais jamais imaginé quel plaisir me procurerait le fait de me retrouver enfin dans cette voiture diplomatique, qui a soudain pour moi la valeur d'un vrai petit coin de France. Jusqu'à la dernière heure, et au mépris de nos accords, les autorités togolaises ont cherché à augmenter le montant du « premier versement ». Mais elles ont dû se rendre à la raison. À ce que m'apprendra ma femme, les « grands chefs » ont fini par tomber d'accord.

L'ambassadeur m'accueille à sa résidence. Il ne me lâchera plus d'une semelle jusqu'à notre arrivée à Roissy. Une fois débarqués à l'aéroport Charles-de-Gaulle, il me confiera à la gendarmerie nationale française. Avant de passer aux retrouvailles avec ma famille et les médecins.

*

J'ai bien conscience d'avoir été – malgré moi – le protagoniste d'un incroyable roman-feuilleton. J'en ai rapporté les épisodes essentiels, sans trop de développements ou de contrepoints, mais j'aurais pu ajouter des commentaires sur la gendarmerie nationale du Togo, évoquer les incendies spectaculaires des marchés de Kara et de Lomé et les arrestations qui ont suivi. Il se trouve, en effet, que j'ai passé ma détention entre les murs du centre névralgique du système policier du pays pendant cinq mois et dix jours. Le téléphone de mon bureau-cellule était l'un des deux postes téléphoniques de commandement de la brigade. J'ai donc vécu aux premières loges les manifestations et les arrestations. J'ai entendu les ordres et les commentaires. J'ai découvert une Afrique que je ne connaissais pas, laquelle pour moi n'est pas l'Afrique mais un État qui ferait songer plutôt à la Corée du Nord. À fin décembre, la tumeur dont je souffrais aurait pu provoquer une septicémie juste avant ou juste après Noël. Cela n'a pas été le cas, ce n'était pas mon heure !

Comment en suis-je sorti, vivant et libre ? Par une action diplomatique déterminée, mais très tardive. Car il aura fallu que ma femme apparaisse à la télévision et qu'à leur tour interviennent les personnalités politiques françaises de tout bord pour, avec le concours du ministère des Affaires étrangères enfin mobilisé, faire comprendre au pouvoir togolais qu'il était vain de prolonger davantage la séquestration de l'otage Loïk Le Floch-Prigent.

Puisque au bout d'un mois après son intervention rien ne bougeait, il a fallu que Marlène aille porter à l'ambassade du Togo une lettre au président du pays en organisant une manifestation avec mon fils Vincent, ma fille Fanny, mes cousins Didier Julienne et Éric Atlan, tous mes cousins et amis. Ils se retrouveront quelques jours plus tard devant le Quai d'Orsay pour un nouveau rassemblement avec distribution de tracts. Il a fallu que Vincent réalise un site Web, qu'il aille témoigner sur France 5 à l'invitation de Paul Amar le 9 février 2013. Il y a des hommes et des femmes que ma femme et moi remercierons chaleureusement, en plus de celles et ceux que nous avons pu saluer dès mon retour. Certains souhaitent rester dans l'ombre. J'espère qu'ils se reconnaîtront implicitement dans l'hommage que nous tenons à rendre à tous, à qui je dédie ce livre.

Avant de clore ce chapitre, je voudrais mettre l'accent sur deux vœux. Je songe en premier lieu au devoir de lucidité des gouvernements français à l'égard des gouvernements étrangers. Quand la justice n'est rendue que par une personne, une seule, à savoir le chef de l'État du pays étranger, il ne sert strictement à rien, vis-à-vis de la famille du détenu, de se retrancher derrière certains mots, d'invoquer par exemple une quelconque « affaire judiciaire ». Soyons francs : quand un homme public français est enlevé et incarcéré en Afrique, il s'agit dans 99 % des cas d'une affaire politique et non judiciaire. À quoi bon abuser les proches de l'otage, il ne faut pas les prendre pour des imbéciles ! (J'ai connu, et ma famille avec moi, dix-sept ans de procédure pénale en France.)

Que les gouvernements analysent la situation avec assez de recul, tel est mon second vœu. Quand la France poursuit une politique de coopération avec un pays africain, elle engage des ressources, des hommes, de l'argent (fonds publics de la nation, fonds publics de l'Union européenne). Elle joue de son influence auprès de la Banque mondiale et du FMI. Nos chancelleries et notre administration peuvent aussi y associer des entreprises françaises investies dans ces pays. Il faut donc agir avec tact et prudence, se garder d'exercer une quelconque ingérence dans les pays en cause.

La meilleure illustration, ce sont les précautions qui ont présidé à l'engagement de la France au Mali. À l'opposé, et parmi les faux pas regrettables, sont à déplorer l'hypocrisie de l'engagement au Tchad suivi du non-engagement en République centrafricaine. Autant d'exemples qui trahissent une politique désordonnée et hésitante. Néanmoins, dans la mesure où ce lien existe, qu'il soit de nature financière et symbolique comme c'est le cas avec la francophonie, la moindre des exigences à la fois réciproques et non-négociables, c'est que ces pays respectent leurs propres règles vis-à-vis des citoyens français.

Car au départ de cette rocambolesque affaire qui aurait pu se terminer tragiquement, et ainsi que j'y insiste sans relâche, il y a le fait incontestable que j'ai été enlevé en Côte d'Ivoire, enlevé au mépris absolu des règles que se sont données les États membres de la CEDEAO. Au bout de cinq mois d'incarcération, l'accès à mon dossier m'était toujours interdit. À aucun moment la justice togolaise n'a fait état de ma tumeur à la jambe. J'ai été libéré pour des raisons sanitaires, contre le paiement de ce qu'il faut qualifier de rançon. Le Togo n'a eu aucun scrupule à piétiner ses propres règles et celles de la CEDEAO. Je n'ai pas été le premier à en souffrir. Il va de soi, hélas, cent fois hélas, que, depuis, d'autres en ont souffert et en souffriront après moi.

4

La vérité sur mes relations avec Abbas Youssef

Dans les premières heures de ma séquestration à Lomé, à la suite de mon enlèvement la veille au soir à Abidjan, j'avais d'abord cru à un mauvais gag. Puis je n'ai pas tardé à réaliser que je faisais les frais d'un échange de « bons » procédés entre les autorités ivoiriennes et togolaises, voilà pour les enjeux touchant à la politique intérieure de l'un et l'autre pays, avant de découvrir que l'affaire judiciaire qui, sur la foi d'Abbas Youssef, le plaignant, m'était imputée couvrait en réalité une véritable tentative d'extorsion de fonds suggérée par l'entourage du président togolais Faure Gnassingbé. Dans ces conditions, moi-même et mes avocats n'avions pas la ressource de dissiper en quelques semaines les apparences de ce sombre « millefeuilles » qui, fortuitement ou intentionnellement, plaidaient contre moi.

Entre les mains des autorités togolaises, averti que je ne pouvais compter sur le secours du Quai d'Orsay, je n'étais évidemment pas en état de prouver publiquement que j'étais la victime au mieux d'un fâcheux malentendu, au pire d'une sournoise machination. D'autant mieux que, conformément au proverbe selon lequel il n'y a pas de fumée sans feu, la presse se devait, par un automatisme coutumier, de rappeler que, par le passé, j'avais défrayé la chronique judiciaire en France.

Dois-je y insister ? Dorénavant, quiconque dit Loïk Le Floch-Prigent dit « Affaire Elf », feuilleton à épisodes étroitement associé à l'« affaire Roland Dumas – Christine Deviers-Joncour », à l'« affaire Bidermann ». Illustration de ce que, pour qualifier le travers, sinon la trahison, du second septennat de François Mitterrand, certains ont appelé depuis « les années fric ». Car si, dans la présente affaire togolaise, le nom d'Abbas Youssef ne dit pas grand-chose à grand monde, ce n'est pas le cas d'Alfred Sirven, d'André Guelfi, de Maurice Bidermann ou de certains de mes anciens collaborateurs, comme André Tarallo. Il n'y a pas lieu de s'étonner : à force d'entendre ressasser les mêmes noms, et le mien à l'appui de tous les autres, cité pendant une quinzaine d'années à l'occasion de décisions de justice successives où revenait sans cesse l'accusation d'abus de biens sociaux, les gens ne voient plus en vous qu'un homme louche, irrésistiblement attiré par les voyous et partageant leur quotidien. Non, je ne suis pas le copain des voyous.

De plus, qu'un ancien grand patron soit une nouvelle fois accusé de malhonnêteté, et plus particulièrement d'une escroquerie qui aurait été commise non pas dans sa patrie mais en Afrique, renforçait dans l'opinion la présomption de culpabilité. Je me représente aisément quel sous-entendu y présidait. Loïk Le Floch-Prigent est-il tombé si bas, est-il devenu si louche et si voyou qu'il a désormais le culot d'aller faire du business sur ce continent où, au mépris de populations pauvres, s'abattent tant de prédateurs, où sévissent au profit de dictateurs, de chefs de guerre ou de contrebandiers, la violence, le pillage, la corruption et les malversations ? Cette accusation est fausse, outrée, caricaturale. Néanmoins, j'y répondrai en expliquant pourquoi, ces dernières années, il m'était indispensable de poursuivre mon activité de consultant en Afrique.

Pour m'en tenir aux faits, j'ai été condamné en qualité de PDG d'Elf à l'issue de procès précédés d'une instruction (contestable) dont l'origine remonte à la plainte déposée en 1994, alors que je présidais Gaz de France, par Philippe Jaffré qui, depuis le retour au pouvoir de la droite en 1993, m'avait succédé à la tête d'Elf, la compagnie ayant été privatisée dans l'intervalle à l'initiative du Premier ministre Édouard Balladur. Ce livre n'a pas pour objet de revenir en détail sur les différents volets de l'« affaire Elf ». En revanche, je me dois de répondre une fois pour toutes aux questions que tout un chacun, y compris les miens parmi ma famille, mes enfants et mes amis, est en droit de me poser. Jusqu'à quel point avais-je connaissance de la personnalité et du comportement des responsables que j'avais sous mon autorité ? Jusqu'à quel point leur faisais-je confiance en connaissance de cause ? Et comment ai-je pu mal apprécier ou, parfois même, ne rien savoir des initiatives de certains ? Certains patrons souffrent de paranoïa. Et des risques qui vont avec. Moi, au contraire, et ainsi que j'y reviendrai plus loin, je reconnais souffrir d'un incorrigible besoin de faire confiance. C'est un autre type de risque.

Alfred Sirven

De tous mes proches collaborateurs, c'est Alfred Sirven, l'homme clef de mon management puisque j'en avais fait le directeur des affaires générales de la compagnie, qui est le plus amplement à la source de mes problèmes judiciaires. Lorsque je le rencontre, il fait bien l'effet d'être un personnage haut en couleur, mais il présente les meilleurs états de service. Il a été cadre supérieur chez Mobil Oil, puis le DRH de Moulinex. Ami de Pierre Guillem, le président de la puissante Union de l'industrie minière et métallurgie (UIMM), il est, de plus, le poulain d'Yvon Chotard qui tient la barre du Conseil national du patronat français (aujourd'hui MEDEF). Sirven connaît le monde de l'entreprise, et même au-delà, comme personne. Si, au temps où je préside Rhône-Poulenc (1982-1986), je le recrute au poste de DRH, c'est avec l'entier assentiment de mon directeur général Serge Tchuruk ; tous deux avaient appris à s'estimer quand ils travaillaient l'un et l'autre pour Mobil Oil, tant et si bien que, nommé par la suite à la tête de CDF-Chimie, Serge Tchuruk l'appellera pour lui confier ses RH. Beaucoup de DRH de l'industrie française, chez Alcatel, Peugeot et d'autres grandes firmes, ont été des collaborateurs d'Alfred Sirven. Il deviendra même le président du petit cercle informel des DRH des grands groupes français. Enfin, il est dans les petits papiers de Bernard Bruhnes, un autre « pape » du social, celui qui, après avoir servi Pierre Mauroy à Matignon, conseillera les prochains gouvernements de gauche et de droite.

Incontestablement, Sirven est un original. À l'époque, il a élu domicile dans un studio en banlieue, prêté par un ami, car sa femme a préféré demeurer en Normandie. Il fume le cigare tôt le matin. Il se nourrit de saucisson. Il s'abreuve de vin rouge. C'est une figure, une autorité connue et reconnue dans le métier. Il n'a rien du voyou. Les ministres du Travail et leurs administrations le reçoivent à bras ouverts, qu'il les démarche ou qu'ils le consultent. C'est lui qui me présente Martine Aubry. Jusque-là, je ne connaissais que son père Jacques Delors. J'étais entré en relation avec ce dernier à travers Pierre Dreyfus, ministre de l'Industrie, dont j'étais le directeur de cabinet (1981-1982), après l'avoir fugitivement aperçu quand, pour le compte de Jacques Chaban-Delmas, Premier ministre (depuis 1969), il jetait les bases de la « nouvelle société » jusqu'à ce jour de 1972 où le président Pompidou lui notifierait sa disgrâce – dans ces années-là, je fréquentais plutôt les comités présidés par Simon Nora, l'autre conseiller de Chaban-Delmas.

Sans nier la dérive qui caractérisa la dernière partie de sa carrière chez Elf, puis la dérive définitive que scella sa fuite aux Philippines, je tiens à rappeler que certains aspects de son parcours m'avaient été cachés. Tel le passé sulfureux du jeune Alfred Sirven pendant la guerre de Corée. La presse en fit ses choux gras. Mais comment aurais-je pu en être avisé ? Cette part d'ombre avait été soigneusement gommée et occultée, et pendant plus de trente ans, par les personnes qui me l'avaient recommandé.

Il a été DRH pour Rhône-Poulenc, pour CDF-Chimie. Si j'invite Alfred Sirven à rempiler chez Elf, c'est parce qu'il est un grand professionnel, hautement expérimenté, hautement qualifié, un « pape » des relations sociales. Il a ses entrées dans tous les cercles du pouvoir et de l'entreprise. Les patrons d'hier et d'aujourd'hui peuvent bien avoir la mémoire courte, il n'y en a pas un qui, en son temps, n'ait fait appel à lui quand ils avaient des ennuis avec la CGT, la CFDT ou FO.

André Tarallo

Lui aussi était un grand professionnel, lui aussi a défrayé la chronique. Il ne m'avait pas attendu pour se faire un nom chez Elf. Je n'ai pas eu à l'embaucher : André Tarallo travaillait pour Elf depuis près de trente ans lorsque j'y prends mes fonctions le 28 juin 1989. C'est lui qui, sous la présidence de mes prédécesseurs, Albin Chalandon (1977-1983) et Michel Pecqueur (1983-1989), a bâti l'empire Elf en Afrique. Si aujourd'hui Total y gagne de l'argent – et combien d'argent ! – c'est à lui que la compagnie le doit. Lorsqu'André Tarallo est parti en Angola, tout seul, avec sa petite valise à la main, parce qu'il voulait savoir si Elf pouvait prospecter offshore dans le nord du pays, personne ne lui avait rien demandé. Ni la République française ni ses patrons de l'époque. Idem lorsqu'il se rend au Nigeria, où personne n'y connaît personne.

À mon arrivée chez Elf, on attire mon attention sur son grand train de vie, sur sa proximité ou même sur sa familiarité avec Jacques Chirac puisqu'ils sont issus de la même promotion de l'ENA en 1957, sur ses relations aussi étroites que complexes avec les chefs d'État africains et, plus encore, sur sa « corsitude ». Né sur le rivage du cap à Centuri en 1927, il est corse. Et pourquoi pas un « parrain » corse. Pour un peu, à entendre certains beaux esprits, l'on serait même porté à croire qu'il dirige en sous-main le gang de « la brise de mer » !

Mon patron, le président François Mitterrand, estime, sans doute à juste titre, que Jacques Chirac tire une part des revenus du RPR, son parti, de ces relations complexes entre l'Afrique, Elf et Tarallo, auquel il faut encore ajouter Charles Pasqua, autre Corse dans le tableau, car personne n'est de trop quand il s'agit d'épaissir la bonne soupe. C'est pourquoi, avec le chef de l'État, peu de temps après mon arrivée chez Elf, nous nous entretenons du « cas Tarallo ». Au bout d'une heure d'examen, nous tombons d'accord sur ce constat : en dépit de tous ses défauts, et quoique qu'il faille regretter les subsides qu'il a apportés au parti chiraquien et à lui-même, il est incontestable qu'André Tarallo a permis à Elf d'obtenir en Afrique une position exceptionnelle, en particulier dans le domaine du pétrole. D'où notre décision commune : malgré l'avis de ses détracteurs, nous devons non seulement le conserver mais, plus justifié encore, il nous faut le promouvoir tout en nous efforçant de le contrôler. Cette dernière tâche, c'était la mission d'Alfred Sirven. On en connaît le résultat ! Je crois pouvoir affirmer que, vers la fin, une part importante de leurs détournements servait à financer la nébuleuse chiraquo-pasquaïenne. Je l'ai toujours dit, sans jamais être contredit ! Le contrôleur et l'homme qu'il devait contrôler pouvaient tous deux se taper sur les cuisses. Incontrôlables, ils avaient fini assez vite par s'entendre comme larrons en foire. Ils me l'ont caché soigneusement. J'aurais dû m'en douter. C'est une erreur de ma part.

Mais, pour autant, il n'y a pas à faire rétrospectivement d'André Tarallo un voyou corse âpre au gain. Il a été un grand serviteur de l'État et d'Elf. Il a construit les bases de notre empire pétrolier. Et ses talents de négociateur seraient bien utiles aujourd'hui quand je relève les horreurs commises en Afrique par des industriels de notre pays. André Tarallo n'est pas un bandit corse.

Oui, à certains moments, il a tapé dans la caisse d'Elf. C'était malhonnête. Il a payé depuis. Toutefois, de grâce, que tous les vrais voyous français qui ont racketté l'Afrique se taisent ! J'ai honte du comportement médiocre de bon nombre d'industriels, honte de partager avec eux la même nationalité. C'est la satisfaction de leurs portefeuilles qui les guide. Ce n'était pas le cas d'André Tarallo. Il a œuvré pour la France, même si, à l'occasion, il ne s'est pas « oublié ». Je n'en dirais pas autant de M. Vincent Bolloré, de M. François Pinault, ni de M. Richard Talbot. Peuvent-ils nous convaincre que leurs business sur le continent africain ont servi les intérêts de la France ? Nous sommes quelques-uns à attendre qu'ils en apportent la preuve.

André Guelfi

Reste André Guelfi, né en 1919 au Maroc, surnommé « Dédé la Sardine » pour avoir étrenné en Méditerranée la pêche à la sardine à échelle industrielle (en équipant son premier bateau-usine d'équipements de congélation). Mon nom est régulièrement associé au sien, ainsi qu'à son cocasse surnom. Et pourtant, je ne le connais pas… Il n'appartient pas au personnel d'Elf. Mais j'apprendrai un beau jour qu'il y est chez lui, et de longue date ! Celui qui l'a introduit dans la maison s'appelle Mathieu Valentini. Un Corse, là encore. Mathieu Valentini, dont la fortune provient en large part de l'empire immobilier qu'il s'est taillé dans Paris, a des bureaux avenue George V. Et il en connaît, du monde. Il est proche d'André Tarallo et des fameux Feliciaggi, les deux frères corses Charles et Robert, qui dominent l'Afrique… corse. Valentini est très accueillant. Dans ses bureaux, je découvrirai qu'il héberge des femmes de hauts cadres d'Elf, lesquelles se livrent à un curieux petit commerce autour de divers contrats avec les filiales de la compagnie domiciliées en Afrique. Une façon originale pour ces grands seigneurs d'Elf de se procurer des compléments de revenu, ces mêmes grands seigneurs qui, quelque temps plus tard et en réponse aux questions de Mme Joly, se feront témoins à charge contre moi.

Cependant, je suis loin d'être arrivé au bout de mes surprises dans cette compagnie. C'est pourquoi, plutôt que de tout balayer, je m'efforce de continuer à en faire le tour, je m'efforce d'en comprendre les us et coutumes, souvent déroutants. Je ne le regrette pas. Rétrospectivement, j'estime que c'était un moindre mal. Car chez tous ces hauts cadres, dont je me permets tout de même de rappeler qu'ils étaient mieux payés que moi, les petits arrangements sont monnaie courante. Et, d'ailleurs, je ne tarderai pas à m'apercevoir que c'est aussi le cas chez leurs cousins de Total, la maison d'en face ! Mais je ne suis pas Don Quichotte. J'entreprends de mesurer l'étendue des dégâts. Je me contente de taper sur les doigts de certains quand ils poussent le bouchon trop loin. En vérité, il faudra me rendre à l'évidence : c'est tout le système Elf qui est vérolé. Du sol au plafond ! Le plus ahurissant, c'est que ces gens-là n'en sont pas seulement les complices, mais à proprement parler les premiers auteurs, et cela avec une parfaite bonne conscience, une bonne conscience qui ne les a jamais quittés et qu'ils manifestent encore aujourd'hui. Ahurissant, mais vrai !

Il se trouve qu'à la même époque Mathieu Valentini a des amis corses qui connaissent bien le Venezuela. Surtout, ces amis ont leurs entrées auprès des autorités du pays. Pour l'anecdote, je me suis laissé dire depuis que cette influence s'était conservée ; leurs héritiers, de deuxième et de troisième génération, reçus hier encore chez Hugo Chavez se sont déjà replacés auprès de Nicolas Maduro, son successeur. C'est ainsi que, par le truchement des amis de Valentini, je deviens conseiller auprès de Carlos Andres Pérez, le président du Venezuela (1989-1993), en même temps que d'autres personnalités, dont Henri Kissinger et Jean-Luc Lagardère. À la table de ce conseil international, je suis le seul pétrolier. Au Venezuela, Elf disposait juste d'une antenne. À l'occasion de nos échanges, je commence à comprendre comment nous allons pouvoir nous y développer. Sur ces entrefaites, Mathieu Valentini meurt subitement le 9 janvier 1991 au cours d'une croisière en Égypte.

Sa dépouille est rapatriée à Corte. Je me rends aux obsèques au côté d'André Tarallo. Sur place, je fais la connaissance de son fils, Stéphane Valentini, en même temps que je rencontre pour la première fois l'exécuteur testamentaire du défunt... pour le Venezuela : un certain André Guelfi. Et c'est dans ces circonstances que ce dernier se proposera de travailler notre projet vénézuélien avec Jacques Halfon, le responsable des domaines nouveaux au sein de l'équipe d'André Tarallo. À la suite de quoi il rencontrera Alfred Sirven.

Débrouillard au possible, intuitif et d'un culot sans limites, André Guelfi est clairement un aventurier. Nous en connaissons des dizaines, de la même trempe, chez Elf. Tous les autres grands groupes ont les leurs. Sans exception ! Par la suite, « Dédé » deviendra rapidement l'ami de Vladimir Poutine. Il entrera dans les bonnes grâces du Kremlin. D'autres aventuriers se sont fait connaître depuis, qui avaient leurs entrées ailleurs. Je songe notamment à Alexandre Djouhri, à Ziad Takieddine ou à Samir Traboulsi.

Il est clair qu'Elf a utilisé André Guelfi. Sous ma présidence, son « officier traitant » était Jacques Halfon. Ce dernier est mort accidentellement à Oman, avant l'ouverture de l'instruction par Mme Joly, laquelle n'a donc pu recueillir son témoignage ni ses explications. Supportant mal la prison, André Guelfi a parlé dans tous les sens, mêlant sans doute des vérités aux mensonges. À la Santé, il a pris Bernard Tapie pour confident. Ce qui ne risquait pas de favoriser la manifestation de la vérité, à laquelle, disait-on à cette époque, travaillaient les juges. Quoi qu'il en soit, je ne comprends toujours pas pourquoi, en entendant mon nom, c'est à cet autre nom-là, celui d'André

Guelfi, que les gens pensent. Alors que si je fais la liste des gens que j'ai rencontrés dans ces années-là, le nom d'André Guelfi n'apparaît pas.

En revanche, figureraient sur ma liste les gens de ma génération, qu'ils aient exercé des responsabilités en politique ou en entreprise, ou évolué parmi l'une et l'autre sphère. Mon meilleur ami chef d'entreprise a été Georges Besse, le regretté patron de Renault. Mon mentor a été Pierre Dreyfus, qui fut ministre de l'Industrie. Je fréquente toutes les personnalités politiques, tous les patrons. Je vois régulièrement Pierre Weill, de la Sofres. Je rends visite à un vieil ami de mon « patron », André Magnus, qui a fait carrière dans la publicité. C'est ainsi que j'ai des relations sans doute plus détendues avec certaines personnes qui, à cette époque-là, ne sont pas « en poste », mais qui y aspirent. C'est le cas de Lionel Jospin, de François Hollande, de Ségolène Royal. J'en ai fréquenté d'autres encore, moins exposés ou moins heureux dans la concrétisation de leur ambition.

Comment je suis devenu le partenaire d'Abbas Youssef

Au lendemain du 23 décembre 1996, le jour de ma sortie de la prison de la Santé après cinq mois de détention préventive pour abus de biens sociaux en tant que président d'Elf, quelques rares amis du monde de l'entreprise, parmi ceux qui ne m'ont pas renié ni effacé de leur carnet d'adresses, s'enquièrent de mon sort. J'ai été traîné dans la boue, la justice m'a fait poursuivre par le fisc sur une dizaine d'années, ce qui m'a mis à sec. Je n'ai pas de travail. Ils s'offrent à me proposer un job, une mission. Leur bienveillance me va droit au cœur. Ils manifesteront la même fidélité tant à l'issue de mon premier « séjour » à Fresnes de septembre 2003 à avril 2004 (suite à ma condamnation dans l'affaire dite « Dumas/Deviers-Joncour »), qu'à l'issue du second, toujours à Fresnes, de septembre 2010 à janvier 2011 (soi-disant pour non-respect du contrôle judiciaire, ce qui était inexact). Mais, à chaque fois, je m'en voudrais de les embarrasser. Je ne veux pas constituer une gêne susceptible d'affecter la suite de leur carrière. Si, à chaque sortie de la prison, tout le monde m'avait serré dans ses bras, l'expression de leur amitié sincère aurait pu passer inaperçue. Mais dans la mesure où ça n'était pas le cas, j'estimais qu'ils auraient risqué trop gros.

Il me faut me rendre à l'évidence. Je suis devenu objectivement infréquentable. Qu'ils appartiennent aux grands corps, les Mines (Jean-Louis Beffa, Raymond Lévy, Bertrand Collomb) ou l'inspection des Finances (Michel Pébereau, Philippe Jaffré, Pierre Bilger), ou qu'ils soient partout salués comme les entrepreneurs en vogue (Martin Bouygues, Vincent Bolloré, Bernard Arnault, Claude Bébéar ou François Pinault), tous me tournent ostensiblement le dos. Il n'y a plus guère que le vieil Ambroise Roux pour me recevoir chaleureusement, et dire que c'est lui qui, en avril 1999, décédera le premier ! Je ne suis pas près d'oublier le jour de ses funérailles. Alors que la famille d'Ambroise Roux m'embrasse sans hésitation, l'accueil de mes anciens « amis » est glacial. Je me heurterai à la même froideur chez le président du CNPF Jean Gandois, puis auprès d'Ernest-Antoine Seillière, son successeur (le CNPF étant devenu le MEDEF). Il est d'ailleurs à noter que je serai le seul de mon espèce à « bénéficier » de cette brutale et durable disgrâce. Le mouton noir a le dos large. Assez large pour porter tous les péchés du grand monde et le blanchir à la faveur de son sacrifice. Même Maurice Bidermann sera accueilli à bras ouverts !

La roue a tourné depuis. Désormais, les patrons mis en examen et condamnés ont droit à la célébrité, tandis que les juges sont fustigés. Mais, dans ces années-là, Mme Eva Joly passe encore pour une héroïne pour l'ensemble du monde patronal français. Elle venait de faire tomber le criminel Le Floch-Prigent. Ouf ! Elle avait fait un exemple. Après le sacrifice, chacun pouvait s'en retourner tranquille à ses affaires. Sauf moi, bien entendu… Et c'est ainsi que, banni et proscrit, j'ai accepté en 2004 de travailler au côté d'Abbas Youssef.

Je traversais une période difficile. Je dois me plier aux contraintes de la liberté conditionnelle, régime contre-indiqué dans un métier comme le mien qui réclame beaucoup de mobilité. Je ne peux pas être actionnaire d'une société, même à hauteur de 1 %. Les banquiers refusent de me prêter de l'argent, certains refusent même de m'ouvrir un compte. Le monde de la finance ne veut pas de moi. En revanche, il y a un monde où je jouis toujours d'un certain crédit, c'est le monde de l'énergie. On y connaît mes convictions. Je ne défends pas le pétrole bon marché. Mais je ne crois pas non plus à la théorie du « pic pétrolier », tel qu'il a été modélisé dans les années cinquante, par Marion King Hubbert – depuis, le boom de l'offshore et du non-conventionnel a ruiné ses prédictions. Dans le métier, l'on me prête l'étoffe d'un visionnaire. J'ai parié avec succès sur les potentialités de certaines régions où aucune compagnie n'avait voulu s'aventurer jusque-là : par exemple, au centre de l'Afrique (Tchad), ou en offshore profond (Angola, principale source aujourd'hui de la richesse de Total). Je ne puis que bien accueillir quelqu'un qui se propose de m'aider à en sortir, quelqu'un qui estime que je puis démontrer mon utilité et mon bon conseil, quelqu'un, par ailleurs ressortissant d'un pays pétrolier, qui souhaite investir dans le métier que j'aime, ce métier de pétrolier où, le fantastique essor d'Elf Aquitaine en fait foi, j'ai rencontré de vrais succès.

De ce que j'avais appris d'Abbas Youssef, il n'y avait rien qui aurait justifié que je m'en défie. Lorsqu'il vient me chercher à Paris pour bâtir avec moi une entreprise pétrolière, il passe ses journées à l'hôtel Bristol ou au Saint-James. Il séjourne quinze jours par mois à Paris. Il y rencontre tout le gotha industriel qui est en affaires avec les pays du Golfe, les Émirats arabes unis en particulier. Cet ex-officier de l'armée de l'air des Émirats connaît très bien les dirigeants et les hauts cadres de toutes les entreprises qui exposent leurs produits et leurs offres à chaque Salon du Bourget.

Nous sommes à l'automne 2004. Je suis sorti de la prison de Fresnes, de l'hôpital et de la dépression nerveuse qui a suivi. Et je suis heureux de retrouver dans ces salons prestigieux certaines personnes que je connais. À ce moment-là, Abbas Youssef jouit d'une réputation d'homme discret et sérieux. Il n'a rien d'un escroc, ni d'un voyou. Il possède des actifs en Suisse, en Allemagne et dans une dizaine d'autres pays, que les banquiers suisses évaluent au total à 300 millions d'euros au minimum.

Il reste à convenir, en contrepartie du travail que j'effectuerai, d'un mode de rémunération, soit direct (salaire ou honoraires) soit indirect (participation). Abbas Youssef confie l'examen de la question à son fondé de pouvoir suisse, Alexander Breuer. Ce dernier ne veut pas entendre parler d'un accord sous séquestre. Pour finir, Abbas Youssef et moi-même prenons donc cet engagement sur l'honneur : une fois que j'aurai définitivement purgé ma peine, soit à l'horizon 2010-2012, il est entendu que nous mettrons au point et scellerons un accord à 50/50. J'aurais préféré travailler dans d'autres conditions, moins complexes, mais à l'époque je n'ai guère d'autre choix. D'ici cette échéance, je gère les sociétés Pilatus Energy et Pilatus Resources. C'est Alexander Breuer qui paie les factures sur ordre d'Abbas Youssef. Mon nom n'apparaît nulle part.

Mais il est établi que c'est moi qui suis au contact des salariés, des pétroliers et de nos interlocuteurs au sein des gouvernements et des administrations.

*

Neuf ans ont passé depuis notre première rencontre à l'hôtel Bristol. Abbas Youssef a disjoncté depuis. L'année 2008, je l'ai dit, marque un tournant. Sous l'influence conjointe de la crise financière qui venait d'éclater, d'une femme qui lui faisait perdre la tête et de la religion ? Je ne puis déterminer précisément quel a été l'élément déclencheur. Toujours est-il qu'Abbas Youssef l'a reconnu lui-même à l'occasion de la procédure judiciaire. Oui, il a perdu le contrôle. Sauf qu'il soutient que c'est moi qui lui aurais jeté ce vilain sort. Comme je l'ai indiqué au chapitre précédent, il a prétendu que je l'aurais drogué en répandant du Rohypnol dans son alimentation. Scénario risible, si seulement il m'avait épargné de passer cinq mois sur un matelas à Lomé, loin des miens, à me tordre de douleur. Mais, une fois encore, Abbas Youssef ne passait pas pour fou quand nous nous sommes associés. Les responsables de Dassault, d'EADS, de Giat Industries, d'Eurocopter ou de Thalès ont utilisé pendant vingt ans ses services pour pénétrer le marché des Émirats arabes unis et d'autres pays du Golfe. Jusqu'au jour où Abbas Youssef a disjoncté. J'incline à croire qu'il a été escroqué pour avoir tenté lui-même d'aller trop loin. L'argent dont il voulait s'emparer n'était pas à lui, il ne l'avait pas gagné. Sans conteste. Cela n'en fait pas un voyou-né, ni un mafieux-né.

Il y a voyou et voyou

Cette image de « copain des voyous » que l'on m'a collée, et qu'à leur tour certains ambitieux collent à leurs rivaux, par exemple à Jean-François Copé coupable d'avoir fréquenté Takiedine ou à Nicolas Sarkozy, coupable (après Jacques Chirac) d'avoir fréquenté Djouhri, je ne me laisserai pas de la récuser en rappelant haut et fort qu'il y a voyou et voyou. Car, à mon sens, les vrais voyous ne sont pas ceux-là, ni même les hommes politiques qu'ils côtoient. Les vrais voyous sont d'une tout autre espèce, parfois moins en vue pour quelques-uns et cependant redoutables prédateurs. Ils sont de ceux qui prennent des entreprises à leurs propriétaires privés ou à l'État. Ils mentent sur leurs véritables intentions, ils les élaguent en contradiction flagrante avec leurs engagements initiaux, tout en se réservant de les revendre ultérieurement après en avoir conservé par-devers eux ou piraté les plus précieux actifs. Ceux-là mettent à la charge de la collectivité le prix de leurs déboires. Ceux-là licencient des personnes qui avaient travaillé loyalement et qui s'étaient attachées affectivement à leur entreprise, après avoir obtenu des concours bancaires à des taux insensés. Ce sont ceux-là qui ont construit des fortunes sur les mensonges et sur le malheur du peuple de France. Ils ont trompé et volé l'État et les banques. Ils ont rejeté dans les ténèbres des légions de salariés. Et j'enrage quand je les vois se présenter comme des bâtisseurs, quand je les vois acheter des journaux, quand je les retrouve tout sourire dans les pages *people*. C'est leur fortune qui leur vaut la célébrité, pas ce qu'elle a coûté à tant d'autres ! Comment osent-ils se comparer aux vrais créateurs, à Bill Gates qui a bâti Microsoft, ou à Steve Jobs qui a développé Apple ? À qui je pense ?

Ces hommes d'affaires, je ne crains pas de les désigner. Qu'ils s'appellent Vincent Bolloré, Albert Frère, Jean-René Fourtou, Claude Bébéar, Marc Ladreit de La Charrière ou François Pinault, ce sont eux qui dominent notre pays, en ne servant la plupart du temps que leurs stricts intérêts.

On pourrait être tenté d'y associer Bernard Arnault. À l'examen, ce serait une erreur. J'estime qu'il représente aujourd'hui un cas à part. Il est vrai que, dans un premier temps, lorsqu'il prend le contrôle en 1984 de Boussac et d'autres sociétés pour, par la suite, n'en conserver que les pépites (Dior, Le Bon Marché, Conforama), il évolue dans la catégorie des hommes d'affaires qui obtiennent des fonds publics d'un montant considérable sans avoir respecté ou fait respecter la contrepartie des aides de l'État : leurs engagements en matière de préservation des emplois. Mais à cet Arnault numéro 1 a succédé depuis un autre homme, Arnault numéro 2. Et, au final, je n'hésite pas à dire que son bilan parle pour lui. Il a développé un groupe de luxe unique au monde. Leader international, il recrute et crée des emplois. Il demeure investi dans des sites et des unités de production localisées dans les régions françaises. En sorte que Bernard Arnault a rejoint la famille des bâtisseurs. Cette « conversion » doit être saluée. Son exemple devrait être imité. C'est dire si Bernard Arnault ne mérite pas la « double peine » médiatique qui lui est régulièrement et injustement infligée.

Pour éclairer mon propos, je n'hésite pas à rappeler que l'industrie a besoin de patrons qui soient avant tout des industriels. Cette règle sonne certes comme une plate évidence. Sauf en France ! Où la révérence à l'égard de l'École nationale d'administration prend le pas sur l'exigence de compétence. Mais il y a pire depuis que s'est installée la confusion courante entre chef d'entreprise et prédateur, entre industriel et financier.

Ainsi que j'y reviendrai, un industriel est selon moi quelqu'un qui « vit » ses productions et ses produits, qui connaît à fond ses usines et ses marchés, qui surveille ses concurrents sans les surestimer ni les sous-estimer, qui recherche les innovations jour après jour, les développements scientifiques, techniques, industriels et géographiques. Par-dessus tout, il est conscient que sa première richesse repose dans les hommes et les femmes de son entreprise. Ce qui conduit à un rétrécissement de son activité et de son personnel le rend malade, le bouleverse, quel que soit le jugement porté par la Bourse ou par le « Marché ». Nous avons en France maints exemples de secteurs industriels de grande qualité bâtis d'après la volonté d'un homme entouré d'une équipe compétente. À partir d'un point du territoire qu'ils ont choisi d'irriguer, à partir d'une idée, d'un projet. Je songe notamment aux regrettés Pierre Fabre, à Castres et Lavaur, et à Yves Rocher, à Redon. Tous deux étaient proches de moi. Voilà des industriels bâtisseurs dans la grande tradition française dont le caractère et le goût du risque ont égalé ceux d'autres visionnaires tels que Pierre Guillaumat ou Marcel Dassault, investis ceux-là dans des programmes de nature plus étatique, et pareillement capables de réaliser de grands rêves sans négliger les détails de leur exécution.

Ces grands noms ont des successeurs en France. On en parle peu (Dieu merci !). J'admire leur compétence, leur force de caractère, leur courage. Pour la plupart, ils se heurtent à une administration tatillonne (« soviétique », disent-ils), et à des banquiers frileux. Essayez donc de proposer à un banquier européen d'apporter son concours à un projet en Afrique, et il vous tournera le dos !

Curieusement, les « vrais voyous » sont moins volontiers la cible des médias. Tandis que, pour ma part et par comparaison, je continue d'éprouver de la sympathie pour des Alfred Sirven ou des André Tarallo. Je regrette qu'ils se soient écartés du droit chemin, qu'ils aient franchi la ligne jaune, et pire encore. Il n'empêche qu'ils ont bâti quelque chose pour notre pays, quelque chose qui n'a été ni dilapidé ni perdu.

5

Piégé à Dubaï

Juin 2008. Boléko (Congo-Brazzaville). Pour réaliser une campagne sismique, il faut commencer par introduire de la dynamite à l'intérieur de petits tuyaux, une dose à raison de chaque section de cinquante mètres, le tout disposé en ligne droite sur au moins des dizaines de kilomètres. Une fois répartis et activés les capteurs, nous provoquons l'explosion simultanée de toute la dynamite. Les données des capteurs sont recueillies, puis communiquées à un laboratoire équipé pour les interpréter, labo généralement situé dans quelque grande ville européenne. Ce type d'opération et d'installation ne peut s'envisager dans des contrées au climat difficile sans respecter un minimum de précautions. Parce qu'il est préférable de ne pas essuyer de violents orages tropicaux, nous ne pouvons nous livrer sans trop de risque à ces campagnes sismiques qu'en saison sèche.

La république du Congo-Brazzaville nous a délivré un permis de prospection pétrolière sur le territoire de Boléko. Dans cette région, au nord du pays, nous pouvons compter sur une première saison sèche de deux mois, janvier-février, puis sur une seconde, plus longue, de quatre mois au mieux, soit de juin à septembre. Le matériel a été acheminé sur le site au début de l'année 2008. Et c'est en juin que je dois me rendre moi-même à Boléko, pour superviser l'installation et l'enfouissement des tuyaux, farcis de dynamite et de détonateurs.

Le voyage promet d'être éprouvant. Mais je ne vais pas m'en plaindre. Sinon, il ne tient qu'à moi de changer de métier ! Parti de Brazzaville (république du Congo), je dois parcourir 800 kilomètres. Soit successivement 400 kilomètres de route jusqu'à Oyo et 400 kilomètres à bord d'une embarcation sur l'Alima, puis sur le fleuve Congo. Je pars de Brazzaville à 4 heures du matin. Alors que le jour décline rapidement, et alors que je m'étais promis de faire le voyage en une seule journée au maximum, j'envisage un moment de m'arrêter sur la rive, quitte à dormir sur place plutôt que de risquer inutilement un incident de parcours, ou même ma vie. Les troncs d'arbres que charrie le fleuve, on le sait, font parfois chavirer les embarcations. Par bonheur, j'atteins Boléko sur les 6 heures du soir.

C'est une demi-surprise : il n'y a pas de réseau de téléphone à Boléko. Je m'en accommoderai au fil de ces journées de juin. La seule manière de sortir de l'isolement et d'obtenir des nouvelles consiste à prier un jeune homme, particulièrement agile, de grimper jusqu'au sommet du grand manguier qui s'élève au centre du village.

Car de là-haut, il est possible de capter le signal. D'où un rituel répété quotidiennement. Vers 17 heures, soit avant la nuit, notre « vigie » se hisse en haut du manguier, et téléphone à notre correspondant permanent à Brazzaville. Et c'est ainsi que j'ai appris que Abbas Youssef avait cherché dernièrement à me joindre plusieurs fois par jour, faisant savoir à notre interlocuteur à Brazza que je devais le rappeler d'urgence. À quoi je lui fais répondre, chaque jour de la semaine, que je l'appellerai une fois que je serai rentré au bercail.

Ayant épuisé les charmes de Boléko, de sa chaleur étouffante et de son alimentation sommaire, une fois réglés l'organisation et le fonctionnement du site que je laisse aux mains de nos employés chinois, nigérians et congolais, une fois remplis les bidons d'essence et de gazole et une fois stabilisé le quai d'appontement des bateaux, je repars à l'aube avec, pour tout dire, le sentiment du devoir accompli. J'arrive à Brazzaville dans la nuit. Je me jette sous la douche, une vraie, et, tombant de sommeil, je vais me coucher. Mais il était écrit que je ne profiterais pas longtemps du repos attendu. Car bientôt mon téléphone se met à sonner en pleine nuit. Je peste contre moi-même, pour l'avoir laissé en veille près de mon lit. J'entends la voix d'Abbas Youssef ! Il est irrité. Il commence par me reprocher d'avoir passé trop de temps à Boléko. Je lui réponds qu'il a bien tort de s'en plaindre, que si je lui faisais payer au tarif horaire le temps que je consacre à nos intérêts communs, il aurait déjà fait banqueroute. Le voilà qui baisse le ton. Je lui parle de nos conditions de vie à Boléko, de la densité des moustiques, parce que je trouve qu'il charrie à me réveiller au milieu de la nuit, rien que pour m'engueuler, lui qui ne m'a même pas demandé comment s'était déroulé mon périple, et ça suffit à le calmer pour de bon. Quand, à croire que le sujet est clos, il me pose tout à trac cette question :

— Connais-tu la Côte d'Ivoire ?

— Oui. Un peu... Pourquoi ?

— Qui est président de la Côte d'Ivoire ?

— Gbagbo.

— Et avant lui ?

— Bédier.

— Et entre les deux ?

— Le général Gueï. Il a été assassiné.

— Très bien ! C'est ça, c'est très important : il faut que tu viennes d'urgence à Dubaï. Il faut que tu y viennes pour y rencontrer quelqu'un !

— Mais je ne peux pas, j'ai du boulot à Paris. Je suis pressé.

— Non, non, je t'en supplie... C'est très important. Viens d'abord à Dubaï ! Je te ferai rencontrer ces personnes. Et, le lendemain, tu reprendras le premier avion pour Paris. Tu n'auras perdu qu'une journée, pas plus. Les gens sont là. Ils t'attendent depuis une semaine. C'est vraiment trop important... Fais un effort !

Pour un effort, c'est un effort. J'en ai plein le dos, je reviens crevé de ma semaine à Boléko. Or le voyage à Dubaï, ça signifie prendre le vol

Ethiopian Airlines qui décolle à midi de Brazzaville avec une escale à Kinshasa d'une durée régulièrement imprévisible, de deux heures ou plus, pour une arrivée dans la nuit à Addis-Abeba, aussitôt suivie d'une correspondance « sportive », très souvent ratée (sanctionnée par quelques heures de répit au Hilton). Dans le meilleur des cas, je toucherai le sol de Dubaï vers 5 heures du matin. Brisé. Car, inchangés depuis vingt ans, les sièges des avions vous cassent le dos.

J'arrive donc à Dubaï de fort méchante humeur. Je prends un taxi jusqu'à mon appartement. Nouvelle douche. Il est entendu qu'Abbas Youssef passera me prendre vers 13 heures pour le déjeuner, 13 heures à Dubaï, soit 9 heures du matin à Boléko. Je m'étends sur mon lit dans l'idée de soulager ma douleur du dos et de récupérer un peu de sommeil. Mais il n'est pas midi quand le téléphone sonne. Abbas Youssef m'informe qu'il est en bas de l'immeuble. Je descends. Il est au volant de son 4 × 4 Touareg. Je m'assois à côté de lui sur le siège avant. Je me retourne vers les deux passagers assis à l'arrière. Ils sont africains. La femme a la peau plus claire que l'homme. Sans doute est-elle métissée. Je leur donne la trentaine, voire un peu plus. C'est la première fois que je les rencontre. Abbas nous présente tour à tour : « président Loïk », « Mounira », « Mamadou ». Je ne les connaissais pas. Et, manifestement, ils ne me connaissent pas non plus. Je peux bien solliciter leur mémoire, décliner mon nom complet. Le Floch-Prigent ? – ça ne leur dit rien du tout.

Dix minutes plus tard, nous sommes au domicile d'Abbas Youssef, qui nous reçoit à déjeuner. Pour discuter ensemble, nous nous heurtons d'emblée à l'obstacle de la langue. L'homme, Mamadou, parle l'anglais, mais un anglais incertain, et un peu le français, encore que très approximatif. La femme, Mounira, parle le français. Ce n'est pas le cas d'Abbas Youssef, qui le comprend néanmoins. Du même coup, je suis le seul à pouvoir les faire communiquer les uns, les autres, à traduire les propos échangés *in extenso* ou en résumé. Et me voilà obligé de passer sans cesse du français à l'anglais, et réciproquement. En bref, je dois mêler traductions simultanées et opinion personnelle. J'étais déjà de mauvaise humeur. Ce pénible exercice va achever de m'excéder.

À l'entendre, Mounira est la veuve de l'ex-président Gueï. Non pas « la vraie », celle qui a été assassinée le même jour que lui, mais sa femme en vertu d'un mariage dit « coutumier ». Elle, qui partageait donc son lit avec Gueï, a réussi à fuir Abidjan et à se réfugier au Togo avec ce Mamadou qu'elle nous présente comme le « fils adoptif » de Gueï, lequel Mamadou l'appelle d'ailleurs « Maman »... Elle nous explique alors qu'avec le concours d'un proche du général Eyadema, l'ancien président du Togo, elle a fait rapatrier au Togo une partie de l'argent qu'avait mis de côté le président Gueï. Cet argent est au coffre d'une banque togolaise. Elle demande de l'aider à l'en faire sortir, de l'aider à le transférer dans un autre pays, en vue de le recycler dans l'économie dudit pays.

Abbas opine du chef. Il se déclare tout disposé à l'aider. Il estime pouvoir trouver un pays où transférer et gérer cet argent pour qu'elle puisse vivre décemment avec son enfant. La jeune « veuve » accepte l'offre d'Abbas. Elle le remercie du fond du cœur. Elle reconnaît en lui un homme d'honneur, un gentleman, bla-bla-bla-bla… Il lui répond qu'il est très honoré qu'elle ait songé à lui. Il lui tarde de l'aider à résoudre son problème. Pour preuve, il va se rendre dans les meilleurs délais à Lomé pour y récupérer son argent. Il sera ensuite géré par son fonds suisse. Ainsi, elle pourra tout à la fois conserver son capital et le faire fructifier. Il lui fera percevoir des mensualités qui lui permettront de vivre correctement à Abidjan, à Dubaï ou ailleurs, avec sa fille.

Au cours de la conversation, je suis frappé par l'éclat de la toilette, des bijoux et de la montre qu'arbore la belle Mounira. Il est probable qu'ils ont été achetés récemment dans les malls de Dubaï. De plus, je ne tarde pas à comprendre qu'Abbas les a installés depuis le début de la semaine dans la suite d'un grand hôtel de la capitale. Parce qu'il doit tenir à ce qu'elle conserve son rang de veuve d'un chef d'État, pardi ! Laquelle ne s'en plaint pas… Quant au fils, malgré la médiocrité de son anglais, j'observe qu'il parvient à communiquer avec Abbas. C'est d'ailleurs lui qui, à l'origine de cette rocambolesque aventure, l'a abordé et « branché » dans les toilettes de l'hôtel Jumerirah Emirates Towers. De fil en aiguille, une relation familière, sinon intime, s'était donc nouée entre eux trois. J'en veux pour preuve le fait qu'Abbas les présente comme des *family members*. Ils me montrent des photos d'eux, notamment avec la fille d'Abbas à leurs côtés qui, parlant un français parfait, a dû leur servir d'interprète, lesquelles photos ont été prises en début de semaine dans cette maison de Dubaï.

J'en déduis donc que j'arrive après la bataille. Je n'ai pu présenter ces personnes à Abbas. C'est lui qui a insisté pour me les faire rencontrer. Je ne l'ai pas mis sur la piste d'un prétendu magot que le malheureux général Gueï aurait voulu léguer à cette prétendue « veuve ». Et je ne lui ai rien conseillé du tout. La vérité, c'est qu'il a déjà pris sa décision, sans m'avoir ni consulté ni attendu : Abbas veut résolument aider la jolie veuve et son « fils ». À la dame, il va remettre un million de dollars en liquide, en règlement des « frais » que la banque togolaise exigerait après avoir abrité le dépôt pendant six ans. De plus, Abbas va entrer en relation avec un proche d'Eyadama répondant au prénom d'Agba qui aurait supervisé le transport au Togo et la conservation de l'argent, un individu que la dame appelle « le ministre », sans préciser l'objet de son ministère mais, pour Abbas, cela ne fait aucun doute, il est ministre de l'Intérieur. Dans la mesure où Abbas Youssef est proche des services de renseignements émirati, saoudien et américain, je suppose spontanément qu'il a trouvé le temps, pendant la semaine où il couvrait la jolie « veuve » de bijoux, de faire vérifier et certifier l'identité, la qualité et le passé de tout ce petit monde. À plus forte raison depuis qu'il a décidé de faire d'Agba le représentant de ses affaires au Togo. Il m'a d'ailleurs demandé de traduire en français la lettre, par laquelle il le lui notifie expressément.

« Et qu'est-ce que je viendrais faire dans cette galère ? » À ma question, il répond en substance qu'il a besoin de moi parce que je connais l'Afrique, parce que je connais le Togo. Or il veut à tout prix y aller pour récupérer tout cet argent. Il ne peut pas faire la démarche officiellement, sous son identité, à visage découvert, puisque, toujours officiellement, cet argent-là n'est pas déclaré. Seuls le banquier et le dénommé Agba Bertin en connaissent l'existence. Il m'annonce qu'il se rendra prochainement au Togo au motif qu'il s'intéresse à ce pays, qu'il projette d'y investir, et qu'il compte absolument sur moi pour l'aider à obtenir des rendez-vous avec les personnalités locales.

Je freine des quatre fers. Je passe mon temps à lui expliquer que c'est une mauvaise idée, qu'il ne connaît pas ces gens. Mais il me coupe la parole : « Ce sont des musulmans. Toi, tu ne crois pas en Allah. Tu es raciste. Tu n'as pas confiance dans les musulmans. Mais les musulmans, eux, ils ne mentent pas. Car toujours Allah les regarde ! » J'objecte que cet argent peut être fictif, qu'il peut s'agir de faux billets (comme c'est arrivé au Tchad, l'année précédente), que, en Afrique, son montant annoncé est extravagant – car avec près de 300 millions de dollars il y a de quoi financer un coup d'État et faire tuer la moitié de la population de Lomé. Enfin, je lui rappelle que je suis en liberté conditionnelle. Je ne veux pas effleurer un seul de ces billets de banque, ni m'occuper d'argent liquide. Incidemment, cette somme correspond à celle qui m'a été reprochée au cours du procès Elf. Et je ne veux pas rouvrir une plaie déjà si longue à cicatriser. C'est dire si j'exprime plus que ma réticence, je viens quasiment d'exposer des motifs de divorce !

Et voici qu'Abbas entre dans une rage folle. Sa décision est prise. Il ne peut revenir dessus. Il fait valoir qu'avec tout l'argent qu'il dépense dans nos affaires pétrolières, à ce qu'il dit pour satisfaire « mes rêves », je peux bien lui rendre ce service : lui ménager quelques rendez-vous en Afrique. Sans quoi, si je refuse de l'aider, et j'entends encore l'écho de son ton menaçant à cet instant-là, il abandonnera toute notre affaire. Alors même que j'ai laissé derrière moi dix Chinois, dix Nigérians et quatre cents Congolais sur le terrain à Boléko. Pour une campagne sismique qui vient de commencer et qui doit se poursuivre au long des quatre prochains mois. Pour le transport de matériel, j'avais réservé un hélicoptère qui vient juste d'y arriver. J'ai des forages en cours en Alberta, les résultats d'une campagne sismique à interpréter au Québec, tandis qu'une équipe d'une dizaine de personnes patrouille dans le sultanat d'Oman ! Abbas Youssef est le jouet de son caprice, je veux assumer mes responsabilités. Je n'ai plus un sou en caisse, je suis en première ligne partout à la fois, au contact de mes collaborateurs, de chefs d'État, de ministres, de partenaires, de villageois et de leurs chefs, et le voilà tout à coup qui parle d'abandonner ?

Atterré, je prends un taxi pour rentrer chez moi. Je consulte par téléphone, à Brazzaville, à Paris, au Canada et en Oman. J'appelle aussi mes amis africains, y compris au Togo. Et je finis par m'y résoudre, par laisser le piège se refermer sur moi : je retrouve Abbas Youssef à la nuit tombée... pour lui dire que je l'aiderai à prendre ses rendez-vous. Puis je reprends l'avion pour Paris.

Lorsque je me repasse le film de cette journée, je me dis qu'une fois de plus j'ai pris la mauvaise décision. Puisque j'ai failli y laisser ma vie quatre ans plus tard. Puisque, pendant des mois, je me suis fait traiter d'escroc, de complice d'escroc, de cerveau d'une escroquerie, j'en passe et des meilleures. Il est clair que j'ai cédé à un odieux chantage. Mais, comme il est dit dans l'Évangile, qui est sans péché, assez pur, assez clairvoyant et assez droit, pour me jeter la première pierre ? Et, en ce fâcheux jour de juin 2008, quelle autre décision, dans la même situation, aurait prise un autre que moi ? Et avec quels autres arguments ?

*

Il est évidemment plus facile de mesurer après coup la portée d'une décision prise sous la contrainte, au détour d'un chantage, que de maîtriser dans le vif de l'action l'enchaînement de ses effets successifs et collatéraux. L'on a trop tendance à sous-estimer la puissance des passions, et à surestimer la logique rationnelle que dicteraient objectivement les intérêts des uns et des autres. J'étais loin de soupçonner le pire de ce qui m'attendait. Ainsi, je ne me serais pas embarqué dans cette galère si Abbas Youssef ne s'y était mis le premier, et si, depuis 2004, je ne l'avais pas rejoint dans une entreprise commune, relevant du secteur pétrolier, entreprise clairement sans rapport avec l'arnaque dont, à l'en croire, j'aurais été l'artisan.

Qu'Abbas Youssef change de comportement à partir de 2008, jusqu'à se laisser emporter et gruger par la suite, n'est pas indifférent. Je suis arrivé à la conclusion que cette histoire a connu deux phases. Premier élément déclencheur : il n'a pas vu venir la crise financière qui a éclaté au grand jour en 2008. Il lui aurait fallu vendre à temps ses investissements céréaliers sans grande rentabilité, certains terrains ici et là. Il m'a prétendu qu'il l'avait fait. C'était faux. Et cette négligence lui a coûté cher, très cher : en quelques jours, ces actifs-là ont perdu jusqu'à 75 % de leur valeur. Il s'est retrouvé étranglé et, par voie de conséquence, moi aussi.

Mais il y a plus grave. Il apparaît aujourd'hui que l'argent dont je pensais qu'il disposait n'était à lui que partiellement ! Il avait des partenaires émiratis puissants. Ceux-ci lui ont demandé des comptes. Et ils ont découvert la vérité. Il n'en fallait pas plus pour qu'il se voie signifier sa disgrâce. Apparaît la belle Mounira. Elle lui fait miroiter 275 millions de dollars en billets de banque qui n'attendent que lui pour sortir des coffres d'une banque à Lomé. Il se sent pousser des ailes. Il la régale de toilettes et de bijoux, convaincu qu'elle lui apporte la solution à ses ennuis. Il me la présente ainsi à moi, son partenaire.

Lorsqu'il réalisera, et c'est la seconde phase de l'histoire, que cet argent est une pure fiction et qu'il s'est fait pigeonner comme un bleu, Abbas Youssef va tenter d'échapper à cet autre mauvais pas en montant à son tour et de toutes pièces sa propre fiction, une contre-fiction en somme. À la hauteur du total de ses pertes : celles que lui a causées la crise de 2008, ajoutée à ses dépenses en faveur de la belle Mounira. C'est ainsi qu'il donne à l'arnaque, celle dont il aurait été victime par ma faute, une ampleur démesurée et spectaculaire : lui qui, dans sa mésaventure, a dû perdre réellement – et cruellement – 4 ou 5 millions de dollars, se plaint soudain d'y avoir laissé dix fois plus, jusqu'à 48 millions de dollars. Qu'espérait-il, sinon de revenir en grâce et de se justifier auprès du palais royal, en sorte que ses partenaires comprendraient pourquoi, trompé et volé mais de bonne foi, il n'était plus en mesure de leur rendre leur argent.

Quant à l'arnaque qui, indirectement, aurait dépouillé ces puissants émiratis, Abbas Youssef va l'imputer à un gang international, dont je serais l'inspirateur et la pièce maîtresse. Car s'il choisit de me mettre ainsi en cause, c'est parce que je suis bien connu du palais royal et que se faire arnaquer par une figure connue et réputée lui permettrait de sauver la face et sa réputation. Comment pourrait-il expliquer les trous dans la caisse et qui pourrait croire sérieusement qu'il a été abusé par une fausse veuve ?

Il y a une autre question à laquelle n'a pas répondu Abbas Youssef. À qui sont allés les 48 millions de dollars ou même les 61 millions de dollars si l'on additionne tous les montants qu'il mentionne dans sa plainte ? Je n'en sais rien. Il est vraisemblable que ces 5 millions ont été partagés entre divers comparses (Togolais, Libanais, Nigérians). On a la preuve de virements perçus par Agba émis par des amis d'Abbas Youssef au Liban, pour 5 millions de dollars. Mais il est clair que, en février 2010, lorsqu'il hypothèque son appartement parisien pour un million d'euros, Abbas Youssef n'a plus un sou. Et qu'il n'est plus autorisé à rentrer à Abu Dhabi tant qu'il ne se sera pas expliqué sur la disparition d'une partie de sa fortune.

À dater de ce moment-là, il conçoit de me faire tomber dans l'espoir de sauver sa peau. Par tous les moyens. Parmi les courriels trouvés en décembre 2012, il est ainsi question, ni plus ni moins, d'une « accélération » de l'instruction de sa plainte. Abbas Youssef va obtenir que sa plainte soit acceptée au Togo. J'ignore ce qu'y ont gagné précisément les juges, les conseillers du président du Togo, et le président lui-même. Ce dernier a eu tout à gagner dans la machination, du jour où, déjà frappé de disgrâce avec le remaniement de juillet 2012, le numéro deux du précédent gouvernement togolais, a été publiquement désigné comme le complice de la prétendue arnaque. Son ministre d'État, Pascal Bodjona, comme je l'ai déjà indiqué, le président togolais avait fini par le prendre en grippe en raison de sa popularité et de ses ambitions. Quelle aubaine ! Le voilà impliqué dans la fiction ourdie par Abbas Youssef et développée par la garde rapprochée du numéro un, pour le discréditer, le faire incarcérer et le neutraliser.

Personne n'a eu connaissance à ce jour d'un quelconque dossier judiciaire Le Floch-Prigent. La seule pièce dont je dispose, c'est la plainte déposée en mars 2011, diffusée par la presse fin 2012 alors que je suis détenu à Lomé. Ce dossier, je peux supposer qu'il finira bien par se constituer un jour. Parce qu'il ne manque pas de faussaires dans ce pays. Et parce que, Abbas Youssef a disposé de mon ordinateur et de mon mot de passe tout le temps de ma dernière incarcération à Fresnes, entre septembre 2010 et janvier 2011, il a pu à loisir émettre des courriels à partir de ma boîte mail. C'est dire si ses allégations, notamment celles me mettant directement en cause qu'a recueillies un journaliste de *Paris-Match*, sont sujettes à caution.

Dans cet article, paru le 6 octobre 2012, outre qu'il passe sous silence le caractère étroit de ses relations avec Mounira, outre qu'il prétend que je lui aurais proposé spontanément de vérifier l'exactitude des informations qu'il tenait de la bouche de celle-ci, outre que je n'étais pas « de passage » à Dubaï puisque c'est lui qui m'y avait convoqué, outre qu'il me prête un propos inexact (« J'ai vérifié. Cette histoire est bizarre mais elle semble vraie »), Abbas Youssef réécrit le prologue de cette histoire en déclarant : « Lui seul pouvait aiguiller les faux héritiers sur l'hôtel de Dubaï où j'ai été harponné », pour enfin ajouter, comme si cela devait suffire à me confondre : « De plus, j'ai conservé toutes les traces des virements financiers et les e-mails que nous échangions. »

Comme quoi, une fois encore, il arrive que la réalité surpasse la fiction. Alors même que je ne cherche pas à écrire un bon polar, mais à dissiper l'offense qui m'a été faite, mais à faire respecter ma dignité et mon droit, en même temps que la dignité et le droit des miens. Car, dans ce travail de réhabilitation, je n'aspire à revenir qu'à l'essentiel, qu'à mon métier d'expert industriel et d'expert énergie, et, par-dessus tout, qu'à servir mon pays.

6

Mea culpa

À 69 ans, moi qui ai eu le bonheur de présider avec un certain succès quatre des plus importantes sociétés nationales françaises, Rhône-Poulenc, Elf, Gaz de France et SNCF, moi qui ai essuyé depuis ces vingt dernières années une foultitude de procédures pénales, de multiples procès, quatre séjours en prison de l'ordre, au total, de vingt-six mois en France et, tout récemment, plus de cinq mois au Togo, moi qui ne suis propriétaire aujourd'hui, en tout et pour tout, que des quelques mètres carrés d'un terrain inconstructible à Trébeurden, moi à qui le groupe Total continue de réclamer de l'argent, moi qui ne puis toujours pas percevoir ma pension de retraite sans risquer la saisie au profit de certains de mes créanciers, il serait vain, risible, sinon ridicule et indigne, d'accuser le sort, les dieux ou même les auteurs d'un quelconque complot contre ma personne.

J'ai passé assez de temps dans les geôles de la République, dans ses prétoires et, tout dernièrement, dans les locaux de la gendarmerie nationale de Lomé, j'y ai gagné depuis assez de recul et de lucidité sur moi-même pour pouvoir examiner froidement les ressorts de mon comportement. Et sans m'être départi, du moins je l'espère, d'un certain sens de l'humour. Ainsi, il ne me viendrait pas à l'idée de m'exonérer de ma part de responsabilité, d'erreurs que je reconnais comme des erreurs personnelles. Pourquoi la foudre est-elle, trop fréquemment, tombée sur moi ? En vertu d'une chromosomique et fatale prédisposition ? Pour l'avoir provoquée ? Parce que, pour avoir moi-même semé le vent, je ne pouvais que récolter la tempête ?

En tout cas, il y a un trait de ma personnalité que la plupart de mes erreurs ont pu mettre en évidence, c'est que j'ai besoin de faire confiance. Un besoin vital. Un besoin incorrigible. Je ne peux pas vivre, je ne peux pas travailler sans faire confiance. La paranoïa, très peu pour moi ! Je ne puis imaginer d'avoir à me réveiller chaque matin, et me sermonner en me rappelant qu'il m'est impérativement recommandé de me défier de tous et de me méfier de tout. Pourtant, j'ai payé pour savoir combien le problème reste entier. Car qui donc est digne de la confiance ? Et jusqu'à quand ? Et pour quel risque ? Et à quel prix ? Et comment s'assurer que ladite confiance n'est pas trahie, ou près de l'être ?

Il se trouve que, tout au long de ma vie, je fais confiance : à des gens que j'aime, à des gens que j'estime, à des gens qui, en attestent le bilan de leur action et leur talent, apportent concrètement leur concours à l'œuvre commune. Toutefois, je ne serai pas dupe de leurs défauts, de leur travers.

Je vais les aimer ou les estimer pour ce qu'ils sont et comme ils sont. Enfant, lorsque ma grand-mère Antoinette se prépare à m'administrer sa teinture de belladone pour soigner mon angine, j'ose jeter la médication prescrite par mon père médecin. Je fais confiance à ma grand-mère. À raison : deux jours plus tard je suis sur pied. Sauf que personne ne m'a averti que la belladone est un poison. C'est ma grand-mère. Le flacon, elle se l'est procurée auprès de son amie pharmacienne. Aucune vignette ne précise la nature de son contenu. J'aime ma grand-mère. Et la confiance que je lui fais produit le résultat espéré : je guéris de mon angine. Cela suffit.

Cette affaire de confiance, c'est toute l'histoire de ma vie. Je ne changerai pas jusqu'à la tombe. Mais je ne suis pas le seul à en connaître le prix. Quel responsable, quel chef d'une entreprise ou d'une administration peut s'en passer ? Qu'il s'agisse de conduire une entreprise ou une mission d'étude, j'ai besoin d'être entouré de gens, ingénieurs, avocats, collaborateurs occasionnels ou amis, dont j'estime qu'ils peuvent réaliser des choses utiles, indispensables et cependant accessoires, de façon à m'en libérer, de façon à ce que, conformément au rôle attendu d'un patron, je puisse me concentrer sur ce qui fait selon moi l'essentiel. Je ne puis m'occuper de tout, et tout contrôler à tout moment. Je veux faire confiance aux gens que j'aime, ou que j'estime. Si je leur donne délégation, ça n'est pas pour qu'ils m'aient régulièrement sur le dos.

Enfin, je ne connais pas un chef d'entreprise, ni même un chef d'État, qui puisse honnêtement prétendre tout savoir, tout savoir faire, tout savoir expertiser, tout savoir contrôler, et cela jusque dans les domaines les plus éloignés de sa première spécialité. Quiconque a cru malin de s'en flatter aux beaux jours de sa carrière butera tôt ou tard sur l'obstacle, sur le grain de sable qui lui renverra en pleine figure l'une ou l'autre de ses faiblesses. Il y a ainsi une faiblesse, sinon une infirmité, que j'ai longtemps préféré taire, et d'autres grands managers se feraient égorger plutôt que d'avouer que c'est aussi leur cas, faiblesse que je reconnais volontiers aujourd'hui : si, auprès de mes collaborateurs, j'entendais bien le langage des directeurs financiers et des professionnels du trading, je ne le comprenais qu'en surface. Sous quel prétexte leur aurais-je « mégoté » ma confiance ? Je me sentais tout à fait à l'aise et à ma place aux postes de directeur d'usine, des recherches, de la production, du plan, des ressources humaines. Mais malgré tous mes efforts, de leur culture financière, je n'avais ni la vocation ni la maîtrise comparable. S'il me prenait parfois de contester tels ou tels chiffres, tels ou tels tableaux, je n'aurais pas tardé à me perdre dans leurs explications. Et, poison de l'amour-propre, quel chef d'entreprise accepte de passer pour un parfait imbécile ? C'est pourquoi, tant publiquement qu'en interne, j'ai préféré cacher cette « infirmité ».

J'enviais mon ami Pierre Bérégovoy. Lui au moins, il était sûr de bien saisir les subtilités des inspecteurs des Finances. Ministre de l'Économie (1984-1986), il était même particulièrement fier d'avoir convaincu Jean-Claude Trichet, directeur du_Trésor, qui évoluait sous sa tutelle. Un jour, je lui ai dit qu'il avait bien de la chance de les comprendre car, pour ma part, j'en étais encore incapable. Tous ces *traders* qui spéculaient sur le pétrole brut, toutes ces transactions qui consistaient à vendre quatorze fois la même cargaison avant qu'elle atteigne la raffinerie, tous ces produits financiers dérivés : autant d'usages qui me paraissaient artificiels et, je dois le dire, immoraux. Moi, je me tuais à la tâche pour produire ; je n'avais pas choisi de m'enrichir dans les salles de marché.

*

Il y a un autre grief qui m'a été fait, et dont, au grand dépit des pseudo-purs et des vrais hypocrites, je continue à penser qu'il ne représente pas une faute, mais un moindre mal qu'il faut hélas tolérer dans certains métiers : les commissions et les rétrocommissions. Parce que je suis le seul chef d'entreprise à en avoir fait état ouvertement, le seul à avoir été condamné, j'estime qu'il est temps pour moi d'ouvrir la boîte de Pandore. Le phénomène des commissions et son ampleur au sein d'Elf ont été découverts, analysés, évalués et sanctionnés. Et pourtant tout le monde sait bien qu'il ne s'agissait là ni de comportements réservés exclusivement à Elf, ni d'une extravagance de ma propre présidence.

En régime de concurrence, et c'est celui qui domine le monde des affaires sous toutes les latitudes, le choix d'une entreprise peut dépendre d'une décision solitaire, de ce qu'on appelle le gré à gré. Il intervient aussi de façon plus régulée, à la suite d'un appel d'offres, de soumissions auprès de certaines instances ou commissions qui, pour finir, se prononceront d'après certains critères sur l'intérêt plus ou moins vif que présentent les dossiers technique et financier de tel ou tel compétiteur. L'État s'appuie sur un code des marchés publics et installe des commissions. Les entreprises démarchent des centrales d'achat. D'un côté, on s'efforce d'édicter des règles que l'on voudrait universelles, tandis que, simultanément, chacun veut être sûr de choisir le meilleur au meilleur prix. Que s'agit-il de surveiller et de prévenir, que s'agit-il de punir ? Le risque de corruption. Compte tenu de leurs objectifs dans le développement de leurs activités, les entreprises peuvent estimer que l'obtention de tel ou tel marché, de tel ou tel contrat, est une nécessité absolument vitale. Quitte à y employer tous les moyens, y compris la corruption.

Malheureusement, cette attitude est vieille comme le monde. Assez d'épisodes de la Bible en sont l'illustration. Pour obtenir quelque chose, il faut faire plaisir à Dieu… ou à ses proches. L'offrande est le prototype de la corruption. « Donne-moi, Seigneur, ce que je souhaite. Vois ce que je suis prêt à faire… » Il y a certes des exceptions : ainsi, lorsque après la mort de Sarah, à 127 ans, il souhaite inhumer sa femme dans la grotte de Makhpéla à Hébron, et alors que son propriétaire Éphron tient résolument à la lui offrir, Abraham insiste, sans jamais fléchir, pour lui en payer le prix complet, soit 400 sicles d'argent (Genèse 23-1). Comme quoi la Bible reconnaît le droit de propriété et sa contrepartie – mais sans doute pas l'abus du droit de propriété.

Les Savonarole d'aujourd'hui ont beau se draper dans leur pureté d'intention, il me semble qu'ils cherchent à traquer et à conjurer un mal qui, du plus lointain des âges et jusqu'aux plus lointains lendemains, nous ronge, un mal qui ronge chacun d'entre nous. Chaque chef d'entreprise est prêt à faire un petit sacrifice si c'est pour le bien de son entreprise. Pas vu, pas pris. C'est tout. Plutôt que de monnayer la bienveillance en argent liquide, on offrira des croisières, des séminaires exotiques, le recrutement d'un proche, la réfection d'une cuisine ou d'une salle de bains, toutes sortes de cadeaux ou d'aides indirectes. On va déplacer la corruption, la changer de terrain. Quand on chasse la prostitution de la rue, elle revient par Internet. Je ne crois pas à la vertu des hommes. Le totalitarisme lui-même n'a pu l'instaurer.

Là où la recherche de la faveur devient délicate, c'est lorsque l'acte de commission est effectué dans l'illégalité, soit pour le payeur, soit pour le bénéficiaire. Pour se protéger soi-même, chacun s'efforce de « mouiller » l'autre, de le compromettre solidairement. C'est dans la nature des commissions que d'être assorties de rétro-commissions. Tu me dénonces ? Je te dénonce. Le porteur de valises jouit d'un pouvoir considérable sur le receveur, lequel se doit d'en rétrocéder une part pour sceller le secret et écarter le risque de chantage. Une fois que je découvre le niveau des commissions chez Elf, ainsi que le train de vie de certains de mes collaborateurs, je sais ce qui s'y passe. Je ne suis pas un enfant de chœur. Il est clair que ces commissions ont porté leurs fruits : Elf a pu se constituer un portefeuille d'activités extraordinaire. Mais ce système est encadré : il fait l'objet d'un rapport annuel en deux exemplaires : l'un est remis au secrétaire général de l'Élysée (à l'intention du président de la République), l'autre est communiqué aux services financiers de la Direction du budget. Ces commissions bénéficient en effet d'un traitement fiscal particulier. Ce dernier document rejoint les documents classés « secret Défense ».

Il était de mon devoir de ne prendre une décision qu'après m'en être ouvert auprès de François Mitterrand. Ce n'est pas une nouveauté puisque, avant moi, mon prédécesseur avait chaque année remis lui aussi sa « feuille » au secrétaire général. La nouveauté, c'est que François Mitterrand m'a demandé si, à ma connaissance, les partis d'opposition percevaient une part de ces commissions. Je lui ai répondu qu'il me semblait que c'était le cas. Il m'a alors indiqué qu'un rééquilibrage ne lui serait pas indifférent, mais qu'il ne fallait pas pour autant mettre Elf à terre pour avoir raison contre tout le monde. J'ai donc continué à fermer les yeux sur les rétrocommissions. Je n'ai pas nié en connaître l'existence, à la différence de tous les autres chefs d'entreprise.

C'est un débat que je veux poursuivre, un débat qui fait mal parce qu'il me paraît indispensable de réfléchir à nouveau à notre position morale suicidaire. On doit et on peut exiger un comportement exemplaire de notre pays sur son propre territoire, on ne peut pas exiger de nos entreprises qu'elles ne se conforment pas aux rites et usages des pays où elles cherchent à conquérir marchés et positions. Les dégâts occasionnés par ma condamnation ont eu des effets catastrophiques pour l'industrie française. Je ne demande ni excuses ni réhabilitation. Le mal est fait, non pas à moi, mais à notre industrie. Dans des pays différents du nôtre, les règles sont différentes. Il faut s'y adapter, autrement on disparaît. Et il est clair que si le donneur n'est pas en relation « d'échange » avec le receveur, le receveur ne recevra pas. Ces méthodes sont hypocrites, certes, mais nous n'y pouvons rien s'il faut s'y plier et la tolérer. Les pays anglo-saxons les utilisent habilement, eux, et sans trop d'états d'âme.

*

Ce même besoin de confiance, « mon patron » l'a constamment manifesté. Si François Mitterrand a pu aimer à la fois René Bousquet, Patrice Pelat, le Dr Raillard, Pierre Bergé, Védrine père et fils, Georges Dayan, Anne Lauvergeon, Roland Dumas, Robert Badinter, Jack Lang,

Georges-Marc Benamou et combien d'autres, c'est bien qu'il était guidé par le même instinct que moi. Sa troublante histoire d'attentat de l'Observatoire, l'affaire de Pechiney et d'autres procèdent du même symptôme : il avait confiance et, n'en déplaise à la terre entière, rien ne pouvait entamer l'amitié. Toutes les défiances dont certaines personnes ont été l'objet se sont révélées justifiées par la suite. Et nous n'avons bientôt été surpris, ni l'un ni l'autre, au spectacle des lâchetés et des trahisons. Je me souviens encore du « devoir d'inventaire » du camarade Jospin, du « moi, c'est moi ; et lui, c'est lui » du camarade Fabius.

Au cours de ma présidence de Rhône-Poulenc, je me suis efforcé de faire confiance aux gens qui m'entouraient. Le seul qui ne m'ait pas trahi a été Alfred Sirven ! Chez Elf, je lui ai renouvelé ma confiance. Je l'avais chargé de traiter les « affaires spéciales » qui n'avaient rien à voir avec mes centres d'intérêt. Puis il s'est laissé séduire par Maurice Bidermann, il a fait des confidences à Fatima Belaïd, ma femme à cette époque. Il a perdu les pédales devant les courbettes du Tout-Paris qui lui demandait des faveurs. Il n'a pas résisté aux gaullistes de la Mairie de Paris, à son ami Jean-Claude Méry, collecteur de fonds pour le RPR dont les aveux ont été révélés un an après sa mort (*Le Monde*, 22 septembre 2000). Il a voulu un château entouré d'un somptueux parc à Chinon et une résidence de luxe à Ibiza. Il y invitait tout le gotha politique qui était à ses pieds. Il s'est intéressé aux affaires de cœur de ces messieurs-dames, puis à leurs affaires de sexe. Et, pour finir, il s'est rendu à celui que je l'avais prié de surveiller, à André Tarallo qui, au sein de la compagnie, jouissait d'une plus grande antériorité que lui en matière d'« affaires spéciales ». Madré, Tarallo lui a offert de faire alliance. Sirven a accepté ce marché. Le pire, c'est qu'il s'était sans doute convaincu que ce serait pour mon bien ! En fait, il trahissait ma confiance. Au point de réunir tous les éléments qui, sans que dans le même temps je puisse le soupçonner, me vaudraient d'être emprisonné par la suite. Lorsque, bien plus tard, en 1996, dans les derniers mois de ma présidence de Gaz de France, il révèle le fait à ma femme Marlène, il ajoute qu'il avait préféré me le cacher à l'époque car, autrement, je m'y serais opposé. Il était convaincu, en effet, que je l'aurais désavoué. Mais sur le moment, je suis encore loin de connaître toute l'étendue du mal. Je ne l'apprendrai que par bribes, pas à pas, au cours de l'instruction et d'audience en audience au cours du procès.

C'est ainsi que, pendant toute l'instruction, j'avais toujours été en retard d'un train. Parce que je ne sais pas tout ce qu'il a fait, et puis parce qu'il a disparu. Sirven ne réapparaît que lors du deuxième procès, dit « procès Dumas ». Et c'est pour se défausser : « J'ai obéi à ma hiérarchie », dit-il. Une déclaration ambiguë, puisque le procureur, qui me reconnaît le bénéfice du doute, y verra une pirouette tandis que, à l'opposé, les juges y verront une accusation, accusation qui me vaudra leur condamnation.

Au soir du grand procès qui s'est déroulé entre le 17 mars et le 9 juillet 2003, et alors que tout est fini et que nous attendons tous deux d'être ramenés dans nos prisons respectives, lui à la Santé et moi à Fresnes, et parce qu'il n'y a plus assez de place à la « souricière », le couloir souterrain qui conduit du Dépôt aux salles d'audience du Palais de justice, l'administration pénitentiaire nous boucle dans le même « bocal ». Ni lui ni moi n'avions envisagé cette confrontation surprise. Il faut rappeler que je n'avais pas revu Alfred Sirven depuis six ans ! Il avait fui aux Philippines avec la complicité du personnel politique français, et il n'avait accepté de rentrer en France en 2001 que parce qu'on lui avait promis de le faire libérer au plus tôt afin qu'il puisse profiter de ses petits-enfants – faveur dont il jouira brièvement, puisqu'il décédera peu de temps après être sorti de prison…

Je lui demande ce qui lui a pris de mentir aussi amplement contre moi depuis le début du deuxième procès, comme lors du premier. Sirven se met à pleurer. Méconnaissable, il m'explique qu'il voulait absolument revoir ses filles et ses petits-enfants, qu'il n'a fait que ce qu'on avait exigé de lui. Par qui ? On peut s'en douter, quoique sans certitude. Je lui dis que j'avais eu confiance en lui, qu'il a foutu ma vie en l'air, qu'il a eu beau jeu de fuir avec l'argent tandis que moi je rame pour payer mes avocats, pendant que sa compagne philippine dépense sans compter dans son pays et à Paris ! Il hurle et sanglote à nouveau. Quand, tout de go, il me déclare qu'avant de disparaître en Allemagne, puis en Autriche, puis en Asie, avec, j'y insiste, le concours (les points de chute, les passeports) d'hommes politiques français et allemands, et alors que Mme Joly m'avait fait incarcérer en 1996 à la Santé, il avait laissé à ma disposition une somme de l'ordre de 10 millions d'euros. Pas moins ! Je suis bouche bée. Le temps de retrouver ma voix. Pour, à tout hasard, lui signaler que je n'ai pas touché un seul euro des 10 millions dont il vient de faire état, que personne ne m'en a jamais parlé mais que, pour peu que lui en ait parlé autour de lui, je comprends mieux à présent pourquoi les juges s'acharnent sur moi depuis sept ans !

Était-il sérieux ? Pouvais-je le croire ? Voulait-il se donner bonne conscience ? Devais-je divulguer les noms qu'il m'avait livrés ce soir-là, sans aucune preuve ? J'avais moi-même été tellement sali et tellement écœuré par des rumeurs, des témoignages, des allusions que j'ai préféré retourner dans ma cellule de Fresnes sans rien dire à personne, et attendre le verdict qui serait rendu quelques semaines plus tard. L'écho de cette soirée à la souricière, qui m'avait abasourdi, m'a longtemps poursuivi.

Sirven est sorti de prison, le 13 mai 2004. J'en suis sorti à mon tour. Par la suite, ai-je appris, Sirven a traîné dans mon quartier, alors que je ne tenais pas à le revoir. Il allait acheter son vin chez le même caviste Nicolas que moi. Il a rencontré certains de mes amis. Il a commencé à

« balancer ». Il est mort le 12 février 2005. Paix à ses cendres.

Alors, oui, j'ai commis l'erreur : je lui avais fait confiance. Puis, peu à peu, il s'était mis à confondre sa cassette personnelle et celle des actions dont il avait la responsabilité. Il est parti en vrille. Il m'a déshonoré. Je ne m'en suis pas rendu compte. Je ne l'ai pas soupçonné, je ne l'ai pas surpris, je ne l'ai pas confondu. Après coup, j'admets volontiers que j'aurais dû être plus perspicace dans la mesure où, comme dirait l'un de mes amis, « la confiance n'exclut pas le contrôle ». Mais les affaires qu'il traitait étant « sensibles » par nature, il était difficile à contrôler et, à cause de l'inévitable opacité du système de commissionnement, ses premiers grands écarts, l'infléchissement de son comportement ne pouvaient me sauter aux yeux. Reste que j'ai manqué de vigilance. Voilà l'erreur, une erreur que j'ai payée depuis. Accessoirement, le fait que ce type de mésaventure, par exemple le changement de comportement de son conseiller François de Grossouvre qui, pourtant, lui avait longtemps prouvé sa fidélité, soit arrivé également à « mon patron » ne me console pas.

Le reste est anecdotique. Je revois le pauvre monsieur Bidermann qui pleurait lors du procès dans ses contradictions ; j'en ai été peiné car mon cher Pierre Dreyfus avait eu pour lui beaucoup d'affection. Je revois mes collaborateurs, affolés à la fois par le chantage des juges et par la présence d'Alfred Sirven, s'efforçant maladroitement de sauver leur peau. Je revois André Tarallo et son clan en train de préparer son dossier médical. Je revois André Guelfi, perdu dans ses mensonges et dans ses rêves, ainsi que tous les témoins douteux du groupe Elf, Philippe Jaffré en tête, venus témoigner la bave aux lèvres contre l'ancien patron, et jusqu'aux responsables de la direction financière qui ne songeaient qu'à faire oublier leurs signatures en même temps que le montant et le détail de leurs comptes en banque. Tous ces gens n'avaient aucun courage, aucune dignité. Ils ne s'avançaient que pour frapper un homme à terre, et se venger de leur propre médiocrité.

Après cet échec personnel, si cuisant, l'on aurait pu estimer que j'avais compris la leçon, qu'à l'avenir je ne ferais plus confiance à personne, que je contrôlerais à la loupe les faits et gestes de mes prochains collaborateurs ou partenaires. Eh bien, non ! Ainsi, c'est en toute confiance que, convoqué en 2007 par le juge d'application des peines, je me rends comme à une audition de routine à son cabinet. Ce dernier ne m'avait-il pas carrément suggéré lors de notre dernière entrevue de m'expatrier ? Une surprise m'attend ce jour-là : ce n'est plus le même magistrat qui me reçoit. Le juge qui lui a succédé est un proche de Mme Joly. Et ça se sent : d'emblée, il me met sur le grill. Moi qui me suis rendu à la convocation sans arrière-pensée, moi qui suis encore en dépression, moi qui n'étais nullement sur la défensive, je tombe dans le piège comme un gamin. Il me signifie que ma liberté conditionnelle va être révoquée. Au motif que je n'ai toujours pas versé 196 millions d'euros au groupe Total !

C'est ridicule, ce juge le sait. Tout le monde le sait. Mais il est décidé à reprendre la bagarre. J'avais cru avoir convaincu les uns et les autres de ma bonne foi. J'avais conclu un accord avec Total. Et patatras ! Ce juge projette de me faire ré-emprisonner pour deux ans et demi ! Alors je retourne au feu. Je fais de nouveau confiance à mes interlocuteurs de la Place Vendôme qui, tous, me rassurent. C'est dire ma stupéfaction lorsque, deux jours plus tard, le 7 septembre 2010, neuf policiers se présentent dès potron-minet à mon domicile. Direction Fresnes. J'y ferai donc un nouveau « séjour ». Grâce à l'astuce de quelques fonctionnaires que la mesure a choqués, il sera toutefois d'une durée de quatre mois au lieu des six annoncés. J'avais donc fait confiance abusivement à mes interlocuteurs de la chancellerie. Pour m'assurer de leurs engagements, et avant de les quitter, j'aurais dû les prier de me les certifier par écrit.

Pour expier une dernière fois mon besoin incorrigible de faire confiance, je ne pouvais me douter qu'il me resterait à payer le prix du reniement de mon partenaire émirati. Il m'avait aidé dans une période difficile. Je lui en étais reconnaissant. Si j'avais bien noté un changement dans son comportement, j'étais loin d'imaginer jusqu'à quelles extrémités il me condamnerait. Vingt mois plus tard, me revoilà au trou, et cette fois-ci à Lomé.

J'ai été fautif d'avoir fait confiance à Alfred Sirven, à bien d'autres et jusqu'à Abbas Youssef. Pourrai-je me corriger un jour ? Je ne sais.

*

Le prétexte de mon dernier ré-emprisonnement à Fresnes, ces presque 200 millions d'euros que j'aurais dû verser à Total, me donne l'occasion de faire litière de la rumeur persistante que, sur la foi de quelque conseiller prétendument bien informé, l'entourage du chef de l'État togolais a pu prendre à son tour pour argent comptant, rumeur selon laquelle je me serais frauduleusement enrichi, selon laquelle j'aurais mis de côté et dissimulé je ne sais quel fantastique trésor de guerre. Quel est au juste l'état de ma fortune quand Mme Joly me fait incarcérer le 4 juillet 1996 à la Santé ? Ainsi, PDG de Rhône-Poulenc, l'inspection des Finances décrète que je percevrai la moitié du salaire des autres patrons des entreprises publiques au prétexte que je ne suis pas issu d'un grand corps de l'État. Cela ne me fait ni chaud ni froid. Sauf que, lorsque je suis nommé aux conseils d'administration d'autres sociétés et que je dois acheter personnellement des actions, je n'en ai pas la ressource.

Par la suite, quand ils statueront sur les modalités de mon divorce, les juges exigeront de moi que j'alloue une pension de « PDG » à la mère de mes enfants. Je tombe de l'armoire ! Le directeur financier de Rhône-Poulenc s'en va négocier avec

Louis Schweitzer, directeur du cabinet de Fabius, ministre de l'Industrie, et l'inspection des Finances afin de me rapprocher du niveau des autres. Tant et si bien qu'au terme de mon mandat, ma rémunération arrive au 50e rang environ des salaires payés par l'entreprise. Je ne m'en plains en aucune façon, cela m'a permis d'avoir un « divorce paisible ». Jean-René Fourtou, mon successeur à la tête de Rhône-Poulenc, m'accorde une indemnité mensuelle de cadre moyen, de préférence à une grosse indemnité de départ. Cela me va tout à fait.

J'achète un petit deux-pièces à Courbevoie pour un peu moins de 100 000 euros, financé en partie à crédit. Pendant mes congés sabbatiques « forcés », je touche un peu d'argent ici ou là. Je fais des séjours de travail aux États-Unis auprès des équipes d'Armand Hammer. Le PDG d'Occidental Petroleum voudrait que je le rejoigne au siège, à Westwood Village. J'aurais certes gagné bien davantage. Mais je tiens à m'occuper de mes deux enfants dont j'ai obtenu la garde alternée à l'issue du divorce.

Chez Elf, je vais percevoir au total et en quatre ans environ 500 000 euros de salaires. Ce qui me range parmi les cinquante premiers salaires. Hors bonus, toutefois, car je n'en touche pas. Du même coup, je ne figure plus dans le top 50 réel, celui des salariés d'Elf qui reçoivent salaire et bonus. Mon prédécesseur était logé à la même enseigne. Ni ce dernier ni moi-même ne pouvions assumer sur nos propres deniers le train de vie obligé d'un président d'Elf, l'État avait mis à disposition du PDG et des membres du Comité exécutif une carte American Express. Sur le compte Amex libellé à mon nom 500 000 euros ont été tirés au total en l'espace de quatre ans. Cela m'a été reproché. Aurais-je pu faire autrement ? Non. Mes collaborateurs non plus d'ailleurs, et mes prédécesseurs pas plus. Il est vrai, et je continue à le regretter, que certaines dépenses de ma première épouse étaient parfaitement déplacées. Son comportement a d'ailleurs été à l'origine de notre séparation et d'un nouveau divorce. Malgré tout, j'ai été très loin d'atteindre les niveaux de mon prédécesseur immédiat, même si cela ne m'exonère pas de ma responsabilité.

Au cours de ma présidence d'Elf, j'ai acheté une maison de campagne au prix d'un petit appartement parisien, avec un crédit que j'ai continué à rembourser les années suivantes. Il est apparu par la suite que des « amis » et « collaborateurs » avaient également contribué à cet investissement : des sommes ont été effectivement versées à mon insu. Elles n'étaient pas justifiées. Au mieux, ce qui se révèlerait être plus un poison qu'un cadeau, on aura voulu me faire plaisir. Au pis, ce qui est tout aussi vraisemblable, on aura voulu me « tenir ». Encore une fois, j'ai assumé les faits. Reste que je n'étais pas informé de ces versements, lesquels par ailleurs ne m'étaient pas nécessaires. Cette maison, je l'ai achetée avec ma mère et à un prix sensiblement au-dessus du prix du marché. Pour finir, j'aurais donc « coûté » à Elf un million d'euros. Pour prendre un exemple, un peu polémique je l'avoue, mon successeur sitôt arrivé n'hésitera pas à tripler son salaire. Il aura donc perçu en une seule année les 500 000 euros que j'avais reçu en quatre ans. Et il en repartira avec 10 millions d'euros de stock-options.

Je suis responsable, mais coupable de quoi ? Ai-je mérité dix-sept ans de procédure pénale et trois séjours en prison, soit au total près de trois ans au cachot ? Ce sera à la postérité d'en décider. Pour ma part, j'ai respecté la décision de justice. Je n'ai pas fait appel sur le seul procès véritable qui portait sur ces points précis et qui m'a condamné. Il y a eu en effet trois autres procès : Dumas, les emplois fictifs, les Frégates. Pour Dumas et les emplois fictifs, j'ai interjeté appel, car ils ne me concernaient en rien et j'ai perdu. Quant à l'affaire des Frégates, le procès ne s'est jamais tenu.

À mon arrivée à Gaz de France en 1993, on réduit drastiquement mon salaire. Je renâcle. J'obtiens qu'il ne soit amputé que de 20 %. Appelé en 1995 à la présidence de la SNCF en pleine tourmente, on me demande une fois encore de renoncer à 20 %. Je ne donne pas mon accord. Si bien qu'en juillet 1996, alors que je viens d'être embastillé, je n'ai toujours pas réglé mon différend avec l'inspection des Finances et je n'ai pas touché un liard de la SNCF. Fort élégamment Philippe Jaffré fait délibérer son conseil d'administration pendant mon incarcération pour me priver des avantages (pourtant succincts) traditionnellement reconnus aux anciens présidents d'Elf. Tandis que Mme Joly s'appuie sur une disposition visant les grands criminels mafieux pour justifier un redressement fiscal sur dix ans incluant mes « malversations » chez Elf, en adressant les pièces du dossier pénal à l'administration fiscale.

*

Pour avoir rencontré un nombre incalculable de juges et de procureurs pendant les instructions, pendant et après les audiences, juges du siège, juges d'ailleurs, sans compter la police judiciaire de la fameuse rue du Chateau des Rentiers, comment n'aurais-je pas fini par me faire une opinion sur l'indépendance de la justice, dont on nous prêche à tout bout de champ qu'elle est l'un des piliers de la démocratie ?

Ma première opinion, je me la forge très tôt. Parmi les amis de mon père, médecin à Guingamp, figure le juge Michel. Un personnage imposant qui nous rend visite avec son épouse, une femme angélique et un peu fantasque. Mon père est médecin légiste, et tous deux se voient souvent. Le juge Michel va acheter une maison sur la plage à Trébeurden, notre point de rencontre familial. Lui et sa femme me recueillent de temps en temps dans leur foyer de vacances, où j'ai droit à une mansarde. Ce juge-là est pour moi un exemple de bonté et de compréhension. Je le sens en empathie avec le monde qui l'entoure. Il devine les tourments des uns et des autres. Il cherche avant tout à préserver l'équilibre social de la contrée, nullement à régler des comptes personnels. Ce sera le premier et le dernier de ce type. Tous les autres que je croiserai sur mon chemin, je découvrirai qu'ils ont un problème avec eux-mêmes et la société, qu'ils ont une revanche à prendre.

Le premier contre-exemple du juge Michel, je n'ai pas à le chercher bien loin : c'est le petit frère de mon père. Juge d'instruction en province, notamment à Saint-Lô, il exercera ensuite à Paris, gravissant tous les échelons pour terminer parmi les premiers magistrats de France avant son départ en retraite. Il est parfaitement indépendant du pouvoir politique. Sa promotion, il la doit à ses pairs et à un corporatisme exemplaire. Mais il n'est pas indépendant de son passé, de ses rancœurs, de son positionnement politique personnel. Tout comportement autour de lui, en particulier celui de ses enfants comme de son neveu, était jugé en permanence. Ce n'était pas ce que nous faisions qu'il mettait en cause, mais ce que nous étions ou plus exactement ce que nous représentions. Dominé par le ressentiment, il tirait à boulets rouges sur les médecins coupables, les avocats inutiles et richissimes, les artistes qui roulaient les gogos avec leurs « croûtes », etc.

À l'opposé, le juge Michel restait égal à lui-même. Il me faisait rencontrer des juges bretons qui partageaient son éthique. En sorte que j'ai fini par estimer qu'il y avait une justice bretonne et une justice française, et qu'elles n'étaient pas les mêmes.

Président de Rhône-Poulenc, je rencontre à mon arrivée en 1982 son directeur juridique. Ce dernier m'explique que notre entreprise a commis des erreurs inqualifiables et qu'il ne voit pas comment moi, son président (depuis seulement une semaine !), je ne serai pas bientôt condamné pour les fautes perpétrées par mon prédécesseur. Je tombe des nues. Cherchant à me renseigner sur cet oiseau, j'apprends qu'il s'agit d'un juge d'instruction spécialiste du droit des affaires, en détachement, et qu'il a la réputation de mettre à mal les patrons qu'il poursuit d'une haine féroce en raison d'une histoire personnelle compliquée.

Je convoque à nouveau ce monsieur. Pour lui demander comment il conçoit son rôle. À l'entendre, je comprends très vite que son désir le plus cher est de me faire jeter en prison. D'une part, parce que je suis un patron. Et, d'autre part, parce que je suis un homme de gauche. Or, pour lui, c'est contradictoire. Si les hommes de gauche sont patrons, il n'y a plus moyen de savoir où est la gauche et où est la droite. Je tente cependant de lui rappeler que son rôle est de protéger son entreprise et son président. Mais il ne veut pas en démordre. Quelques jours plus tard, il rejoindra la magistrature.

C'est ce type d'anecdote qui rappelle qu'un juge est un homme ou une femme faillible avec son histoire personnelle, son caractère, ses pulsions, ses désirs avoués ou inavouables, et qu'il en sera dépendant tout autant que chacun de nous, tout autant que « le justiciable ». Sauf que pendant sa formation à l'École de la magistrature, on lui inculquera l'idée qu'il est le défenseur du droit et de la démocratie face à une société minée par le mal, dominée par les puissants et les riches qui ne songent qu'à frauder, qu'à s'enrichir, qu'à tromper le corps social. Et ce sont des juges de ce type-là qui détruiront ma vie, qui feront de mes erreurs des crimes sans autre souci que de prouver ma culpabilité et de s'assurer de mon châtiment.

Ainsi, quel est le niveau d'indépendance des deux magistrats qui m'incarcèrent et qui me jettent, définitivement, croient-ils, du monde des entrepreneurs ?

Le procureur, Franchi, a des comptes à régler avec le monde entier. Il se débat dans des problèmes personnels au moment de mon incarcération. Sa hiérarchie a tenté de le joindre par téléphone à mon sujet. Il était en vacances. Il n'a pas voulu prendre l'appel. Il a dû se raviser… Il pénètre comme une furie dans le bureau du juge. Il déclare qu'on a tenté de faire pression sur lui pour m'épargner l'incarcération ! À ses yeux, je serais le nanti qui s'estime au-dessus des lois. Lui, il incarne la probité. Il peut agiter son drapeau bleu-blanc-rouge. Lui, il saura résister. Quel cinéma ! J'apprendrai par la suite qu'il appartient à un cercle de magistrats qui projettent en catimini et depuis longtemps de me faire emprisonner pour des raisons politiques.

La juge Éva Joly, elle, ne cache pas sa décision de me faire incarcérer. Elle est annoncée depuis une semaine aux journalistes, de façon à ce que les médias la protègent du méchant chef d'entreprise soutenu par les puissants. Il n'y a pas une personne à Paris qui ait le moindre doute sur le fait que je serai embastillé le soir venu ! Aucun pari possible à mille contre un. Mais je n'ai pas idée à l'époque des dérives de certains de mes collaborateurs chez Elf. Et je ne prends pas de précautions. Je ne compte plus les appels des gens qui me disent de ne pas me rendre à l'interrogatoire. Je ne les écoute pas. Je considère mes erreurs personnelles comme des fautes vénielles. J'ai eu tort. C'est devenu éclatant aujourd'hui. Mais ce qui est moins clair et moins éclatant, c'est le niveau d'indépendance de Mme Joly, dont on nous rebat les oreilles depuis, elle la première.

Il suffit d'examiner la chronologie de son instruction. On peut s'étonner en effet qu'elle ne commence pas par interroger Alfred Sirven, puisque c'est lui qui dispose des comptes, de même qu'elle ne fera pas incarcérer André Tarallo qu'elle a entendu avant moi et qui ressortira libre, sur la recommandation insistante du plaignant Philippe Jaffré !

De quelle indépendance peut-elle également se réclamer à l'égard de son passé de jeune fille au pair qui n'a pas toléré d'être rejetée par la famille bourgeoise de son mari ? Quel est son niveau d'indépendance par rapport au corps des inspecteurs de Finances qui, en 1989, l'a accueillie comme magistrate au sein du Comité interministériel de restructuration industrielle (CIRI), sous tutelle du ministère des Finances ? Quand elle me dit que M. Trichet, inspecteur des Finances, professe telle ou telle opinion, je jurerais qu'elle parle du Bon Dieu. Moi, pour contester la compétence des dieux et donc de Philippe Jaffré, je ne suis qu'une merde. M. Trichet est dans l'Olympe, je suis aux enfers.

Nier le poids des affects, c'est nier ce qui constitue une part de l'humanité de chacun. À l'époque, comme beaucoup de juges, Mme Joly est parfaitement dépendante de ses pulsions. Un possible désir de revanche contre cette bourgeoisie parisienne où elle n'a pu se faire admettre. D'ailleurs, c'est à un interrogatoire terrifiant qu'elle soumettra Jean-Maxime Lévêque, ancien président du Crédit Lyonnais et l'un des meilleurs amis du beau-père Joly. Moi, je suis également allié à la famille Joly à un degré éloigné, mais je ne peux suggérer un dessaisissement sur ce motif. À cet égard, je suis dans la même seringue que Jean-Maxime Lévêque. La différence entre Mme Joly et moi, c'est que j'ai été accepté dans cette famille bourgeoise sans l'avoir recherché au lieu qu'elle avait tenté d'y entrer et qu'elle avait échoué.

Et l'écho de cet échec n'en finira pas de résonner. On peut se demander si toute sa carrière ultérieure ne sera pas imprégnée du désir de sceller sa revanche contre une société qui, à un moment de sa vie, l'a rejetée. Je ne prétends pas que, dans la sphère familiale, le père Joly s'est bien comporté. Moi-même, je n'étais pas de ses proches. Je ne lui témoignais que la politesse due à la personne qui nous recevait. Mais il me semble que cet épisode a eu des répercussions sur sa façon de voir le monde – et notamment ceux qu'elle imaginait appartenant au milieu l'ayant rejetée –, de Mme Joly. Telle est la justice d'aujourd'hui, la française, surtout quand les médias, avides de sensationnel, font chorus.

Dans la mesure où Mme Joly a fait carrière sur le dossier Elf et donc indirectement sur mon dos et qu'elle a changé de métier en devenant l'ange de l'écologie jusqu'à son cruel revers à la présidentielle de 2012 (2,31 %), c'est à elle que je pense en premier quand j'entends les « démocrates » saluer « l'indépendance des juges ».

Alors que je passe devant la chambre d'accusation pour tenter d'obtenir ma libération provisoire, Mme Joly produit le témoignage d'un de mes anciens collaborateurs selon lequel j'aurais décidé contre son avis (et donc, pour m'en mettre plein les poches ! CQFD) de créer un musée à Pékin, le musée « Li-Peng », le Premier ministre chinois. Coût : un million de dollars. Et c'est sur la foi de ce témoignage qu'elle requiert mon maintien en détention, prétextant que, dans le cas contraire, je pourrais faire pression sur les témoins et détruire des preuves. Je découvre l'affaire au tribunal. Le procureur en fait des tonnes. Mes avocats m'interrogent du regard. C'est donc à moi de prendre la parole. J'indique que je n'ai pas financé le musée Li-Peng. Parce qu'il n'y a pas de musée Li-Peng à Pékin. D'autant plus sûrement que, de son vivant, les Chinois ne donnent pas le nom d'un dirigeant à quelque bâtiment que ce soit !

La présidente se tourne vers moi. Et, tout de go, elle me notifie que je reste en prison. Cette affaire de musée Li-Peng figure bien en toutes lettres dans le relevé de décision. On peut le lire et le relire. Je retourne donc à la Santé. Le musée Li-Peng existe, puisque Mme Joly l'a dit.

Dix-sept ans ont passé. J'attends encore le jour où l'on inaugurera le musée (Jo)Li-Peng à Pékin…

*

Mais à quoi servirait de désigner certaines erreurs ou réputations, si je n'en cherchais pas les origines respectives, y compris les plus lointaines, celles qui remontent parfois à la prime enfance, à l'adolescence, aux premiers pas d'un jeune homme qui, en dépit d'une légende colportée par d'ex-condisciples courageusement anonymes, était plus préoccupé de trouver sa propre voie que de faire « le fier », que de se faire « une situation », que d'occuper une place.

D'ailleurs, est-ce qu'un « mouton noir », ainsi que m'avait surnommé François Mitterrand, a jamais pu prétendre à une place, sinon à une place à part, sinon à la moins confortable, sinon à celle d'un garçon qui, d'instinct, se tenait depuis le plus jeune âge à l'écart des moutons de Panurge ? C'est dès l'enfance que se forge le caractère de chacun. Je n'échappe pas à la règle. Dans quelles circonstances et sous l'influence de quelles personnes ai-je hérité et forgé peu à peu la personnalité qui est aujourd'hui la mienne, voilà ce qu'il me paraît indispensable de retracer à grands traits.

7

La fabrique du « mouton noir »

J'ai eu une enfance heureuse. Certes, lorsque je prends le large à 16 ans, je brûle de réaliser mes rêves dans la nouvelle vie qui m'attend. Moi qui ai toujours été le premier de la classe jusqu'à cet âge, je suis dans l'euphorie. Je m'en vais conquérir le monde. Je ne cultive pas la nostalgie, ni l'appréhension du lendemain, ni même le goût de la révolte. Il n'empêche que je dois me retourner vers mon passé pour y déceler certaines prédispositions à la science, à l'aventure, à la confiance et à l'impatience, autant qu'à tout ce qui me répugne : l'avidité pour l'argent, pour l'étalage des richesses, pour la vaine gloire. Mes souvenirs sont forcément parcellaires. Ils me reviennent au gré des circonstances. L'essentiel est d'y puiser pour parvenir à brosser le portrait de quelques personnes qui m'ont marqué, qui m'ont pour partie structuré et qui, mieux encore, m'ont permis d'être heureux.

Parmi les trois personnes auxquelles je songe tout particulièrement, la première est sans conteste ma grand-mère maternelle, Antoinette. Une maîtresse femme, d'un tempérament, d'un courage et d'une autorité extraordinaires. Elle est fille d'un militaire originaire de Beauvais. Installé avant 1914 à Guingamp (Côtes d'Armor), celui-ci est tué au combat dans son bel uniforme de commandant près du Chemin des Dames. Veuve, mon arrière-grand-mère élèvera ses six enfants dans sa grande maison, située non loin de la gare. Elle va en marier trois dans la même famille : sa fille Antoinette épousera Henri Julienne ; son fils Charles convolera avec la sœur Anne du même Henri ; une autre de ses filles, Lucie, deviendra la femme du cousin d'Henri.

La famille Julienne tient un commerce en gros de tissus, marchandise qu'elle vend auprès des fermes alentour. Une activité prospère dans cette Bretagne où les femmes font toutes de la couture. Jusqu'au jour où mon grand-père Henri sent venir la transformation du monde rural. Guingamp accueille le grand marché aux bestiaux. Tous les paysans y affluent. Il décide donc d'acheter la maison qui fait face à la basilique, et d'y installer le premier magasin de vêtements de la région, à l'enseigne courante à l'époque et qui fait sourire aujourd'hui : « Le Gagne-Petit ». Toute mon enfance est résumée là : une basilique et la boutique Le Gagne-Petit, soit l'association de la religion et de l'économie domestique.

Le domaine habité par la tribu est vaste. Une partie de la rue est disponible. Originaire d'une petite ville distante d'une quinzaine de kilomètres, un jeune médecin souhaite s'installer à

Guingamp. Gérard Le Floch trouve à se loger dans la maison d'à côté. Et c'est ainsi que, dans le jardin mitoyen, le jeune homme découvrira Gabrielle, l'aînée des filles d'Antoinette. Tous deux se marieront. Ils auront un fils. Il naîtra le 21 septembre 1943 à Brest et ils le prénommeront Loïc. Deux ans plus tôt, ma grand-mère avait accouché de son neuvième et dernier enfant, soit mon « petit oncle ».

Pour l'anecdote, j'aurais dû en toute logique m'appeler Loïc Le Floch. Un épisode de la Seconde Guerre mondiale et la fébrilité d'un agent de l'état civil en ont décidé autrement. Le 21 septembre 1943, mon grand-père Louis Le Floch, notaire, et mon père Gérard Le Floch, médecin, se présentent à la mairie pour déclarer ma naissance. Très curieusement, il prend à mon grand-père de déclarer que sa seconde femme, née Prigent, m'a adopté ! Lorsque, soudain, les sirènes se mettent à hurler, avisant la population d'un nouveau bombardement du port de Brest par la Royal Air Force. L'agent de l'état civil est pressé de gagner au plus vite la cave-abri où se réfugient les employés de la mairie. Il écrit en tremblant Le Floch-Prigent. Et, dans sa hâte, la dernière lettre de mon prénom devient un k au lieu d'un c. Le plus cocasse, c'est que ma famille avait totalement oublié et l'épisode et l'effet de ces circonstances. Tant et si bien que, par la suite, je me présenterai ingénument au baccalauréat sous le nom de Loïc Le Floch. Pour découvrir au vu de l'extrait de naissance joint à mon dossier de candidature aux concours des grandes écoles que je m'appelle officiellement Loïk Le Floch-Prigent. Il m'a donc fallu démontrer que c'était bien moi qui avait été reçu au bac !

Quelques années après la Libération, mon grand-père meurt. Comment Antoinette, déjà accaparée par les plus jeunes de ses nombreux enfants, peut-elle seulement envisager de reprendre le magasin et, avec lui, la vingtaine de couturiers et de couturières employés, elle qui, jusqu'à ce jour, n'avait jamais eu à s'en occuper ? Sa belle-famille la conjure d'y renoncer, lui recommandant de vendre le magasin, et de vivre de ses rentes. C'est mal la connaître ! La fille d'officier se révèle alors. Se refusant à abandonner la partie, elle prend les rênes du Gagne-Petit. Elle en tiendra la caisse jusqu'à sa mort. D'une énergie à toute épreuve, elle sera élue au conseil municipal de Guingamp, puis deviendra premier adjoint. Et, parallèlement, elle apportera son concours à bien d'autres occupations d'intérêt général.

Antoinette tiendra son rang de chef de famille pendant cinquante ans. Sur ses neuf enfants, il lui en restera sept, dont le dernier n'a que 5 ans, à élever depuis qu'elle a perdu son deuxième fils en Allemagne aux derniers temps de la Seconde Guerre mondiale (le malheureux a sauté sur une mine, la veille de son retour prévu en France) et depuis que sa fille aînée s'est mariée et qu'elle est devenue ma mère.

C'était pour la santé de sa « petite dernière » que mon arrière-grand-père avait acheté une maison au bord de la mer, à quarante kilomètres de là. Nous sommes les premiers estivants de Trébeurden. La maison à toit plat jouit d'une vue splendide sur la plage, le port et les îles. Nous séjournerons aussi à Penvern, à trois kilomètres de Trébeurden, dans la maison avec accès direct à la mer qu'avait fait construire mon grand-père Henri.

Toute sa vie, ma grand-mère a veillé à demeurer maîtresse chez elle. Pas question de frayer avec le reste de la tribu, mon arrière-grand-père avait été le père de sept enfants, eux-mêmes ayant donné chacun le jour à cinq enfants au minimum ! Si bien que, désormais, l'on ne peut pas s'attarder à Trébeurden sans y rencontrer au moins l'un de mes cousins… Le Gagne-Petit et la maison de Penvern-Trébeuden, que l'on ouvre l'été venu et que l'on ferme à la rentrée des classes, sont les deux foyers où ma grand-mère exerce son pouvoir absolu sur ses enfants. Cette femme au caractère trempé n'est jamais à court d'initiatives. L'autonomie financière de ses fils et gendre devenus officiers de marine est-elle trop étriquée à ses yeux car, comme elle le disait volontiers, ils en retiraient au mieux « beaucoup de gloire, et peu d'argent » ? Elle leur achètera des terrains à Penvern, et y fera construire leurs maisons. Quant aux deux enfants qui reprendront Le Gagne-Petit, elle leur fera bâtir leurs maisons à Guingamp sur le terrain familial, là où s'étendaient le poulailler et les clapiers à lapins.

Seules ses belles-filles limitent son pouvoir absolu. La maison où j'habite a été achetée par mon père. Qu'à cela ne tienne ! Ma grand-mère dispose des clefs, et elle entre chez nous comme dans un moulin. Elle ne se prive pas non plus de débarquer à toute heure et sans s'être annoncée chez ses belles-filles. Sans scrupule. Après tout, elle estime qu'il s'agit de ses enfants, qu'elle les a élevés, qu'elle a payé les installations, etc. Les uns et les autres râlent dans son dos mais, en sa présence, personne ne moufte.

Nous sommes élevés ensemble, mon « petit oncle » et moi. Parce que ses frères et sœurs continuent à l'appeler « Bébé », je l'appelle ainsi. À l'école des Sœurs, je suis si heureux de le voir arriver que je me précipite vers lui en criant : « Bébé ! » Pour nous présenter, ma grand-mère observait toujours le même rituel. Le désignant, elle annonçait : « L'oncle. » Puis elle marquait un temps d'arrêt avant de me désigner à mon tour : « Le neveu. » Nous sommes inséparables. Et, cependant, nous sommes très différents. À examiner notre physionomie, ou encore notre caractère, il est impossible de déceler un lien de parenté entre nous. Mon assurance et mon intrépidité lui empoisonnent la vie. Il est inventif, je suis un bulldozer. Il est fragile, je suis costaud. Nous étions complémentaires. Et voici que l'on nous sépara. Je sautais des classes, pas lui. Il était doué en musique, j'abhorrais le solfège. Admis au collège, on l'envoya en pension chez les jésuites de Vannes, à trois heures de voiture. Je suis resté à Guingamp chez les Frères. Nous avons encore passé de bons moments ensemble à l'occasion des vacances. Mais cette osmose que nous partagions enfants, je ne l'ai plus jamais retrouvée par la suite.

Dès l'âge de 8 ans, à partir de son départ pour Vannes, je suis donc redevenu le fils unique, sans frère ni sœur. Mon « grand frère », car c'est spontanément ainsi que je me représentais mon « petit oncle », recevait l'éducation des bons Pères, et moi celle de la solitude et de la lecture. Car ce garçon, qui avait été tout pour moi, avait commencé à lire et à écrire, et moi qui avais deux ans de moins que lui, j'avais fait de même. Non pas Voltaire ou Diderot, mais plutôt Bossuet, Fénelon, Dumas père, Jules Verne, les récits de guerre.

Pendant les vacances d'été, séjournant plus d'un mois sinon deux dans la tribu à Penvern, mes parents m'y rejoignant seulement le temps du week-end, j'étais sous le contrôle exclusif de ma grand-mère. C'est là que nous avons appris à nous connaître, à nous combattre et finalement à nous apprécier. Je lui dois d'avoir appris à jouer aux cartes, au bésigue précisément, d'être devenu un excellent joueur à tel point que, prête à tout pour gagner, je l'ai bientôt surprise à tricher ! À elle aussi, si autoritaire, je dois sans doute le besoin croissant de solitude, d'ouverture, de fuite perpétuelle devant l'ordre qui m'est donné sans justification, que je ne peux m'empêcher de contester. Elle était chef de famille, mais elle n'a pas été mon chef. J'ai accepté ses avis quand je les trouvais justes. Pour échapper à son contrôle étouffant, je n'hésitais pas à décamper pour de longues pêches solitaires à la faveur de la marée basse. J'en revenais à la marée montante. Je revois ma grand-mère, désarmée, interdite, lorsque, l'œil candide, je réapparaissais chargé de coques, de palourdes, de crabes et de crevettes. Le châtiment consistait à m'interdire la table collective. À dire vrai, loin d'y voir une punition, j'avais tout à gagner à manger à la cuisine, entre Albertine et Aline, sûr que j'étais d'être choyé par ses deux cuisinières.

J'aurais beaucoup appris du jeu de pouvoir entre une dame à poigne qui dirigeait sa maisonnée, son entreprise, voire la municipalité, et le premier de ses petits-fils, dont la résistance demeurait polie, aimante mais résolue. Il lui arrivait de me faire hurler de rire quand je la voyais semer la crainte chez ses belles-filles, quand elle leur réservait de furieux haussements d'épaules méprisants. Mais j'étais le seul à rire. Elle ne le tolérait qu'en privé, qu'entre nous deux. Elle me savait gré de me taire. Ainsi est née insensiblement une complicité entre cette dame redoutée par tous et ce petit garçon qui, sans en avoir peur, osait parfois se moquer d'elle gentiment. Ma grand-mère, on l'aura compris, a laissé en moi une empreinte plus profonde que je ne saurais dire.

Dans la famille, la religion occupe la première place. Il y a Dieu, le pape, ma grand-mère et parmi les livres, en plus du Nouveau Testament, un ouvrage étonnant : *L'Imitation de Jésus-Christ*. Et pourtant, c'est cette partie-là de son enseignement que j'ai écartée. Très tôt, je m'éloigne de la religion (mais pas de Dieu). J'y rencontre trop de contre-vérités, de tabous, de principes contradictoires, trop d'incohérences et, pour tout dire, trop de curés. Je souscris en revanche à des notions, étroitement associées à la religion, de respect des autres, de charité, d'écoute et d'amour. Elles deviendront mes règles de vie. J'imagine que c'est pourquoi je déciderai que, d'une façon ou d'une autre, je chercherai à me mettre au service de l'intérêt collectif. Non pas, à l'exemple de mes oncles, en m'orientant vers Navale pour devenir à mon tour officier de marine, mais en choisissant d'embrasser le métier d'ingénieur.

Et l'argent dans tout ça ? Il n'est pas une valeur fondamentale ou, plutôt, il n'a pas de valeur en soi. Il faut en avoir, pour sûr. Un peu. Assez. Mais pas trop. D'une part, il n'y a pas à le montrer. Par ailleurs, il faut faire des économies (cf. Le Gagne-Petit), ne pas les dissiper, ne dépenser qu'en proportion de ce que l'on a. C'est juste un moyen. Notre cousin franciscain en robe de bure et chaussé de sandales est un exemple de sainteté dont toute la famille est fière. Il y a certes des réussites financières chez certaines tribus autour de Guingamp et de Trébeurden, mais ce type de succès n'impressionne pas ma grand-mère. Bien au contraire, elle récuse toute hiérarchie qui procède de l'argent. Sa naissance, sa famille lui tiennent lieu de passeport dans la vie. La réussite ne peut être que scolaire, avant d'être le fruit du travail bien fait. D'un petit magasin, elle a fait le centre de la vie à Guingamp. À sa famille, à nous autres de sa lignée, de lui faire honneur en poursuivant sur sa voie.

Elle méprise la fortune ostentatoire, les paillettes. Elle ignore la jalousie ou l'envie, ces passions tristes. Elle met au pinacle les saints de l'humilité et du partage. D'où son amour profond pour saint Jean de Bosco et les publications de divers ordres religieux, jésuites, salésiens, carmélites, frères de Lamennais, qu'elle reçoit en abondance. Pour elle, la vie consiste à faire son devoir. Elle ne débute pas sa journée sans avoir pris part au premier office à la basilique, avant d'aller prendre son poste au Gagne-Petit.

Encore aujourd'hui, je me sens complètement imprégné de cette philosophie sous-jacente, et quoique l'ayant détachée de son contexte catholique romain. Ainsi, je n'ai pas d'estime pour la bourgeoisie louis-philipparde ou pompidolienne qui ne songe qu'à amasser et qu'à exhiber son opulence. Et quand l'un de mes cousins tient à me faire admirer son succès en me présentant sa belle voiture ou son splendide voilier, ni je ne le jalouse, ni je ne m'en réjouis. Libre à lui de s'en faire gloire. De la gloire, je me fais une tout autre conception. Au cours de ma vie ultérieure, je porterai le même regard qu'Antoinette. Les grands loups de la finance qui m'inviteront dans des palaces ou sur des yachts avec l'arrière-pensée de m'éblouir et de m'acheter, pour une raison ou pour une autre, je ne pourrai que les décevoir, préférant leur manifester à chaque fois ma distance, mon recul, mon ironie.

À l'automne de sa vie, à l'occasion de son quatre-vint-dixième anniversaire, ma grand-mère réunira la famille dans une grande salle. Elle placera son fils aîné à sa droite et, indice touchant d'une complicité toute particulière, le premier de ses petits-fils à sa gauche.

*

Mon père, Gérard Le Floch, c'est tout un roman. Ses aïeux sont originaires de Prat, près de Lannion depuis au moins 1789 – le fait est avéré. Mon grand-père paternel est notaire à Pontrieux, une commune située à quinze kilomètres de Guingamp. Il habite une maison de maître au bord du Trieux, laquelle rivière va se jeter dans la mer non loin de là, à Lézardrieux-Paimpol. Il a la charge de cinq enfants, deux filles puis trois garçons. Mais, peu de temps après la naissance du dernier, sa femme meurt. Dans cette société paysanne, où l'usage n'est pas de laisser un père élever tout seul ses cinq enfants, on lui déniche une lointaine cousine, veuve elle aussi. Mon père est l'avant-dernier des enfants. Il a connu sa mère. À la différence du benjamin qui acceptera la nouvelle venue, il souffrira de sa marâtre. Mon père ne connaîtra quelque chose de l'amour maternel qu'auprès de la mère de la mégère. D'où sa grande difficulté à exprimer ses sentiments. Quand il rit, il pleure. Il parle peu, rumine et s'angoisse. Sa seule respiration, il la prend dans le travail. Médecin réputé pour la pertinence de ses diagnostics, il est spécialiste des enfants et des personnes âgées.

Après des années d'incompréhension entre nous deux, me voici un beau jour de retour à Guingamp. Il n'y a personne à la maison. Je me doute que mon père est à l'hôpital. Il en est le médecin-chef. Je m'y rends. Des infirmières m'introduisent à l'intérieur de son service, le service Enfants. Et, de loin, sans avoir manifesté ma présence, je le vois qui s'attarde au chevet de chacun, de lit en lit, avec un sourire radieux. Les enfants le fêtent, l'embrassent. Il les embrasse, il leur parle. Lorsque, tout à coup, je réalise que jamais je ne l'ai vu aussi heureux, aussi détendu, aussi chaleureux. Ces rapports affectueux, physiques, ces tendres échanges, c'était tout ce que j'avais longtemps espéré de lui, autant de gestes et de paroles qu'il n'avait pas réussi à me prodiguer. Je ressors la mâchoire serrée, la bouche sèche. Une lame de fond me soulève. Et me voilà à pleurer comme un gosse au volant de ma voiture. Je retourne à la maison. À l'attendre. Nous n'en parlerons jamais, mais je crois bien qu'il avait appris que j'étais passé le voir ce jour-là.

S'il faut chercher un coupable à la privation d'affection dont, d'âge en âge, a souffert mon père, ça n'est pas seulement la marâtre que je mettrais en cause mais, plus encore, le personnage au comportement follement ingrat qu'était mon grand-père paternel. Ce dernier a rechigné à payer les études de sa progéniture. Son fils aîné devient prêtre, le petit frère suit des cours d'histoire et de droit avant de s'orienter vers la magistrature. Mon père veut faire médecine. À peine est-il entré en activité que le grand-père prend sa retraite à 50 ans, et qu'il lui réclame le remboursement de ses études. Chaque mois, jeunes mariés puis jeunes parents, mes parents feront le trajet jusqu'à Pontrieux pour remettre au notaire et à sa femme une part de la « créance » !

En tête des souvenirs que j'ai conservés, je me souviens d'un chantage affectif de ce grand-père au sujet de l'achat de sacs de billes, de son insistance à vouloir me faire dire bonjour à « Mémère », sa sinistre femme. Chez nous, sitôt qu'il est question d'aller à Pontrieux, je me cabre, je hurle, je me roule par terre ou je pars me cacher.

Mon père aura à supporter le poids de ce couple, qu'il soigne gracieusement comme il se doit, jusqu'à leur mort à tous deux, ainsi qu'il le fera également pour son frère aîné, mon arrière-grand-mère maternelle et tant d'autres. Il lui faudra du temps pour se relever de son enfance brisée. Père, il le deviendra vraiment avec ses petits-enfants et après ce don de Dieu qu'a représenté la naissance, sous son toit, du fils de ma cousine, en vérité ma « quasi-sœur », qui accouche hors mariage. Pour cet enfant-là, il démontrera la qualité de ses sentiments, de son amour et de sa bonté. Quel chemin aura-t-il parcouru ! Combien d'années pour, après un cruel départ, parvenir à cette sérénité finale !

Mais, pour en revenir à mon enfance, c'est d'abord la passion de son travail qui caractérise mon père. Il y sacrifie tout. Médecin de campagne, il est appelé toutes les nuits sur les routes. Il va d'une ferme à l'autre. Il dirige son service et consulte à l'hôpital. Et dès midi, il enchaîne les consultations à domicile. Seul répit : le mois de vacances exigé par ma mère.

Champion du diagnostic, ses confrères lui adressent des malades de toute la Bretagne. Sans cesse, il s'informe, il se documente pour demeurer à la pointe des connaissances et des progrès techniques qui évoluent considérablement dans ces années d'après-guerre. Il est à l'opposé du dilettante. Car à l'amour du travail, il associe l'exigence de résultats. Foncièrement taiseux, il ne prend la parole qu'à bon escient. Il ne parle que de ce qu'il connaît parfaitement, et ce qu'il connaît le mieux, c'est la médecine. Quoiqu'ayant choisi à son grand désarroi un autre métier que le sien, j'ai pris exemple sur lui ; à mon tour, j'aurai à cœur d'aller au fond des choses, de ne jamais m'arrêter à la surface.

Dans un premier temps, je me suis efforcé de le convaincre que mes études d'ingénieur me conduiraient à l'expertise. Je n'aurai pas réussi à le convaincre, lui qui estimait que j'allais me « disperser ». En 1982, peu avant sa mort, et alors que, à seulement 38 ans, je viens d'être appelé à la présidence de Rhône-Poulenc, un journaliste d'*Ouest-France*, qui a été chargé de faire mon « portrait », lui rend visite. Il lui demande ce que j'ai fait « avant ». La presse nationale n'a pas été tendre avec moi, mais mon père fait mieux encore : « Mon fils ? Il voyage beaucoup, et il ramène des papillons sous verre à sa maman. » Cela ne s'invente pas !

Mais ce personnage a un autre talent. En dehors de sa passion pour la lecture, mon père adore la peinture et la sculpture. Sa mère peignait, ma cousine-sœur aussi. Si son avaricieux notaire de père ne l'avait pas sommé de lui rembourser les frais de ses études, il ne les aurait pas interrompues une fois diplômé de médecine. Il aurait poursuivi le cursus jusqu'à devenir chirurgien. Ainsi que, conformément à son aspiration profonde, ses ressources intellectuelles et son adresse manuelle l'y destinaient.

Au fil du temps, ses mains retrouveront les fusains, notamment à l'occasion de séjours à Florence ou à Rome. Il passera des heures à dessiner, au Forum ou au musée du Vatican. Il achètera des tableaux, non pas pour spéculer, mais pour voir et pour vivre le beau : des jeunes filles en fleur, ou des nus. Sa sensualité, si longtemps retenue, il va l'exprimer dans cet attrait physique pour les arts plastiques. Il aime l'Italie, les jeux de lumière dans ses peintures et ses églises, un art si éloigné de l'austérité des églises bretonnes. Au deuxième étage de sa maison, il remplira une pièce entière de livres précieux sur papier vélin illustrés de lithographies originales.

Lorsque plus tard, bien plus tard, à certains nouveaux riches qui, experts autodéclarés en art moderne ou en art tout court, chercheront à me faire passer pour un paysan ignorant – parce que je ne suis propriétaire de rien – je rappellerai poliment et fermement qu'il n'entre dans les beaux-arts ni question d'argent ni question de propriété, mais bien plutôt certain frisson. Or le frisson, on l'a ou on ne l'a pas ! François Mitterrand avait aussi cette passion de la peinture. Il connaissait mon érudition. Mais, pas plus que mon père, il n'a réussi à m'y rendre sensible, au point de ne plus vouloir regarder autre chose.

Quant à l'argent, mon père n'en parle pas. Il en gagne, il en a, il ne le recherche pas. Le malade qui n'en a pas, il le soigne quand même. Lorsque l'un de mes cousins lui annonce qu'il a décidé de « faire médecine » pour gagner de l'argent, mon père lui recommande aussitôt de choisir un autre métier. Pour son fils, il ne regarde pas à la dépense. Il m'a permis d'acheter livres et disques et, lorsque, devenu adulte, je voudrais acheter un camping-car pour sillonner l'Europe avec femme et enfants, l'argent nécessaire arrivera dans l'heure.

Aux images de ce père taiseux, de ce père passionné, de ce père qui avait gagné en présence, de ce père d'exception, j'associe celle de l'homme, encyclopédie vivante à la mémoire phénoménale qui, au volant de sa 2 CV, entre deux visites médicales d'une ferme à l'autre, m'apprenait à identifier et à trier les champignons que j'avais cueillis ici et là pendant ses consultations. Mon père a été frappé par la maladie dès sa retraite. Sans doute s'était-il retiré trop tôt. De mois en mois, par une cruelle ironie de la vie, il finira par devenir le seul malade dont il pouvait encore s'occuper.

*

À côté de l'intellectuel, du calme bourreau de travail, Gabrielle Le Floch, née Julienne, est un volcan, un torrent. Ma mère brille par son imagination, par sa boulimie d'activités et d'engagements. Elle aurait pu être mère de famille nombreuse, elle n'élèvera qu'un enfant, Loïk. Elle aurait pu être chef d'entreprise, elle aura été cheftaine de louveteaux, responsable de mouvements caritatifs. Elle aurait pu être chanteuse, elle a été membre d'une chorale et, à 90 ans, elle ne manque toujours pas une répétition, un concert. Elle avait été reçue au baccalauréat, exploit rare chez les jeunes filles avant-guerre. Mais, étant l'aînée d'une grande fratrie, elle pouponnera ses jeunes frères. Ayant choisi d'épouser un jeune voisin et devenant mère à son tour, elle restera dans la tribu. À la mort de leur père, elle se rendra plus indispensable encore auprès de ses jeunes frères.

Dans un premier temps, c'est le jardin et les fleurs des champs qui font sa joie, sa fantaisie, son évasion. La beauté suprême à ses yeux ? – les camélias, les roses et tous les arbustes. Mais, pendant la guerre, il ne suffit pas des fleurs : il faut trouver de la nourriture, à plus forte raison pour une aussi grande famille. Du champ à la périphérie de Guingamp que loue mon grand-père, Gabrielle est l'intendante et l'animatrice principale. C'est alors qu'elle s'initie à la culture des plantes nourricières. On sème, on bouture, on soigne, on traite. Il y a des fleurs dedans et dehors. Ses cours de botanique appliquée, elle les dispensera à la famille et, de loin en loin, auprès des monastères. De chaque pays traversé, elle ne manque pas de rapporter graines et boutures.

L'été, elle adore partir en expédition en France, en Italie, en Espagne et au Portugal, à bord de la Simca 5 chargée du matériel de camping (y succéderont la 2 CV, puis l'Aronde). Nous partons pour un mois à l'aventure. Mon père est emporté par le « torrent », et il aime ça. Mon « petit oncle » est parfois le quatrième passager. Il arrive qu'oncles et cousins se joignent à nous. Nous voyageons « en convoi ». Les premières conditions n'ont rien à envier à celles d'un Robinson Crusoé. Nous utilisons un trépied pour le feu de bois, avant d'adopter le Butagaz. Les toiles de tente sont d'une étanchéité toute relative, qui s'améliorera progressivement. Le sac de couchage puis le matelas pneumatique représentent autant d'innovations qui atténueront la rudesse des premiers étés. Encore qu'aujourd'hui ma mère et moi ne craignons pas d'avoir à coucher « par terre ». Est-on fatigué ? On n'hésite pas à dormir sur place.

À l'époque, l'Europe ne fourmille pas de campings spécialement aménagés et gardés, équipés de sanitaires, de cabines téléphoniques, de commerces, de boulodromes et de piscines. Le plus souvent, il n'y a de camping que sauvage. Nous plantons la tente où nous pouvons, mangeons ce qu'il y a. Des produits locaux, bien sûr. Avec toutefois, notre minimum garanti, le sac de cinquante kilos de patates que, rituellement, mon père avait fourré avant le départ dans la malle arrière de la voiture. Lorsque le niveau du sac baissait jusqu'à toucher la cote d'alerte, je voyais s'assombrir son visage. Cela signifiait qu'il était grand temps de s'en retourner ! Le voyage tire à sa fin qu'il est déjà question de préparer celui de l'année prochaine. Mon père s'était ainsi fixé un ambitieux programme que, dans les dernières années, sa maladie l'empêchera d'épuiser. Il a seulement pu se rendre en famille en Algérie. Reçus chez un ami, nous avons visité un grande partie du territoire, Timgad et ses ruines romaines, Ghardaïa el Golea au Sahara, mais il n'a pu aller jusqu'à Tamanrasset. Après sa mort, ma mère continuera à voyager : Israël, Allemagne, Australie, Mexique, Chine, Java et Bali, Corée et Sud-Est asiatique, Laos Vietnam, Thaïlande, Cambodge, Afrique du Nord et Tibet, le Sahara, le Mexique et la Chine… Certains de ces périples étaient organisés, ils lui ont paru moins attrayants que ses aventures en camping.

Il va de soi que sa pratique du scoutisme était pour beaucoup dans l'attrait de ma mère pour la vie austère des campeurs de ce temps-là. Je la revois, déployant une activité extraordinaire, inventant régulièrement de nouveaux jeux. Elle savait nous amuser et, à nous voir, sans doute s'amusait-elle encore plus vivement que nous.

Quand mon père trouve son bonheur dans la peinture, ma mère le puise dans la musique. A-t-elle hérité de la voix splendide de son père Henri, qui avait pris des cours de chant en même temps que Mado Robin (1918-1960), laquelle sera surnommée par la suite « la voix la plus aiguë du monde » ? S'accompagnant elle-même au piano, elle exerce quotidiennement sa voix de soprano. Nous écoutons ensemble des disques 78 tours. Pour m'aider à trouver le sommeil, elle me raconte chaque soir une histoire tirée de son imagination, souvent illustrée par un morceau de musique. Le décor associe rivières, mers et bateaux. Les personnages sont divers animaux qui, soit au couchant, soit à l'aube, dialoguent entre deux. Pour moi, le sommet de cette rencontre avec la musique a été, et demeure, la *Sixième Symphonie* de Beethoven, dite *Symphonie pastorale.*

Ma mère ne me répétait jamais la même histoire. Mais j'avais un faible pour la récurrence de certains personnages. Aussi, feignant d'être tout près de m'assoupir, m'arrivait-il de l'interrompre pour lui chuchoter : « Et le lapin ? » Et, par je ne sais quel habile tour de passe-passe, elle trouvait le moyen de faire apparaître ce cher lapin, qu'une fois de plus elle avait fâcheusement oublié dans sa distribution. J'ai aussi découvert Saint-Saëns (*Le Carnaval des animaux*, mention spéciale), Mozart et Bach. Lorsqu'ils ont commencé à se répandre, nous avons collectionné les 33 tours. Mais, en famille, chaque dimanche soir, tantôt chez les uns, tantôt chez les autres, c'est autour du piano que nous partagions ce goût pour la musique. Ma mère chantait, mes cousins, mes cousines et mon petit oncle l'accompagnaient au clavier. C'est aussi elle qui m'a initié à l'opéra. Profitant de nos séjours à Paris, où devaient l'examiner certains médecins spécialistes, nous allions à l'Opéra-Comique et au palais Garnier. J'ai assisté à une représentation de *Carmen* et

Faust à l'âge où, aujourd'hui, mes petits-enfants regardent *Dora* à la télé. Après ses vocalises, ma mère chantait des mélodies, Ave Maria, Pie Jesu, des airs d'opéra et de musique sacrée (Mozart, Gounod, Fauré).

Dès ma puberté, ma voix de baryton basse me permettait de chanter *Carmen*, *Faust*, *le Barbier de Séville*, *les Noces de Figaro*, *Don Giovanni* et *Cosi Fan Tutte*. Avant 16 ans, avant même d'arriver à Paris, j'en connaissais les partitions. Et ce sont les opéras de Mozart, Verdi, Puccini, Bellini et Donizetti qui m'ont appris l'italien.

Un jour que, alors président de la SNCF, j'allais me ressourcer à l'Opéra de Paris, un journaliste des *Échos* m'aperçoit. Le lendemain, j'ai droit à une demi-page où, principalement décrit en farouche « homme de réseau », je passe pour le stupide paysan breton (suggéré par le rappel de l'aimable surnom, « Le Plouc-Fringant », dont m'ont affublé les seigneurs de la place) qui se pique de connaître l'opéra quand, en vérité, il n'en pincerait que pour le décorum. Me revoilà, après tant d'autres fois, le mouton noir de *Fantasia chez les ploucs*. Je tais le nom de ce journaliste, mais il se reconnaîtra. Et moi qui méprisais déjà les donneurs de leçons parisiens, et qui m'étais efforcé le plus souvent de me faire discret quand j'allais à l'Opéra... Depuis ce jour, je n'ai plus jamais acheté *Les Échos*, et je ne suis plus allé à l'Opéra de Paris !

Tout un livre ne suffirait pas à faire le tour des activités de ma mère. Femme de médecin, elle assume le secrétariat médical. Elle apaise et rassure au téléphone les malades ou parents de malades anxieux. Elle planifie les visites diurnes ou nocturnes à domicile, les consultations à la maison. Si nécessaire, elle suggère les premiers soins. Je l'accompagne lorsque, les jours de marché, elle va donner un coup de main au Gagne-Petit. Guingamp déborde de monde, le magasin également. Elle et moi sommes les « extras ». Mon rayon : les chaussettes.

Digne fils de ma mère, je suis pris de la même boulimie. Je veux tout faire, tout savoir, découvrir le monde, tout lire, tout entendre. Les études n'apaisent pas ma soif. Mon cerveau n'est jamais en repos. Plus tard, je m'entendrai dire que j'épuise mes collaborateurs par mon hyperactivité, et pas seulement eux. À me souvenir de ma mère hier ou à la voir aujourd'hui, je n'ai pas de mal à comprendre de qui je tiens cette énergie.

Curieusement, alors que j'ai sauté des classes, alors que j'ai toujours été premier, mes notes aux examens finaux ne sont pas brillantes. En français, j'ai eu à analyser « Spleen », de Baudelaire. Nous avions passé l'essentiel de l'année sur Bossuet et Fénelon. Baudelaire était certes au programme. Mais personne ne l'aurait donné favori ! J'aurais été plus à l'aise avec *L'Imitation de Jésus-Christ*. Car je n'ai aucune idée de ce qu'est le « spleen ». Enfin, j'ai la moyenne. J'écris en bon français, mon orthographe est correcte.

L'année suivante, en classe de mathématiques élémentaires (« mathélem »), je m'ennuie. C'est comme si, au moins dans ma tête, j'avais déjà tourné la page, comme si j'étais déjà parti. Au loin, ainsi que j'y aspirais. Le drame, c'est que ce prochain épisode n'en finit pas de tourmenter ma mère. Elle appréhende la séparation, qui marquera la fin d'une tranche de sa vie. Elle en pleure, nuit et jour. De mon côté, je suis heureux de partir, mais je culpabilise. Mes succès seront son désespoir. Comment empêcher ma mère de pleurer ? Déchiré par mes désirs contradictoires, j'accuse le coup. Mon travail scolaire s'en ressent. Mes notes chutent. C'est à ce moment-là que se déclenche le psoriasis ; il faudra un autre choc, qui remonte à ma première nuit de détention à la Santé le 3 juillet 1996, pour qu'il se généralise.

Mon enfance s'achève sur deux malheurs. Mon départ détruit ma mère bien-aimée qui en a perdu le goût de vivre. De plus, reçu au bac sans mention (je n'ai pas même obtenu 12 de moyenne), je ne peux plus espérer être admis en classe préparatoire que par la petite porte. Les jésuites de Sainte-Geneviève souhaitaient m'orienter vers Navale. Il me faut trouver à présent une prépa aux écoles d'ingénieurs. Je finirai à Versailles, au lycée Hoche.

Voilà dans quel état d'esprit, forgé au contact de ma grand-mère à poigne, de mon père rigoureux et de ma mère sans cesse en mouvement, insensible au pouvoir de l'argent, avide d'apprendre et de servir, je vais quitter le foyer familial, la tribu, Guingamp, ma Bretagne.

Cependant, arrivé à la « taupe de Versailles », je suis déjà le « mouton noir ».

Et cela ne va pas s'arranger avec le temps.

8

Trouver sa voie

Quel adolescent ne s'est pas trouvé désarmé, parfois jusqu'au désespoir, par certains traits du comportement d'autres jeunes de son âge auquel rien, absolument rien, ne l'avait préparé au long de son enfance heureuse ? Jusqu'à mes 16 ans, soit jusqu'à ma rentrée au lycée Hoche de Versailles, lequel m'a accepté au vu de mon livret scolaire, j'avais vécu dans un monde protégé, exempt de méchanceté et de cruauté gratuite. Je n'avais reçu aucune éducation sexuelle. J'ignorais ce qu'est la jalousie. Je n'avais jamais entendu parler du bizutage, ni de la tradition qui l'entoure ; j'en ignorais la nature, l'origine et la justification.

Quoique toisé d'office par mes condisciples parisiens parce que j'étais un enfant de la province, j'avais des cordes à mon arc : remarquable pêcheur (à pied et sous-marin), expert en champignons, érudit en littérature classique et bandes dessinées, mélomane. Je m'informais avec avidité de l'actualité. Et, sur ce plan-là, l'année 1959 ne marquait pas un tournant pour moi seul ! Après son élection à la présidence de la jeune Ve République, le général de Gaulle prononce son discours sur le processus d'autodétermination de l'Algérie. Aux États-Unis, le président Einsenhower reçoit Khrouchtchev, le premier secrétaire du Comité central du Parti communiste d'URSS, artisan de la déstalinisation et de la politique de détente Est-Ouest.

Je parlais l'anglais, je savais lire et traduire le latin et le grec. Ma personnalité avait été modelée par ma grand-mère maternelle et mes parents. Tous trois m'avaient ouvert les yeux sur le vaste monde, sur la science et sur les vies exemplaires, à l'exemple de celles que relatait *Spirou* – chaque semaine, je dévorais « Les plus belles histoires de l'oncle Paul ». La misère, je connaissais. La charité, l'écoute de l'autre, le dépassement de soi, la ténacité et le courage, aussi. Mais, à ce premier tournant de mon existence, il y avait encore un large pan de la vie des hommes dont j'ignorais tout. Et je ne pouvais soupçonner qu'un certain type de souffrance m'attendait, des souffrances qui seraient de même ampleur que les joies rencontrées jusque-là.

J'ai été malheureux à Paris, je le suis toujours. J'ai été mouton noir, et je ne suis toujours pas mouton blanc. À Paris, au milieu des Parisiens, je me suis senti seul, isolé, moqué. Sans l'avoir recherché. Et je n'aurais pas abordé le sujet si, en découvrant la biographie, écrite par le critique de cinéma Pierre Billard, je ne m'étais pas trouvé un frère d'adoption en la personne de Louis Malle [1].

1. Cf. *Louis Malle, le rebelle solitaire*, Plon, 2003.

La perte de l'innocence domine son œuvre. Au lieu de suivre la douillette trajectoire qui lui était réservée en sa qualité d'héritier d'une riche famille (les Béghin), Louis Malle s'en écarta. Au lieu de poursuivre après Sciences-Po, il s'en alla seconder sur le tournage de leurs films le commandant Cousteau et Robert Bresson. Puis il devint metteur en scène à son tour. Adolescent révolté, renvoyé d'un collège religieux, celui qui a réalisé entre autres chefs-d'œuvre *Ascenseur pour l'échafaud* et *Au revoir, les enfants* aura réussi à passer pour mouton noir plutôt deux fois qu'une : tant aux yeux des aînés de sa famille cousue d'or et de conformisme qu'aux yeux de ses propres cadets, les cinéastes insolents de la « Nouvelle Vague ».

Louis Malle avait son franc-parler, sa lucidité, son caractère entier. Tout comme lui, c'est avec des yeux d'enfant que j'allais aborder le monde. Ce monde, je le comprends. Certes, j'y vis, mais sans en avoir l'envie. En réaction, je m'en bâtis un autre, un à moi. Ainsi, je m'abstiens volontairement de voir le mal, de le déceler, de l'anticiper. Je l'oublie. Le mal, en revanche, il ne m'oublie pas. Lui, en revanche, il ne ratera pas une occasion de me casser la gueule.

Humilié en tant que Bas-Breton lors de ses études médicales à Paris, et néanmoins le Parisien du couple, mon père va s'efforcer de dénicher une préparation à ces grandes écoles d'ingénieurs qui me soit ouverte. Un temps, il envisage de m'inscrire au lycée Chaptal, près de la gare Saint-Lazare. Mais mettre en pension son sauvageon de 16 ans dans un internat à Paris, alors qu'il venait d'écarter le lycée jésuite de Sainte-Geneviève à Versailles, lui donne des sueurs froides. Il renonce. J'échouerai au lycée public Hoche, à Versailles. Mon « camp de base », mon père le veut à Viroflay, où habite son jeune frère, avec sa femme et ses enfants. Ce dernier n'a pas la ressource de me faire une place sous son toit ? Mon père me loue une chambre chez deux vieilles dames, à cinquante mètres de là. Pour mon trajet quotidien Viroflay-Versailles, il m'achète un Solex. Le soir, je dînerai chez l'oncle et la tante. Ils organiseront mes week-ends.

La première semaine de rentrée, j'appréhende. Le lycée est une grande usine. Je n'y connais personne, je n'en sais aucun rite. J'ai deux ans de moins que mes condisciples. Tous, les « anciens » en particulier, ont des habitudes qui me déroutent. Ils appliquent leur propre discipline. Ils parlent une langue qui m'est inconnue. Je n'ai plus de repères. Pour limiter mon isolement, je me rapproche de deux « non-Parisiens », un jeune pied-noir venu directement d'Alger et un jeune Normand, fils d'instituteur, originaire de L'Aigle (Orne). Ceux-là, au moins, je les comprends quand ils me parlent. Ils n'utilisent pas des abréviations ou des termes qui me sont étrangers.

Quand arrive l'heure du bizutage, je perds pied. Les « anciens » se montrent très préoccupés par le sexe et la sexualité. J'en suis loin. Ils me parlent sans arrêt de ma « queue », à quoi je leur réponds : « Mais je n'ai pas de queue ! » Ce qui provoque l'hilarité générale parmi la dizaine de classes du lycée. Je suis devenu la risée de deux cents adolescents, travaillés par la puberté, la pulsion sexuelle et l'acné. Lors d'une séance collective, je touche le fond du désarroi. Le chef du bizutage me demande de rédiger un devoir, en réponse à la question ainsi libellée : « Sachant que le Pont-Neuf fait soixante pieds, démontre que le pompier fait 69. » Ma perplexité déclenche le rire, y compris chez les surveillants. Comment sortir de ce mauvais pas ? J'appelle à l'aide autour de moi. Au lycée, ils sont nombreux à en rire, mais il n'y a personne pour me secourir. En désespoir de cause, le soir venu, dans l'intimité de ma petite chambre, j'écris à mon « petit oncle » pour lui expliquer ce qui se passe. À peine a-t-il pris connaissance de ma lettre qu'il téléphone à ma mère, laquelle prend le premier train pour Paris. Quarante-huit heures plus tard, mes deux parents sont dans le bureau du proviseur. Ils le saisissent de l'affaire. Il lève les yeux au ciel. Les responsables du bizutage seront convoqués et punis. Du même coup, je suis mis au ban des classes préparatoires. Je n'ose plus aller jouer au foot dans la cour, sûr de ne plus y récolter que des coups. Je suis seul, désespérément seul. Je n'ai toujours rien compris.

À Viroflay, c'est pire. Quoique gentilles, les deux petites vieilles sont tristes à mourir. Je me sens mal dans cette banlieue de classe moyenne qui se pousse du col, dans cette petite bourgeoisie guindée et arrogante. Grise et noire, ma chambre dégage une odeur étrange, aussi inqualifiable qu'irrespirable. Et sous le toit d'à côté je ne suis pas plus à l'aise. Mon oncle est juge d'instruction au tribunal de la Seine. Il déborde d'aigreur. À l'en croire, et pour peu que l'on cherche bien, tous les gens sont coupables et il faut tous les condamner. Personne ne trouve grâce à ses yeux, pas même mon père, dont il se moque même continuellement devant ses enfants et moi-même, son neveu. Ses amis magistrats, qui le visitent parfois, n'ont pas de mots assez durs, eux aussi, contre tous ceux qui « font ». Leurs préjugés me font froid dans le dos, qu'ils dénigrent des situations, des races ou des professions. Les médecins sont l'objet de railleries quotidiennes. Y compris mon père, qui passe pour imbécile et voleur. Rebelle poli comme toujours, je me ferme comme une huître. Je ne me rends plus au dîner. Je me trouve du travail pour le week-end. Aussi fréquemment que possible, je m'éloigne de la maison de Viroflay. J'aime marcher dans le bois qui la surplombe.

Mes cousines, plus jeunes que moi, se désolent de me voir disparaître peu à peu. Marie-Paule, l'aînée, celle que je surnomme ma « cousine-sœur », me rend furtivement visite sous la surveillance du duo des « vieilles toupies », lesquelles feront leur rapport au juge ! Notre belle complicité, ne trahit-elle pas l'amorce de quelque comportement prohibé ? Et cependant, comme nous en sommes loin ! Tout ce que nous cherchons, c'est à trouver une issue à notre incompréhension du monde des adultes. Marie-Paule manifeste son mal-être en enchaînant régime et phase de boulimie.

À l'extérieur, j'ai le bonheur de découvrir une personne en qui je puis mettre ma confiance. C'est Yvonne, la femme du cousin chéri de ma mère, un homme génial et insupportable. Eux et leurs trois enfants habitent au bas de l'avenue Mozart, près de la porte d'Auteuil, dans le XVIe arrondissement de Paris. J'y rencontre le beau-père d'Yvonne. Ce grand professeur de médecine m'a visiblement à la bonne ! La famille d'Yvonne appartient à la bourgeoisie catholique haut de gamme. Parmi ses cousins, il y a les Bardot et les Joly.

Mes premières notes sont catastrophiques. À force de travail, je vais toutefois réussir à les redresser en mathématiques. Mais c'est sans espoir en physique : le professeur me terrorise, me traite d'imbécile devant toute la classe. Pas un cours dont je ne ressorte humilié. Alors que je n'ai jamais été aussi déprimé, je songe à abandonner. Avant, par bonheur, de chasser cette résolution honteuse et de me disposer à faire face. C'est ainsi que je décide d'aller trouver le chef du bizutage, un « 5/2 », soit un élève de troisième et dernière année qui doit absolument réussir les concours cette année ; en cas d'échec, car il n'est pas très brillant, il devra se contenter de rien ou de peu – et, pour conclure, ce sera peu, puisqu'il ne pourra intégrer qu'une petite école d'ingénieurs.

Je l'avais déjà ulcéré pour avoir fait appel à mes parents, pour avoir été à l'origine des punitions qui avaient suivi. Qu'est-ce que je risquais de plus ? Lorsque je lui indique que je souhaiterais lui parler en privé, il est au centre, comme à l'habitude, de son clan de grand dadais. Ce garçon-là est très drôle, un acteur-né, un boute-en-train jamais en repos. Malgré les quolibets de ses valets, il accepte de les éloigner pour que nous nous parlions seul à seul. En vérité. Je lui explique d'où je viens. Je lui avoue ma totale incompréhension du monde qui m'entoure. Je lui dis que, bien entendu, je suis encore puceau, qu'il m'arrive de me masturber comme tout un chacun même si je n'ai jamais eu entre les mains un magazine porno, que je ne suis pas « pédé », que j'aime les filles, mais que, pour l'instant, je dois à tout prix redresser mes notes et que je n'aurai pas la moindre chance d'y parvenir tant que je me heurterai à leur mur d'hostilité. J'ajoute que je sais apprendre, que je sais aussi me taire. Qu'il sache que je ne m'étais pas plaint auprès de mes parents du curieux « devoir » que lui, le chef du bizutage, m'avait infligé, mais que j'avais juste écrit à mon « petit oncle » pour lui demander son aide.

À ce moment-là, la cloche sonne. Je m'interromps. Lui qui m'a laissé parler tout ce temps, j'ignore quelle va être sa réaction. Les élèves s'en retournent à leurs salles de classe respectives. Il me quitte, sur une bourrade : « À tout à l'heure ! » Deux heures plus tard, à ma sortie de la classe, je l'aperçois qui m'attend. Il est seul. Un large sourire aux lèvres, il me tend la main : « C'est d'accord. On efface tout. Viens avec moi, je vais te présenter aux copains. » Ils sont six ou sept, des « 5/2 » comme lui. J'ai 16 ans, ils en ont 20. Il leur annonce la nouvelle : « On fait la paix avec le petit Breton. Ce n'est pas lui la balance. » L'un après l'autre ils me serrent la main. Fin du cauchemar. Grâce à ce garçon, je suis réintégré dans le lycée. Désormais sous sa protection, je peux respirer. Des années plus tard, alors qu'il travaille pour le secteur aéronautique, j'aurai l'occasion de lui renvoyer l'ascenseur.

Les vacances de Noël approchent. Je peux désormais compter sur une lueur d'espoir au lycée. À Viroflay, en revanche, c'est l'enfer. Il me vient alors une idée. Je demande rendez-vous au proviseur. Le jour où il me reçoit, il est à mille lieues d'imaginer pourquoi. Lorsque je lui demande s'il me serait possible de devenir pensionnaire pour les deux prochains trimestres, il a une réaction de stupeur. C'est bien la première fois qu'il entend pareille requête de la bouche d'un élève. Les dortoirs sont constitués de box meublés d'un lit et d'un bureau. Les lumières s'éteignent à 10 heures du soir, mais chacun peut continuer à travailler dans le silence, toute la nuit s'il le désire. L'internat est une boîte dont tous les pensionnaires rêvent de sortir, et voilà que moi j'aspire à y entrer… La réponse du proviseur me rassure : « Il y a des box disponibles. » La sincérité de mon remerciement a achevé de le surprendre.

Ce projet, je brûle d'en faire part à Yvonne. Je me rends chez elle à Paris. Nous avons quelques instants devant nous. Je lui relate ce qui m'est arrivé, je lui explique mon plan de secours. Et je lui pose des questions sur le sexe des femmes. C'est avec beaucoup de tendresse et en rougissant qu'elle y répond. Elle me confie à son tour certaines questions personnelles et les réponses qu'elle y apporte. Ce sera notre secret. Nous y serons fidèles jusqu'à sa disparition. Ce soir-là, j'ai placé ma confiance dans une femme qui restera mon amie toute sa vie. Plus tard, viendra un jour où ce sera à son tour de m'interroger et, cette fois-là, ce sera à mon tour de l'éclairer. Et je lui rendrai visite dans sa maison de campagne à Janville, près d'Étampes. Non loin de chez son cousin Patrice Joly, qui demeure à Bouray-sur-Juine.

C'est donc un tout autre adolescent qui s'en retourne à Guingamp chez ses parents. Je fais part de mon vœu dès le repas du soir : devenir pensionnaire au lycée Hoche à Versailles. La surprise est entière, l'incompréhension absolue. Ils vont s'efforcer à longueur de journée d'apprendre ce qui s'est réellement passé pour que j'en sois venu à cette extrémité. De mon côté, j'ai prévu d'en dire le moins possible. Je ne vais pas pousser mon père à me parler de sexe, ni oser lui dire ce que je pense de son petit frère. À l'opposé, je suis à peu près sûr que ma grand-mère saluera ma décision. Je connais son caractère « militaire ». De la vie réglée du pensionnat, qu'ont expérimentée tous ses enfants à commencer par ma mère qui en a conservé le « meilleur souvenir », elle ne peut penser que du bien. Mes parents me donnent leur accord. Nous informons le proviseur, l'oncle et les vieilles toupies. Seule ma cousine Marie-Paule est chagrinée par ma décision.

J'avais déjà mesuré mon handicap en physique, l'hostilité que me témoigne le professeur. Pour m'en sortir, il me faut devenir excellent dans toutes les autres disciplines. Pour finir, et de justesse, je suis admis dans la classe supérieure. Devenu « 3/2 », je demeure un élève moyen qui va devoir se distinguer dans une compétition nationale. Quelle grande école est encore à ma portée ? Je suis entouré d'élèves plus brillants que moi. Aucune chance de terminer dans les premiers. L'École normale supérieure, Polytechnique, on oublie. L'École des mines et l'École des ponts et chaussées, aussi. Il me reste à espérer être admis à l'École centrale ou dans l'une des Écoles nationales supérieures d'ingénieurs. Moi qui n'ai plus l'excuse du petit provincial paumé, je serai donc besogneux ; j'y passerai mes jours, mes nuits et toutes mes vacances.

Et c'est précisément pendant le congé estival de 1960 que, sensible aux conseils éclairés d'un cousin, je vais me fixer un cap. Jean-Michel est un cousin germain de ma mère. Il a six ans de plus que moi. Pour lui qui n'a que des sœurs, je suis un petit frère. J'aime sa fantaisie, son humour, sa bonne humeur. Nous nous retrouvons chaque été à Trébeurden pour de longues escapades, pour des parties de pêche sous-marine ou de nuit à la crevette. À la nuit tombante, nous allons au bord de quelque aber piéger les truites au filet à la faveur du renversement du flot. Il y a une étroite complicité entre nous. Nous avons maquillé nos escapades sous les pires mensonges, nous nous sommes mis dans les situations les plus rocambolesques.

Parce que nous avons souvent à parcourir des kilomètres avant d'atteindre le lieu de pêche, nous avons tout le temps de discuter. C'est ainsi qu'il m'apprend qu'il est près de finir l'école d'ingénieurs de Grenoble, qu'il n'en est pas mécontent et que, puisque je ne peux rêver à Polytechnique, je ferais mieux de faire comme lui, de me présenter à l'école de Grenoble. Car rester à Paris pour ne faire « que » Centrale, ce serait crétin.

En « 3/2 », comme redouté, je me ramasse une gamelle partout aux concours. De mon année de « 5/2 », je garderai un souvenir morne et lugubre, à peine épicé par mes virées nocturnes aux tables de bridge de quelques cercles ou clubs car j'ai appris à faire le mur, à profiter de mon permis de conduire et de ma 2 CV, garée près du lycée. Pour finir, je suis renvoyé le dernier mois. C'est chez Yvonne, seule avenue Mozart, que je vais préparer mes concours aux Écoles nationales supérieures d'ingénieurs (E.N.S.I.). En contrepartie de son hospitalité, je fais ses courses en sabots. Les commentaires des commerçants de la porte d'Auteuil à propos de son « invité » la font mourir de rire.

Je tiens enfin ma revanche : reçu parmi les premiers au concours des E.N.S.I., je choisis Grenoble ainsi que m'y avait encouragé mon cousin.

Au long de ces trois années en région parisienne, mon hyperactivité m'a conduit dans les rutilants appartements ou prestigieux châteaux comme dans les banlieues grises. Yvonne m'a fait rencontrer la grande bourgeoisie parisienne bien-pensante avec ses rites, ses femmes à la voix haut perchée, ses hommes « importants » discutant d'affaires. Je n'en étais ni admiratif, ni envieux, ni jaloux. Yvonne en était consciente. Mais elle savait bien que, en leur présence, je demeurerais courtois, charmeur si besoin était. Je pouvais parler de tout sans me troubler. Elle s'amusait de cette distance, car elle aussi était une rebelle polie. Ayant élevé trois enfants, elle ouvrira en haut de l'avenue Mozart Casabelle, un magasin de déco, rideaux et tentures. Puis, coup de théâtre, elle tombera enceinte pour la quatrième fois. « C'est ridicule, me dira-t-elle. À notre âge, faire encore un enfant ! » Cet événement, elle l'assumera. Ce qui n'était pas simple dans son milieu.

Encore une fois, parce qu'ils m'ont aidé à lutter contre la solitude, trois personnalités se détachent de cet épisode de ma vie : une cousine-sœur, Marie-Paule ; un cousin-frère, Jean-Michel et une cousine-confidente, Yvonne. Je ne sais pas encore exactement ce que j'ai envie de faire, mais je sais à qui je n'ai pas envie de ressembler. Surtout pas à ces bourgeois arrogants et méprisants, fiers de leur « situation », à ces hauts fonctionnaires passés dans le privé, à ces aventuriers en chambre, à ces technocrates qui n'ont jamais quitté leur bureau, à ces intrigants qui ne se sont « élevés » qu'à la force du chantage et du mensonge… Dès qu'ils m'apercevront dans leur champ de vision, ils sauront que je suis leur ennemi… pour toujours. Incapables de construire, ils jouissent hélas d'une force de nuisance inversement proportionnelle. J'ai payé pour le savoir.

*

Après l'été passé à Trébeurden, où mes parents ont acheté une petite maison de pêcheurs (une pièce en bas, une cuisine, trois chambrettes à l'étage, une salle de bains rustique) au cœur du bourg, je pars pour Grenoble au volant de la Citroën Ami 6 à laquelle mon père vient de préférer une Simca Aronde.

Une chambre m'attend à la cité universitaire. Pour le cousin Jean-Michel, étudier à Grenoble lui permet de faire du ski une grande partie de l'année, le plus souvent aux Deux-Alpes. Pour moi, ce sera la liberté tout court. Aux dépens de la jeune Parisienne dont j'étais tombé amoureux pour la première fois, une blonde au visage angélique, fille d'un grand bourgeois, riverain du parc Monceau. Je l'avais cru ingénue. Elle s'était révélée délurée. J'en suis dingue mais, loin des yeux, loin du cœur, une fois à Grenoble le feu s'éteindra peu à peu.

Je pratique le rugby, un sport de combat qui réclame vélocité et agilité. Je joue tantôt au poste de talonneur, tantôt au poste de pilier. Original : je brille par ma grande pointe de vitesse. Après des années de plaquages sur des terrains gelés, spectaculairement « virils » lorsque nous rencontrons l'équipe des ouvriers de Neyrpic (aujourd'hui Alstom) avides de « se payer les étudiants », cette passion va s'effilocher. Il y en a une, en revanche, qui continue de m'exciter : les cartes en général, le bridge en particulier que m'avait appris Jean-Michel. Un bar, Le Jura, devient mon quartier général. Nous y jouons au tarot, avant de filer au club de gin-rummy et de bridge. Je me tiens très informé. Annonces, enchères, jeu de la carte : j'aime résoudre les problèmes des journaux spécialisés. À table, la conversation roule autour des meilleurs coups de nos derniers tournois. Car nous prenons part à des compétitions régionales en Rhône-Alpes, et depuis peu en Provence et Côte d'Azur.

Je gagne, je perds. Nous nous amusons follement – aussi survolté que ma mère, j'anime en même temps un ciné-club, fais le barman aux Deux-Alpes, milite à l'Unef et vais faire le coup de poing à Paris contre ceux d'Assas, Devedjian, Longuet, Madelin… – si bien qu'à la fin de la première année… je me vautre ! Pour n'avoir recueilli que 9,8 de moyenne, je suis condamné à redoubler. La honte. Je suis furieux contre moi-même, je peste contre le monde entier. Mais j'ai récolté le fruit de ma dispersion. Il est temps pour moi de rentrer dans le rang.

À la rentrée, je prends une chambre éloignée du club de bridge. Je renonce au rugby, au ski, aux bars. Mais je ne sacrifie pas le cinéma, la musique classique et, dorénavant, le jazz. De la campagne dauphinoise que j'explore inlassablement, je rapporte en Bretagne de vieux objets. Je continue d'aller à l'aurore aux champignons, après le bridge. Mais, au rayon des études, je me suis bien ressaisi. Je me passionne à fond pour la science et la technique, et sans me limiter aux programmes ni aux objets d'étude de mes professeurs. Je me documente sur la géologie, sur les « courants faibles électroniques ». Je passe une partie du temps dans un autre établissement, l'École du papier. Tout l'éventail des disciplines scientifiques enseignées sur le campus m'attire et me fascine. Je découvre la biologie, la physique nucléaire. Je dévore les revues académiques, les magazines grand public.

Et, pour cette fois, ma légendaire dispersion ne m'empêche pas d'obtenir mon diplôme d'ingénieur hydraulicien. J'ai un métier, comme le disait mon père, mais je ne suis pas pressé de l'exercer. La vie de bureau, très peu pour moi. Je ne me sens bien que dans les laboratoires et les usines. Si je demeure sensible à la beauté, à l'inexplicable, à Dieu et à Mozart, moi qui ai fait le tour du mont Athos, qui ai partagé la vie des moines et des ermites, qui ai goûté les chants des chœurs orthodoxes, je suis impatient d'accéder aux leviers de la science et de la technique. Pour pouvoir transformer le monde. Ces années qui précèdent et, sourdement, annoncent les « événements de 68 », sont des années de liberté. L'explosion étudiante viendra les parachever. Il est clair pour moi dès cette époque, et encore aujourd'hui, que les révolutions ne se déclarent jamais quand l'asservissement est total. Il faut qu'un peu de liberté soit octroyée, et c'est seulement alors qu'on la veut tout entière. Sans la formidable évolution des mœurs qui couvait, les jeunes bourgeois n'auraient pu soulever assez haut le couvercle de la révolte libertaire.

Gloire, pouvoir et argent : parmi ce triptyque de base ma grand-mère préférait le premier attribut et méprisait le troisième ; je vais m'orienter vers le deuxième. Je ne me vois pas poursuivre une carrière scientifique que viendrait couronner un prix Nobel ; je n'ai pas pour ambition de devenir riche, moi qui peux gagner en une seule soirée de bridge de quoi tenir tout un mois ; il me reste le pouvoir, non pas le Pouvoir mais, en favorisant la diffusion des avancées des sciences et des techniques, le bonheur de me rendre utile. Et c'est ainsi que j'envisage de devenir un journaliste scientifique, un traducteur, un transmetteur, un accélérateur du progrès scientifique, technique et industriel.

Mais qui donc peut me former à cette spécialité d'avenir ? Je m'informe. Pour découvrir qu'elle est enseignée dans une université américaine, à Columbia, une ville moyenne (100 000 habitants) de l'État du Missouri, en plein cœur du Middle West. Université publique fondée en 1839, Missouri-Columbia University accueille en effet la première au monde des écoles de journalisme. Missouri School of Journalism a vu le jour en 1908 à l'instigation d'un certain Walter Williams. Le coût de l'année d'étude est abordable, et ça sent bon l'aventure : je m'inscris et achète mon billet d'avion aller.

C'est à bord d'un Super Constellation à hélices que je franchis l'Atlantique, après une escale en Islande. Débarqué à New York, je saute dans un car Greyhound qui me conduit à Saint-Louis, puis jusqu'à Columbia. Mon premier hébergement : une auberge. Je pars confirmer mon inscription à l'université, avant de passer en revue les petites annonces. Je jette mon dévolu sur un appartement avec deux chambres, que je partagerai avec un étudiant syrien. Il se laisse surnommer « Sam », diminutif nullement dérivé de Samuel mais, dans son cas, du prénom Oussama. Après avoir trouvé le toit, je recherche le moyen de transport. J'achète une Ford 1952. Elle ne paie pas de mine. Personne n'en veut. Je l'obtiens pour 50 dollars. Je connais la réputation du moteur. Increvable, il tracte depuis des lunes les tire-fesses individuels des stations de ski des monts Ozark, entre les hauteurs des vallées de l'Arkansas et du Missouri. Ma vieille auto ne me trahira pas. Elle me transportera en Californie et dans le Maine. À son volant, je vais parcourir pas moins de 40 000 kilomètres.

Lorsque j'ai été confirmer mon inscription, j'ai été prié de prendre des cours de base de journalisme en même temps que de jeunes étudiants tout juste sortis du lycée. Mais, en sus de l'enseignement du journalisme scientifique, j'ai été invité aussi à suivre des cours complémentaires, et qu'importe s'ils sont sans rapport direct avec l'objet principal de mes études. Cette université est décidément faite pour moi ! En sorte que je m'oriente vers l'histoire médiévale, vers un peu de philosophie et même vers l'histoire des religions – pour le cas où ça me reprendrait un de ces jours. Une carte d'accès à la bibliothèque universitaire m'est délivrée. Elle fera ma joie pendant mon séjour à Columbia. Gigantesque, le bâtiment se dresse au centre du campus. Les livres sont dans un état impeccable. Je peux en consulter une dizaine en quelques minutes. Je découvrirai Bertrand Russell, Wittgenstein, Whitehead, Adamov...

Parmi les vingt mille étudiants, je suis le seul Français. Je rencontrerai moins d'Américains que d'étudiants de toutes les régions du monde, Asie, Afrique, Amérique centrale et du Sud, Canada, Moyen-Orient, etc. Loin de l'Europe, j'ai tout à apprendre. Les filles des Philippines, celles des Bahamas me transportent dans d'autres cultures. Je suis plus réservé sur celle des États-Unis. Pour la plupart de mes interlocuteurs américains, ce n'est pas la culture, la science et l'humanité qui sont au premier plan, c'est l'argent qu'ils espèrent gagner et la bonne gestion de l'économie américaine.

Aucun de ces étudiants américains n'a mis le nez hors du Missouri, et encore moins hors des États-Unis. Moi, je suis bien décidé à voir du pays, à pousser aussi loin que possible ma vieille Ford. Mais mon budget disponible est plus limité que mon ambition. Alors je fais des petits boulots de temps en temps. Je deviens le chauffeur d'un étudiant fortuné qui doit se rendre à La

Nouvelle-Orléans, soit à près de mille kilomètres de Columbia. Arrivé sur place, je chanterai chaque soir au piano-bar de la taverne du fameux flibustier des Antilles Jean Laffitte, à la Laffite's Blacksmith Shop, à l'angle de Bourbon Street et de St-Philip Street, en duo avec le pianiste, un Suisse. C'était tout de même plus charmant que de servir au Kentucky Fried Chicken.

Arrive mai 1968. Les communications sont interrompues avec la France. Mes parents, qui savent que je ne roule pas sur l'or, sont terrorisés. Ils n'ont plus aucune nouvelle de moi. Que je sois à court d'argent, c'est si vrai qu'un beau soir il me prend de retourner au bridge, moi qui m'étais juré de l'abandonner pour toujours. Par chance, les réflexes me reviennent. Je gagne de quoi vivoter les prochains mois, de quoi satisfaire ma nouvelle passion pour le jazz.

À La Nouvelle-Orléans, je fréquente volontiers le Preservation Hall. Les Américains ne le prisent guère. Ils ne voient pas l'intérêt d'y écouter les anciennes gloires du jazz, et préfèrent les boîtes de strip-tease du French Quarter. Moi, c'est le contraire ! L'une de mes vedettes préférées, le clarinettiste Barney Bigard, s'y produit tous les soirs. Je m'y fais des amis anglais, jeunes musiciens. Ils rêvent de jouer avec tous ceux-là. Nous réussissons à organiser des après-midi de jazz entre nos chers vieux Noirs et nos jeunes Blancs. Une merveille !

De retour dans le Missouri, je passe mes week-ends à les entendre chanter et jouer dans les boîtes ou dans les clubs. Je consulte les journaux pour m'informer des prochains concerts à Saint-Louis et à Kansas City, l'une et l'autre à deux heures de voiture de Columbia.

Mais LA rencontre de ces années-là, celle qui plus ou moins indirectement dictera mes premiers pas dans la vie professionnelle, je la dois à mon professeur de journalisme scientifique. Cette femme a invité en effet le mathématicien Jacob Bronowski (1908-1974), le co-équipier de John von Neuman, l'auteur de la théorie des ensembles et de la théorie des jeux, à nous parler de l'évolution de la science en biologie. Juif polonais né à Lodz, réfugié en Grande-Bretagne, il prend la nationalité britannique et devient responsable de la politique charbonnière au lendemain de la Seconde Guerre mondiale. Par la suite, il gagne les États-Unis à l'invitation de Jonas Salk, l'inventeur du vaccin contre la polio, qui venait d'ouvrir un centre de recherches à San Diego (Californie). À Bronowski, il a offert la direction d'un département. Pendant sa conférence, ce petit homme aux grosses lunettes nous éblouit par sa culture phénoménale. Il nous dresse un tableau spectaculaire des avancées en biologie moléculaire. Je suis scotché. À l'issue de son exposé, je m'étonne un peu d'être le seul à lui poser des questions, mais il faut croire que la lecture y prédispose ! Résultat : après coup, mon professeur, Bronowski et moi nous retrouvons tous les trois au bar. Bronowski m'invite à lui rendre visite à San Diego. Il insiste. J'y suis attendu la semaine prochaine. Il me remet de quoi payer le billet d'avion. Et, pour que je sois en règle avec mes autorités universitaires, il leur certifie que je pars là-bas pour un mois de stage.

Mais je ne prends pas l'avion : je préfère partir avec ma vieille auto. Ainsi, je verrai le Texas et l'Arizona. Je m'arrêterai à Los Angeles pour y saluer quelques copains qui étudient à l'université, avant de piquer plein sud vers San Diego. Où je passerai un mois de folie.

Bronowski poursuit ses travaux à distance, mais en liaison avec Roman Jakobson. Ce dernier, linguiste d'origine russe installé à Harvard, aux États-Unis, depuis 1949, a démontré que le chien mémorise. Il y a donc bien un contenu expérimental à mettre en rapport avec la mémoire, mais est-il possible d'en observer l'expression biologique dans le cerveau ? Dans le laboratoire qui jouxte celui de Bronowski, on étudie la probabilité de l'origine de la vie à partir d'une réaction minérale. Fruit d'un hasard ou d'une volonté divine ? Ce labo reçoit régulièrement la visite de Francis Crick et James Watson, ceux à qui la découverte de la structure de l'ADN a valu le prix Nobel en 1962, ainsi que celle de Jacques Monod, qui a reçu le Nobel en 1965 pour ses travaux en génétique. Le thème qui donnera son titre au livre qu'il publiera ultérieurement, *Le Hasard et la Nécessité*, et qui rencontrera un immense succès, est déjà au centre de l'allocution qu'il prononcera bientôt au Collège de France.

Je passe tout mon temps au labo. J'écoute ce qui se dit, j'émets des idées, j'entre dans les discussions. Bronowski me confie un travail. Je ne m'en sors pas à mon avantage, mais tant pis :

entretemps, j'ai fait celui des autres, lesquels en sont satisfaits et le lui font savoir en le remerciant de m'en avoir laissé le loisir.

Avant mon départ pour le Missouri, Bronowski m'invite à déguster un homard dans un restaurant, au dernier étage d'une tour. « You are cute », me dit-il. « Sache que tu peux revenir ici comme tu veux, quand tu veux. Et Jonas Salk est prêt à te payer très cher. Mais il faudrait que tu arrives à travailler pour toi, pour toi seul et pas pour les autres. Sinon, tu seras ici bien le seul à ne pas profiter de tes propres idées. Et ce serait dommage. Retourne dans le Missouri, mais n'oublie pas que tu es le bienvenu à San Diego. »

Rentré à Columbia, je reçois mon diplôme. Et je fais savoir à Bronowski que je me vois pas faire ma vie aux États-Unis, que je ne pourrai pas mettre l'argent au premier plan comme font les Américains. Ce choix me coûte, mais je dois voir où est ma priorité. Bronowski objecte, argumente, avant de respecter ma décision. Ce sera la France. Avant de me quitter, il me recommande d'aller trouver Jacques Monod à mon retour à Paris. Il m'assure qu'il m'attend.

De fait, Jacques Monod est bien de ceux qui m'ont aidé à faire mes premiers pas, à partir d'un certain jour de décembre 1968, à la Délégation générale à la recherche scientifique et technique (DGRST).

9

Ce que j'ai appris de la recherche

C'est à la Délégation générale à la recherche scientifique et technique que, en décembre 1968, débute ma vie professionnelles dans un petit bureau, au dernier étage d'un immeuble situé près de l'Assemblée nationale. J'y suis entré grâce à certains collaborateurs de Pierre Aigrain, le nouveau patron, rescapé de Mai 1968 et des turbulences universitaires. Jacques Monod m'avait suggéré de postuler, ainsi qu'Hubert de Jouvenel, un grand scientifique et un prospectiviste. Je crois avoir également bénéficié du fait que cette administration marginale n'était pas spécialement convoitée par les grands corps de l'État, dont je n'étais pas issu, pas plus que par les grands scientifiques dont les carrières se jouaient dans les laboratoires.

Moi qui prévoyais d'y travailler seulement quelques mois, j'y passerai douze années – jusqu'à ce jour de 1981 où Pierre Dreyfus, ministre de l'Industrie, m'invitera à le rejoindre au poste de directeur de cabinet à quelques pas de là au 101, rue de Grenelle. J'ai 25 ans, je suis le benjamin de l'équipe. Sous l'autorité d'une femme ingénieur des Ponts, au caractère trempé, je deviens le spécialiste des prototypes industriels et des dossiers correspondants. Pendant dix ans, à raison d'une vingtaine de dossiers chaque mois, j'anime l'équipe qui va recommander le choix de tel ou tel projet innovant dans tous les secteurs industriels du pays, sauf l'armement. Les responsables du Crédit national font mon éducation financière, bilans, comptes d'exploitation, comptes prévisionnels, etc. Mon mentor ayant rejoint le ministère de l'Équipement, je monte en grade en reprenant son portefeuille, soit l'urbanisme, la construction et les transports. S'y ajoutera la mécanique. Je finis par coordonner les assistants de tous les secteurs. Sans titre particulier, sans supplément de salaire, je deviens le référent technique et industriel, tous secteurs confondus. Au bout de dix ans, deux industriels se proposent de m'embaucher comme directeur de recherches de leur entreprise ; peu auparavant, j'avais ainsi vu partir l'un de mes collègues chez Saint-Gobain. Mais d'autres considérations me retiennent de donner suite.

Car, depuis 1971, l'année marquée par le congrès d'unification d'Épinay qui fit de François Mitterrand son Premier secrétaire, j'ai adhéré en tant que Loïk Prigent au Parti socialiste. Militant de la section du XVe arrondissement parisien, je suis président de la Fédération de parents d'élèves (FPCE) de l'école de mes enfants. Au parti, je ne suis pas un ex-SFIO ni un ex-PSU.

J'appartiens au CERES, de Jean-Pierre Chevènement et Didier Motchane, avec Louis Gallois, Jérôme Clément et d'autres. Nous refaisons le monde. À la demande d'André Boulloche, j'anime une réflexion sur la Recherche.

Par hasard, je me lie à Pierre Bérégovoy qui va tenter de porter un témoignage socialiste dans la circonscription corrézienne du gaulliste Jean Charbonnel, mon ministre à l'époque (du Développement industriel et scientifique, 1972-1974). En 1974, je m'investis à fond dans la campagne présidentielle. François Mitterrand est battu. Lors des législatives qui suivent en 1978, ma spécialisation dans le domaine de l'industrie me fera le côtoyer. Avec discrétion, compte tenu de mes fonctions qui m'amènent à participer à des réunions interministérielles, à être au contact des ministres. J'observe les jeunes énarques qui lui sont présentés par son ami Georges Dayan. Tous se poussent du coude, échangent force sourires et compliments. Mon ami Gilles Martinet est aussi discret que moi. En sorte que, le soir, nous nous retrouvons seuls tous les deux, après le départ du chef. Les législatives sont perdues.

Nous attendrons donc 1981. Mais d'ici là, j'avoue ma lassitude devant le phénomène de cour qui affecte le siège du PS, place du Palais-Bourbon. De même, la vie au sein de la section du XVe et de la Fédération de Paris m'apparaît bien vide, minée par les luttes picrocholines, surtout depuis l'arrivée des gauchistes, de Lionel Jospin en particulier.

En 1979, le président Giscard d'Estaing demande un rapport sur les conséquences en termes d'emploi des innovations scientifiques et surtout techniques (automatisation, informatique...). C'est la DGRST et Pierre Dreyfus, PDG de la Régie Renault de 1955 à 1975, qui sont pressentis. Et c'est moi, « socialiste » de la DGRST, qu'Albert Costa de Beauregard, le conseiller économique et industriel du Premier ministre Raymond Barre, prie d'aller trouver Pierre Dreyfus pour lui exposer le projet, et pour le convaincre d'accepter de le superviser.

À cette époque, s'il a effectivement quitté la présidence de la Régie, Pierre Dreyfus continue d'y jouer un rôle. Il préside Renault Finance, société de droit suisse domiciliée à Lausanne, laquelle dispose d'un bureau à Paris dans l'immeuble du fringant Pub Renault des Champs-Élysées. Je suis accueilli par une dame âgée, quoique moins âgée que lui (73 ans). La pièce est sombre et vide, médiocrement éclairée par une seule lampe. Je m'avance vers l'homme, sans rien distinguer d'autre qu'une paire d'yeux, lorsque s'élève une petite voix, très douce, qui me prie de m'asseoir et de lui expliquer le motif de ma visite. Intuition soudaine et irrépressible, je comprends instantanément que ce n'est pas parce que j'ai été missionné par Matignon qu'il me reçoit, mais parce que le directeur des recherches de Renault lui a parlé de moi favorablement. Qui a séduit l'autre le premier ? Je n'en sais rien. Deux heures plus tard, longtemps après le départ de sa secrétaire et alors qu'il était déjà largement l'heure de dîner, nous poursuivions toujours la conversation.

Pierre Dreyfus accepta la proposition. À condition que je dise bien que ce rapport était son œuvre, à lui seul et pas l'œuvre d'un quelconque comité, alors que ce serait à moi de le rédiger, après que nous eûmes tous deux rencontré techniciens et chefs d'entreprise. Nous nous mettons d'accord sur les personnes à voir. Il m'indique leurs numéros de téléphone et leurs adresses. Je rédige une liste de questions. Il la corrige. Nous choisissons le jour de la semaine où il se rendra disponible. Puis, pendant six mois, nous allons recueillir les témoignages de tous, chefs d'entreprise, directeurs de recherche, syndicalistes, patrons… Un vrai bonheur ! Il nous arrive de nous arrêter de temps en temps pour ce que Pierre Dreyfus appelle des « parties de tennis intellectuel ».

J'entame la rédaction du rapport. À la lumière des chiffres et des réponses à nos questions, il apparaît bien vite que l'emploi industriel va s'effondrer dans les prochaines années, que des secteurs entiers vont disparaître. Pierre Dreyfus a une remarquable technique d'interview. Nos interlocuteurs ont manifesté une vive lucidité, une totale sincérité. Il est clair que l'essor de l'informatique va frapper d'obsolescence une grande partie de nos usines, tandis que notre effort de recherche aura été trop insuffisant pour permettre à d'autres secteurs de prendre le relais. Car, à la même époque, nous savons que Japonais et Sud-Coréens maîtrisent les techniques de l'infiniment petit (la miniaturisation) tandis que les Allemands continuent d'exceller dans leurs entreprises moyennes de haute technologie. Aucune de nos grandes entreprises françaises n'a les reins assez solides pour affronter ces transformations. Toutes risquent de se laisser distancer, sans espoir d'un prochain rattrapage. Quant aux grosses PME innovantes à l'allemande, il n'y en a quasiment pas en France. L'avenir est sombre, si sombre et si désarmant que j'en frémis moi-même à mesure que je progresse dans la rédaction.

À l'approche de la présidentielle de 1981, je me retrouve entre deux feux. Le Premier ministre Raymond Barre a présidé naguère un comité à la DGRST, « Socio-économie du développement ». J'ai beaucoup d'admiration pour lui, je crois qu'il m'aime bien. Je connais aussi Jacques Delors. Lui et Pierre Dreyfus préparent François Mitterrand au débat sur l'économie. Il m'arrive de faire des notes sur l'industrie à la demande de Pierre Dreyfus, et à destination du candidat socialiste.

Mais le jour où j'annonce à Pierre Dreyfus que, après la remise du rapport, je projette de quitter la DGRST pour devenir directeur de recherches d'une grande entreprise, il m'arrête. De sa fameuse voix douce, il me rétorque que mon intention n'est pas du tout conforme à ce que Raymond Barre et lui-même ont prévu à mon sujet. Ils sont convenus, en effet, que je resterai à mon poste jusqu'au soir du scrutin, que le rapport ne sera pas publié, et que je ne prendrai part à la campagne présidentielle qu'en rédigeant des notes à la demande soit de lui-même, Pierre Dreyfus… soit du Premier ministre. Raymond Barre me le confirme le surlendemain : « Quel que soit le cas de figure en mai 1981, on aura besoin de vous ! »

Tant et si bien que je serai de plus en plus fréquemment convoqué à Matignon par le conseiller industriel Albert Costa de Beauregard, sans cesser pour autant de rédiger des notes à l'attention du camp d'en face. Les deux parties me demandent de décortiquer des entreprises, des secteurs techniques. Ce que j'adore faire. On pourrait me soupçonner de schizophrénie. Ça n'est aucunement le cas. Je décris objectivement les réalités, je fais état des prévisions qui font consensus. Ces réalités et ces prévisions, elles ne varient pas. Ce sont les mêmes selon que je m'adresse à X, ou que je m'adresse à Y. Mais ce respect de l'objectivité ne pouvait pas m'interdire de me forger une opinion personnelle sur certaines mesures.

Ainsi, je m'étais opposé à Jean-Pierre Fourcade. Ce ministre de l'Économie (1974-1976) avait fait sensation en déclarant : « L'État n'est pas là pour aider les canards boiteux. » Il estimait préférable que, pour assainir les banques, disparaissent les entreprises ayant trop régulièrement recours à l'emprunt. Mon message était, et je m'y tiens encore aujourd'hui : qu'une entreprise s'endette pour courir des risques techniques d'avenir, elle doit être encouragée ; qu'elle s'endette pour seulement « sauver » des unités de production ou des produits vieillissants, elle s'enterre et nous tous avec. Avec le mot d'ordre de Jean-Pierre Fourcade, on avait déjà tué la moitié des entreprises innovantes du pays ; il fallait bien arrêter le massacre ! Nos pays développés ne peuvent survivre à la mondialisation de l'économie sans renouvellement, sans innovations successives, sans utilisation des techniques de pointe, et donc… sans financement des investissements. C'est ainsi qu'à mon échelon, je préparais d'année en année l'alternance politique.

*

Trois personnalités ont marqué la DGRST : Pierre Aigrain, Bernard Grégory et Hubert Curien. Trois personnages charismatiques, au destin exceptionnel, qui inspirent confiance à la communauté scientifique, laquelle attend d'eux une reconnaissance et des moyens de travail.

Pierre Aigrain incarne la fulgurance, le brio, l'imagination. Il a fait Navale, l'Aéronavale à Norfolk (Virginie) aux États-Unis, obtenu dans ce même pays un diplôme d'électrotechnique. Il a failli cent fois crasher des avions. Personne n'était plus fantasque. Pour peu, et cela le prenait fréquemment, que lui vienne une idée lumineuse, il était capable d'oublier à la seconde même ce à quoi il s'employait. Son attention pouvait se détacher totalement de son esprit, de son corps et du contexte. Jusqu'à enfreindre les règles de vigilance les plus élémentaires. Quels périls faisait-il courir lorsqu'il était aux commandes d'un avion ou seulement même dans une cabine de pilotage !

Rentré à Paris, Pierre Aigrain est le seul non-normalien à avoir autorité dans les laboratoires de physique de la grande école normale de la rue Ulm. Il est le père des semi-conducteurs, et donc le père de l'électronique française. Il aurait pu briller à l'intérieur de ce seul domaine, jusqu'au jour où il aurait été couronné d'un prix Nobel par l'académie d'Oslo. Mais, boulimique et insatiable, il a des idées sur tout, l'éducation, l'université, la recherche et son organisation. Il a été directeur des enseignements supérieurs. Après mai 1968, délégué général à la recherche scientifique et technique, il rapporte directement à Jacques Chaban-Delmas, Premier ministre, et à ses conseillers Simon Nora et Jacques Delors. Son hyperactivité l'incite à faire autant de promesses qu'il lui vient de prodigieuses nouvelles idées. Et tandis que mon patron dit oui à tous, je dois dire non à beaucoup… Mais c'est un homme tellement extraordinaire qu'on lui pardonne tout. Ces fulgurances sont parfois de vrais traits de génie. Fort logiquement, Raymond Barre l'appellera auprès de lui en 1978 en lui confiant le secrétariat d'État à la Recherche.

Nommé en 1976 à la DGRST, Bernard Grégory vient de quitter la direction générale du CNRS. Sa personnalité est à l'exact opposé de celle de son prédécesseur. Brillantissime ancien élève de Polytechnique et de l'École des mines, il suit le parcours de la méritocratie classique, à cet écart près : il aurait pu préférer une carrière dans l'industrie à des responsabilités dans la recherche. Mathématicien devenu physicien, Bernard Grégory est un fanatique du raisonnement permanent. Il ne dispose jamais d'assez de repères, à l'inverse de l'aventurier qu'était Pierre Aigrain. Il analyse tout jusqu'au détail le plus infime. Avec lui, un rendez-vous entre deux portes peut parfois se transformer en congrès. « Il faut que je me re-normalise », disait-il. Parce qu'il lui faut absolument refaire tout le cheminement de pensée pour en venir au sujet à traiter, deux heures d'échanges suffisent rarement à le mettre en situation de décider. Et il faudra donc y revenir…

Du point de vue technique et scientifique, cet homme que l'on aurait cru exclusivement réfléchi et prudent, devenait un bulldozer. Certains programmes autour desquels des scientifiques se déchiraient, Bernard Grégory avait assez de détermination pour les remettre sur la bonne voie. Il incarnait l'esprit scientifique dans ce qu'il a de plus beau. Mais, placé sous l'autorité d'un secrétaire d'État, l'obscur M. Sourdille, il n'avait plus accès direct au Premier ministre. Bernard Grégory aurait pu exiger davantage de considération et de liberté d'action. Malheureusement, il était discipliné. Et il s'épuisait à expliquer nos préoccupations à son médiocre secrétaire d'État, sans espoir et, bien entendu, sans résultats. Écouté du monde scientifique, il ne comprenait pas pourquoi le monde politique lui résistait, pourquoi il s'intéressait follement à l'écume des vagues et jamais à l'océan lui-même.

J'ai été le témoin ému de son désarroi. Pour lui, j'étais l'homme des solutions, le tacticien. Hélas, les attitudes que je lui suggérais heurtaient sa philosophie, sa rigueur, son moi profond. « Loïk, me disait-il affectueusement. Attention : bon à tout, bon à rien ! » Il était certes capable de pousser des interlocuteurs à avouer leur incompétence ou leur ignorance de certaines connaissances à ses yeux fondamentales, mais il ruinait sa santé à vouloir se faire entendre du mur politique. Et c'est un délégué général découragé qui est rentré un soir chez lui. Pour y mourir dans la nuit, lui dont le brio scientifique aurait pu être consacré par un prix Nobel de physique.

La troisième personnalité est celle qui fera la plus longue carrière : Hubert Curien sera délégué général, puis ministre de la Recherche sous les deux mandats du président François Mitterrand, au sein du gouvernement Fabius (1984-1986) et ensuite, de 1988 à 1993, au sein successivement des gouvernements Rocard, Cresson et Bérégovoy. Normalien, il a poursuivi une carrière universitaire classique. Ce physicien s'est toutefois spécialisé dans une discipline peu connue du grand public : la cristallographie. Il est directeur général du CNRS lorsqu'il prend la tête de la DGRST. Souriant, mesuré et poli, cet homme n'en est pas moins en acier trempé. Il a foi en la recherche, mais il aime aussi l'art en général et l'art contemporain en particulier. Scientifique devenu un grand politique, il sait comment manœuvrer pour parvenir à ses fins. Il utilise toujours son charme à bon escient. S'il lui est parfois nécessaire de plier ou de flatter, jamais il ne perd de vue l'objectif essentiel.

Par exemple, Hubert Curien estime indispensable que la France puisse disposer d'un secteur de recherches spatiales, qu'une part de l'effort public lui soit consacré et qu'un maximum de laboratoires y soient associés. Sans jamais braver de front ses contradicteurs, il leur tient tête. Avec un brio étourdissant, dont j'ai été si souvent témoin. Passé maître dans ses palabres à l'africaine, il est capable de souscrire pendant une heure aux arguments de son contradicteur, jusqu'à lui suggérer une décision opposée en sortant soudain de son chapeau un ultime argument, ultime et incontestable, dans les cinq dernières minutes. Sa rhétorique nous fascinait. Tout le monde passait des moments exquis en sa présence. S'il le fallait, il prolongeait ses tête-à-tête avec les inspecteurs des Finances, personnalités politiques, énarques et contrôleurs de tout poil, sans trahir la moindre lassitude. Je voyais ces derniers sortir de son bureau l'air réjoui, ne doutant pas une seconde d'avoir réussi à le convaincre. La porte se refermait. Hubert Curien se tournait aussitôt vers moi : « Mais il est complètement stupide, ce type-là ! » Décédé en 2005, je tiens à souligner qu'Hubert Curien a été, et restera pour la postérité, le père du spatial français.

À dire vrai, nous n'avons pas rencontré que des fâcheux « stupides » parmi nos interlocuteurs de la haute fonction publique. Car il s'est trouvé en particulier un homme pour nous épauler : Roland Morin. Il a fait Sciences-Po, l'ENA, siégé à la

Cour des comptes et, cependant, c'est à défendre la recherche scientifique et technique qu'il consacre sa vie. Sous le fonctionnaire au parcours classique, transparaît un personnage original. Charmeur, adoré de tout le personnel féminin, il se charge de présenter nos scientifiques à l'administration des Finances, et à l'administration tout court. La mission n'est pas de tout repos si l'on songe que les scientifiques sont des gens passionnés, frondeurs, malades de leur ego et qui s'insurgent pour peu qu'on leur chipote des financements dont, toutes affaires cessantes, dépend le sort de l'humanité. Roland Morin s'est comporté en porte-drapeau d'une profession, celle de chercheur, qui aura eu le tort de le mépriser. Regrettable ingratitude ! Il défendait notre famille sans lui appartenir, ce qui lui a valu de se couper de toute l'énarchie. Par la suite, il deviendra conseiller de Jean-Pierre Chevènement lorsque, ministre de l'Industrie ce dernier présidera aux destinées de la Recherche de 1981 à 1983.

*

Quels grands projets a initiés ou accompagnés la Délégation générale à la recherche scientifique et technique à laquelle j'ai consacré douze années de ma vie ? Pour s'en faire une idée, il faut préciser qu'elle se distingue nettement des administrations classiques. La DGRST est une équipe de francs-tireurs. Disposant de petits moyens, payés chichement, nous avons conscience, par vocation et par définition, d'être associés à une vaste communauté scientifique et technique, et c'est là l'une de nos fiertés, dont nous portons les espoirs. Mais, en tant qu'administration, et conformément à sa mission, nous portons aussi les espoirs de la collectivité. La DGRST doit donc faire constamment le lien entre ces deux pôles, dont la relation est toujours plus ou moins tendue.

La recherche fondamentale rime avec exploitation économique lointaine et seulement éventuelle, c'est un point acquis. Nous connaissons et nous respectons la psychologie du chercheur. Sa dynamique est dans sa présente interrogation, pas dans l'utilisation des résultats de ses travaux. Il veut la liberté. La collectivité doit lui apporter les moyens requis par sa recherche puisqu'il a tout abandonné pour elle. Ainsi les physiciens qui travaillent sur les accélérateurs de particules ne comprennent pas pourquoi il faut tant de temps pour réunir les financements du CERN, puisque l'avenir de l'humanité en dépend ! Il faut donc consacrer une partie des crédits de recherches à cette génération spontanée des objectifs et du programme déjà « pour connaître ».

Mais la collectivité peut-elle accepter que la communauté scientifique puisse exercer ce « droit » sans condition ou sans contrepartie d'aucune sorte, qu'elle ne soit jamais priée de justifier la consommation des crédits qui lui ont été alloués ? C'est tout le débat depuis l'origine. « Nous n'avons pas besoin de chercheurs, nous avons besoin de trouveurs » : quel tollé avait soulevé en 1978 parmi la communauté scientifique ce propos d'André Giraud, ministre de l'Industrie sous la présidence de Valéry Giscard d'Estaing ! De fait, et voilà pourquoi il s'agit d'un faux débat, le premier objet de la recherche, c'est de tenter de comprendre la nature. Les résultats de ses travaux, s'ils sont de qualité, trouveront un jour ou l'autre une utilisation. Mais celle-ci ne peut pas être prédéterminée par le chercheur. Par exemple, les recherches sur l'ADN pourront donner lieu à une industrie, quoique pas avant des dizaines d'années. C'est au délégué général que revient ce travail d'équilibriste entre la recherche fondamentale et la recherche orientée. Principal obstacle : l'idéologie. Par tradition, le monde de la Recherche est politiquement plutôt à gauche. Il redoute à l'époque que les résultats des travaux aillent gratuitement au secteur privé et que, subséquemment, ce soit le « Grand Capital » qui détermine l'orientation de leurs recherches. Cette hostilité radicale est souvent le fait de chercheurs très peu ou nullement « fondamentaux », et parfois même médiocres, dont le mobile non déclaré est de préserver de leur pré carré sans rendre de comptes à quiconque. Reste que, à l'époque, la défiance gagne. Le monde de la science met en cause la relation recherche-industrie. Il avait déploré la première convention de collaboration scientifique passée en 1975 entre le CNRS et Rhône-Poulenc, le premier groupe chimique français. Et, dans ces années-là, plus le politique se manifeste, et plus le débat s'envenime. Plus André Giraud exige, et plus nos eaux se troublent. Car c'est bientôt tout le système bâti par le général de Gaulle et Pierre Guillaumat qui se trouve pris à contre-pied. La DGRST va donc faire en sorte de calmer la communauté scientifique en mettant en évidence l'enjeu collectif.

La France ne peut espérer maintenir ou élever son niveau de vie qu'à condition de demeurer une grande nation scientifique et technique, qu'à condition de participer à l'effort scientifique mondial et qu'à condition de disposer d'un outil industriel innovant et compétitif. De Gaulle et Guillaumat estimaient qu'allouer 3 % du PIB à la Recherche suffisait à financer l'ensemble des besoins futurs. Ayant pour objectif de développer l'indépendance de la France en matière de défense et d'énergie, il était logique qu'une partie du programme de recherche leur soit dédiée. Chercher à savoir à quelle ou quelle industrie l'effort profite avait peu d'intérêt. Mais la défiance est telle que l'on voit même certains chercheurs en biologie préférer « se vendre » aux industriels de la santé en Suisse plutôt que de « se vendre » à Rhône-Poulenc ! À l'heure où le Parti communiste marchande son soutien au Parti socialiste contre la promesse des nationalisations, le giscardisme ambiant est surchauffé. C'est donc à la DGRST que revient de faire travailler ensemble tout ce monde scientifique et technique dans le cadre des « actions concertées » rapprochant les laboratoires publics et les industriels.

Ma conviction est claire : tout ce qui est de qualité doit être favorisé. Pour éviter le naufrage de l'industrie française, il est légitime que ses responsables puissent consulter le monde de la Recherche, qu'ils soient autorisés à recueillir des réponses à leurs questions, sans pour autant tolérer que ces industriels se mêlent de la manière dont les chercheurs engagent, poursuivent ou amendent leurs travaux. Mais la coopération doit fonctionner dans les deux sens. Il y a eu assez de cas où la Recherche se révélait brillante quand, au même moment, les industriels étaient aux abonnés absents.

J'en veux pour exemple ce qu'il est advenu des travaux du Bureau de recherches géologiques et minières (BRGM), qui dépendait de ma sphère d'activité. Le BRGM était fameux pour l'excellence de sa carte géologique partout dans le monde. Il a découvert une grande partie des mines mondiales, et il continue de rassembler toutes les données. En rassemblant tous ses bouts d'industrie (ERAMET et les autres), la France totalisait 12 milliards de capitalisation boursière. Les industriels font les malins. Ils nous expliquent qu'ils sont les premiers dans leur catégorie. En vérité, ce sont des nains par rapport aux trois titans du secteur, BHP (147 milliards), Vale (117 milliards) et Rio Tinto (89 milliards) lesquels titans, soit dit en passant, se sont tous appuyés sur les banques de données du BRGM. Aucun acteur français ne leur arrive à la cheville.

Alors, à quoi a servi cet effort collectif, BRGM, laboratoires du CNRS et des universités associées, poursuivi pendant cinquante ans et plus ? – à rien, ou à presque rien ! Nous autres Français, nous n'avons pas été capables de transformer notre excellence scientifique et technique en développement industriel. Il nous a manqué à la fois des industriels avec le goût du risque et des capitaux susceptibles de s'investir dans les mines. C'est tout de même un comble si l'on songe que le grand corps de l'époque était précisément le corps des Mines, dont était issu le ministre de l'Industrie, André Giraud.

Le deuxième débat découle du premier. Si nous ne nous montrons pas assez efficaces malgré ces milliers de rencontres plus ou moins spontanées entre chercheurs et industriels, c'est qu'il faut nous organiser et planifier, à l'exemple d'un Colbert créant la Manufacture royale à Saint-Gobain. À l'État de fixer les objectifs, d'instaurer la filière susceptible de produire les résultats. Comme il le fait pour la défense. Une fois que tel ou tel programme a défini l'avion, le navire ou le blindé selon les besoins identifiés, une fois qu'il a déterminé le financement, c'est tout l'appareil d'État qui se met en branle. C'est ainsi que, pour l'industrie civile, ont été conçus le programme nucléaire, le programme du Concorde, le programme spatial, le programme Océan… Au crédit de Guillaumat, ajoutons la création d'Elf Aquitaine et le maintien de l'intégrité des grandes sociétés (EDF, GDF, SNCF, Générale des Eaux).

Le succès n'est certes pas garanti à cent pour cent. Besoins nationaux et besoins mondiaux peuvent parfois diverger. Les États-Unis n'ont pas voulu du Concorde, le Rafale ne trouve pas sa clientèle, mais la fusée Ariane, mais la filière nucléaire française, mais le TGV ont réussi leur percée. En moyenne, pareille concentration de moyens réussit techniquement et industriellement. La mondialisation exige cependant que l'on se préoccupe mieux au préalable des clients potentiels. Ce qui n'est pas le trait le plus brillant du génie français. Notre arrogance collective de donneurs de leçons nous a beaucoup coûté. Toute offre, y compris et parfois même a fortiori technologiquement hypersophistiquée et ultraperformante, n'est pas aisément « solvable ».

Néanmoins, nous pouvons revitaliser l'industrie nationale en lançant des programmes de reconquête internationale à partir d'entreprises dont les revenus induits reviendront à l'État. Cette ambition est d'actualité, puisque c'est exactement de cette façon-là que la Russie s'est redressée et que la Chine a bâti son miracle économique.

Quant à moi, je sais que, quel que soit le résultat des élections, je quitterai la DGRST en 1981, au bout de ces douze années.

10

Ce que j'ai appris de l'industrie

François Mitterrand élu depuis le 10 mai 1981 à la présidence de la République, Jacques Delors est nommé ministre de l'Économie, Pierre Joxe reçoit l'Industrie et Chevènement le portefeuille de la Recherche, tandis que, comme convenu, Pierre Dreyfus a droit à un bureau au palais de l'Élysée. Chacun se place et place ses pions. Spécialement une légion d'inspecteurs des Finances et d'ingénieurs des Mines de gauche dont, malgré ma fréquentation assidue des sections du PS et des groupes d'experts, je n'avais jamais soupçonné l'existence…

Pierre Dreyfus redoute plus que tout un effondrement de l'industrie de la machine-outil française. Et je m'emploie à rechercher partout données et éléments de comparaison afin d'échafauder un programme de travail pharaonique. Mon diagnostic : la France ne joue plus qu'un second rôle, et seule une intégration européenne peut nous éviter de disparaître totalement. Je brûle d'impatience.

Mais il se trouve qu'entre Jean-Pierre Chevènement, ministre de la Recherche, et moi, c'est loin d'être l'amour fou… Heureusement, son directeur de cabinet, Louis Gallois, est un ami de longue date. Je n'aspire toutefois pas à occuper sa place, ce dont le président Mitterrand, d'après Pierre Dreyfus, a bien conscience. Ils me prient de patienter. Six semaines passent. Le 22 juin 1981, après le second tour des législatives qui a ratifié à une écrasante majorité la victoire de François Mitterrand, à l'occasion du premier remaniement du gouvernement Mauroy, le portefeuille de l'Industrie revient à Pierre Dreyfus. Ce dernier me téléphone le jour même pour m'annoncer que je serai le directeur de son cabinet, et qu'il compte fermement sur moi pour préparer son arrivée le lendemain mardi au ministère, rue de Grenelle. À peine a-t-il raccroché que son téléphone sonne, sonne et sonne. De toute l'inspection des Finances et du corps des Mines, on l'appelle pour lui recommander des noms et des noms de personnes exceptionnellement qualifiées pour diriger un cabinet tel que le sien. Mais il répond, de sa petite voix, que le poste est déjà pourvu.

… Le mardi 23 juin à l'aube, je débarque au 104-106, rue de Grenelle. C'est une ancienne assistante de la DGRST, Jacqueline, à présent fonctionnaire au bureau du cabinet, qui m'accueille. Je salue mon prédécesseur Gabriel Mignot, qui vient de finir ses paquets, et je m'installe.

Colères oligarchiques, pressions syndicales

Au sortir du Conseil des ministres, Pierre Dreyfus m'appelle pour que je l'accompagne à l'aéroport. Il doit se rendre à Bruxelles pour traiter un dossier auquel lui et son prédécesseur Pierre Joxe, appelé à présider le groupe socialiste à l'Assemblée nationale, ont travaillé la veille. Il est convenu que je rejoigne Pierre Dreyfus à son domicile de la rue Duroc. À peine ai-je pris place à bord de la voiture qu'il me lance : « Eh bien vous alors, vous n'avez pas beaucoup d'amis à l'inspection des Finances ! » Je souris et, du tac au tac, je lui réponds : « Et vous ? » Puis nous passons à autre chose. C'est bien plus tard qu'il m'apprendra que le cabinet du Premier ministre n'avait pas cessé de lui téléphoner depuis le matin pour dénoncer le scandale que soulevait ma nomination.

Le directeur du cabinet de Pierre Mauroy était Robert Lion, inspecteur des Finances. Ce qu'ignorait manifestement cet honorable homme de gauche, c'est que Pierre Dreyfus avait accepté le portefeuille de l'Industrie à condition de m'avoir à ses côtés. Le président de la République lui avait dit que c'était bien ainsi qu'il voyait les choses… « car le mouton noir (alias Loïk Le Floch-Prigent) est encore trop tendre pour être nommé ministre ». Pierre Dreyfus avait une autre idée derrière la tête. Il voulait faire mon apprentissage, en vue de me mettre à la tête d'une entreprise, pour qu'il y ait un prochain jour au moins un homme de gauche parmi le patronat. Il avait lui-même tenu ce rôle sous de Gaulle, Pompidou et Giscard. « Ces gens-là, les grands patrons, ne comprennent rien au social, me disait-il. Il faut que je vous explique. Et, à votre tour, vous leur expliquerez. »

De santé fragile, ce septuagénaire se maintient en forme grâce à un rythme de vie très réglé. Il arrive au bureau à neuf heures. Il en part vers midi pour aller déjeuner avec sa femme. Après une courte sieste, il y revient vers 15 heures. Il n'y reste pas après 18 heures. À chacun sa tâche. Il est là pour décider ; c'est à moi d'organiser, à moi de désigner les membres du cabinet, à moi de faire tenir sur une seule page les éléments des décisions qui relèvent de son autorité. Pour les autres questions, j'ai la délégation de signature. Il se rend naturellement à chaque Conseil des ministres. Mais c'est à moi de le représenter aux comités interministériels. Je connais tous les ministres. « Ce sera facile », me dit-il.

Il est entendu qu'il aura chaque mois un rendez-vous personnel avec le président de la République. Je suis prié de réunir nos requêtes, là encore sur une seule page qu'il lui remettra à la fin de leur entretien. Si, à l'exception de Jacques Delors chez qui nous nous rendons tous les deux, quelque ministre demande à le voir, il n'a qu'à lui rendre visite au 104, rue de Grenelle (bénéfice de l'âge !).

Cependant, jeune ministre du Budget en principe sous les ordres de Jacques Delors, Laurent Fabius insiste vivement pour que Pierre Dreyfus vienne avec moi « rue de Rivoli ». Nous finissons par y aller. Entouré de Louis Schweitzer et de Patrick Ponsolle, Laurent Fabius l'accueille avec chaleur. Il lui donne du « Pierre, Pierre, Pierre... ». Cet assaut de familiarité l'irrite. À plus forte raison lorsque le ministre du Budget ajoute : « On se tutoie, hein, entre socialistes ! » Après un long silence, le regard braqué sur moi, Pierre Dreyfus répond : « Bien sûr. » En vérité, je réalise que pendant les trois heures de leur discussion, il a réussi à éviter le « tu » et n'a utilisé que le « on ». Quel exercice ! À notre retour, il s'isole quelques minutes dans son bureau. Puis il me prie de l'y rejoindre. Ses premiers mots : « Ces jeunes gens ont du culot ! » Je ne réagis pas. Il reprend : « Vous aussi, vous êtes socialiste. Voulez-vous qu'on se tutoie ? Je vous connais tout de même mieux que ce Fabius ! — Non. » Alors il me prend dans ses bras. « Très bien, me dit-il. Mais cela n'empêche pas l'affection. » Tels étaient mes rapports avec cet homme, qui me surnommait « le vice-ministre », accentuant ainsi la jalousie de tous les inspecteurs des Finances de « gôche ».

Deux sujets mobilisaient toute notre attention. La gauche au pouvoir, il fallait en priorité s'atteler au sauvetage de l'industrie et veiller à ce que les entreprises en difficulté reçoivent leur ballon d'oxygène. Les organisations syndicales nous adressaient donc leurs délégations et leurs solutions. La politique industrielle de gauche au chevet de « l'outil de travail », quel beau programme ! Sauf que ce n'était ni du ministère du

Travail, où Jean Auroux jouissait d'une paix royale, ni du ministère de l'Industrie que dépendait sa mise en œuvre, mais du ministère de l'Économie et des Finances et des banques. Mon correspondant permanent là-bas était Pascal Lamy (inspecteur des Finances !), directeur adjoint du cabinet de Jacques Delors. Sympathique mais un peu militaire, il avait des avis sur tout. La cause était entendue. Il était un grand expert du tissu industriel, des usines, de la recherche et Jacques Delors était tout-puissant.

Pendant ce temps-là, je tenais les réunions avec les représentants des travailleurs, parfois accompagnés de leurs femmes et de leurs enfants. Certaines délégations, et il s'en présentait tous les jours, ne repartaient pas avant 2, 3 heures du matin. Traditionnellement, les grilles du ministère se fermaient à la première alerte. J'ai dû convaincre les policiers de laisser rentrer les manifestants. En quoi je respectais à la lettre les consignes de Pierre Dreyfus : « On reçoit tout le monde, on les écoute. C'est le premier principe. On ne doit jamais montrer d'impatience. C'est à eux de décider quand le moment est venu de partir, jamais à nous. À la rigueur, dites-leur de temps en temps : "Bon, vous avez tout dit." Le second principe : voyez avec le patron d'entreprise ce qui lui est possible de concéder ; et dites-lui ensuite de faire en sorte que les organisations puissent se targuer d'une grande "victoire syndicale". » J'ai retenu sa leçon, et me suis efforcé de l'appliquer par la suite : un chef d'entreprise n'a pas à marquer un point, ou à « gagner », contre ses employés et ouvriers, il n'a pas à impliquer son ego dans la négociation, il doit d'abord faire gagner son entreprise.

Les nationalisations – An I

Le second dossier, tout aussi brûlant, celui sur lequel je me trouvais en première ligne : les nationalisations. On me demandait d'en parler à la radio et sur le terrain. La sidérurgie avait déjà été nationalisée par Raymond Barre. Il restait la CGE, Thomson, Rhône-Poulenc, Pechiney, Saint-Gobain (avec Honeywell Bull) et ITT France. Ce n'est pas moi qui avais dressé la liste, mais les rédacteurs du projet du candidat socialiste, lesquels étaient légion. Tous avaient fait l'ENA – pas moi, comme chacun sait. Mon travail a donc consisté à mettre en lumière – à l'intention de Pierre Dreyfus et du président de la République – ce que cela signifiait de nationaliser tous ces groupes, et ce que cela entraînait s'ils devaient devenir « le fer de lance » de l'engagement de la France dans les techniques nouvelles. En nous inspirant des grands programmes gaulliens réussis, il nous fallait organiser les « filières industrielles » les plus susceptibles de projeter le pays dans le monde moderne.

C'est d'ailleurs de cette façon qu'ont raisonné ces dernières années les responsables chinois et indiens, et c'est ainsi qu'ils ont propulsé leurs industries aux avant-postes de l'économie mondiale. Certes, je sais bien que, historiquement, les

États-Unis ont suivi une autre voie en matière de développement. Mais il n'a échappé à personne que, encore tout récemment, leur industrie automobile, General Motors en tête, a été sauvée à la faveur de nationalisations.

Si l'on estime que des entreprises ont trop tardé à intégrer le progrès et le changement, gages de pérennité, si la démarche a un effet structurant sur l'économie française et la recherche publique, pourquoi ne pas s'en rendre propriétaire ? C'est une technique comme une autre, mais... Car, sauf à l'agiter comme un chiffon purement idéologique ou démagogique, la nationalisation ne peut tenir ses promesses qu'à respecter une condition : il faut que l'État recapitalise ces groupes pour financer leur transformation. Autrement dit, et parce que la nationalisation ne représente qu'un moment dans la ré-industrialisation du pays, elle soit s'accompagner d'un effort supplémentaire de l'État, et donc de dotations en capital confortables. C'est sur cette ligne que s'étaient mis d'accord le président de la République et le ministre de l'Industrie.

Je sentis venir les difficultés dès les premières réunions des ministres. Pierre Mauroy, que je connaissais bien, me voussoyait désormais, me donnant du « Monsieur le directeur de cabinet... » Sa stratégie, le Premier ministre ne s'était pas beaucoup fouillé pour la mettre au point. Il suffisait selon lui de nationaliser ces entreprises grâce à leur richesse, de les acheter avec leur propre argent (un principe qu'avaient pourtant adopté avant lui les plus farouches raiders de la jungle capitaliste !). « Les entreprises sont riches, disait-il. Il n'y a qu'à prendre leur argent. » Son procédé, les inspecteurs des Finances et les ministres qui l'entouraient le trouvaient résolument génial. Il n'y avait que le communiste Charles Fiterman, ministre des Transports, qui osait émettre quelques réserves... J'étais bien seul !

À la nationalisation de l'industrie, s'ajoutait le projet de nationalisation du crédit. Là encore, une liste a été doctement dressée : l'État doit prendre le contrôle de 110 banques. Après une séance houleuse à Matignon où l'on redistribue les promesses du candidat (sur ses « 110 propositions ») en donnant à chacun sa feuille de route, je finis par exploser : « François Mitterrand a été élu ; maintenant c'est l'heure de gouverner. » Les inspecteurs des Finances de « gôche » me fusillent du regard. Seul Michel Delebarre, qui n'en était pas, chargé de mission auprès de Pierre Mauroy, me soutient.

Je demande rendez-vous au président de la République. Il me reçoit, discrètement, hors du palais de l'Élysée. Je lui explique la situation, il lève les yeux au ciel. Paternellement, il m'enjoint de me calmer et de faire pour le mieux. Il ne reste pas les bras croisés. Il saisit de l'affaire Pierre Bérégovoy, alors secrétaire général de l'Élysée. Ce dernier me convoque peu après. Je lui explique que, si nous nous laissons embarquer par tous ces fous, le pays va droit dans le mur. À l'issue de l'entrevue, je n'obtiens qu'une concession : la réduction du nombre de banques à nationaliser. Maigre butin. Bien entendu, Pierre Dreyfus était au courant de ma démarche, et y souscrit. Ces heurts continuels sur ce sujet avec Pierre Mauroy seront d'ailleurs pour quelque chose dans sa décision de se retirer du gouvernement dès que possible.

Si les gens du ministère de l'Économie et des Finances sont si intransigeants sur les modalités et sur l'étendue de la nationalisation des banques, c'est parce qu'ils brûlent de se porter à leur tête ou d'y placer leurs copains. Le militantisme politique a bon dos. Il est clair que ça n'est que l'alibi qui leur permet de travestir leur convoitise forcenée. Les nationalisateurs à tous crins « suivant les ordres de leurs ministres » s'appellent Philippe Lagayette et Pascal Lamy au cabinet de Jacques Delors, Louis Schweitzer et Patrick Ponsolle au cabinet de Laurent Fabius. Celui qui réclame 50 % seulement, c'est Jean-Paul Huchon, le directeur du cabinet de Michel Rocard, ministre du Plan. Et celui qui veut des dotations en capital pour les entreprises industrielles, c'est moi.

Je n'ai rien à faire de la nationalisation du crédit (c'est-à-dire des banques), sauf si elle permet d'allouer des dotations en capital. Or il se trouve que ça n'est pas le cas. Je suis donc renvoyé dans mes buts par tous ces messieurs. Depuis, alors que trente ans ont passé, je ne comprends toujours pas quel intérêt pouvait représenter la nationalisation du crédit, sinon qu'elle a offert aux amis de moelleux sièges de PDG d'établissements bancaires et financiers. Le travail que j'avais fait pour théoriser les nationalisations industrielles annoncées par le Programme commun, ils n'en ont eu cure. Et cette mesure de nationalisation du crédit nous a valu de perdre notre dignité internationale.

En son âme et conscience, toujours à la torture tel un saint Sébastien criblé de flèches, Jacques Delors n'adhérait pas foncièrement à leur plan, mais il ne trouvait pas le courage de le remettre en cause. Comme de juste, les inspirateurs de ces positions intransigeantes, tous membres du cabinet de l'Économie et des Finances, connaîtront pour la plupart ensuite des carrières de « privatisés » copieusement rémunérées. Certains d'entre eux, par la suite, me désigneront à la vindicte d'Édouard Balladur, à son arrivée en 1986 au ministère de l'Économie et des Finances. Et, infailliblement, ils seront toujours dans la place, au cœur de tous les pouvoirs et de tous les abandons, quand surviendra la crise financière internationale. C'est ainsi que, pour la presse, j'ai fini par passer au fil du temps pour LE nationalisateur, l'unique !

Pour la petite histoire et parce que, faute précisément de ces dotations en capital que l'on m'avait refusées, nos sociétés nationalisées étaient désormais à bout de souffle, nos grands cerveaux ont fini par imaginer une solution susceptible de s'y substituer sans qu'il en coûte à leur ego d'infaillibles experts : l'émission de « certificats d'investissement », autrement dit l'émission d'actions sans droit de vote. La mesure a vu le jour en janvier 1983. Un pied dedans : sous cette délicieuse dénomination administrative, les infaillibles experts de « gôche » feignaient de demeurer sur la même ligne politique ; un pas dehors : ils s'étaient à demi reniés en faisant appel au marché financier, ce grand Satan, pour recapitaliser nos entreprises qui, sans cela, couraient à la banqueroute.

Entretemps, devenu président de Rhône-Poulenc, j'ai ouvert la boîte de Pandore du capital des entreprises nationalisées en défendant publiquement mon point de vue. Je l'ai fait après m'être concerté avec quelques esprits ouverts et lucides, et tout spécialement, je peux le révéler aujourd'hui, à la demande expresse du chef de l'État. Ce dernier était intimement convaincu que la nationalisation ne pouvait avoir qu'un temps. J'espérais avec lui qu'une prise de conscience collective allait s'opérer au sein de la gauche. Espoir douché : ministre du Redéploiement industriel et du Commerce extérieur (1984-1986), Édith Cresson et beaucoup d'autres m'ont demandé aussitôt de démentir. Le président avait envoyé son « mouton noir » sur la ligne de feu. Il en a tiré les enseignements qui lui revenaient. Quant à moi, je n'avais pas varié d'un poil de ma position de départ depuis 1981.

Cette période 1981-1982 a été incroyable. Je n'ai jamais autant travaillé, sauf ensuite à la SNCF. Pierre Dreyfus savait que j'aimais le contact direct, franc mais aussi bienveillant, et que je ne me dérobais pas dans les situations difficiles, émouvantes et parfois très éprouvantes pour les nerfs. Par exemple, il m'avait dépêché en Lorraine pour annoncer la fermeture des mines de fer. Tous les notables socialistes s'étant prudemment esquivés de la salle de réunion, je me suis retrouvé bien seul face aux mineurs en colère, avec leurs femmes à leurs côtés, hystériques, jusqu'à trois heures du matin. Ils m'insultaient. Ils m'apostrophaient : « Toi, le directeur, qu'est-ce que tu en as à foutre ? Tu n'as rien à craindre ! Toi, tu es dans ton bureau, bien tranquille ! » Je ne sais pas si mon bureau était la sinécure qu'ils imaginaient, mais je ne comprenais que trop leur désarroi. Ils perdaient leur travail pour des raisons qui les dépassaient. Ils étaient désespérés. L'agressivité est l'expression toute naturelle de l'angoisse du lendemain. La présence du Parisien, du porteur de la mauvaise nouvelle, était pour eux l'occasion de sortir tout ce qu'ils avaient sur le cœur. Je me devais de les écouter, de les comprendre, de prendre du temps.

*

Le 18 juin 1982, coup de théâtre : Jean Gandois, président de Rhône-Poulenc, est reçu à sa demande par Pierre Dreyfus. D'entrée de jeu, en ma présence, il lui tend une lettre de démission. Le ministre de l'Industrie lui fait part de sa surprise. Pourquoi cette décision alors qu'il l'avait confirmé à son poste voici à peine quelques mois ? Jean Gandois n'est pas d'humeur à s'en expliquer. Et il s'en va sans avoir répondu à la question. Le lendemain, Pierre Dreyfus s'entretient avec le président de la République. Ensemble, ils projettent de me faire nommer à la présidence de Rhône-Poulenc. Par la même occasion, Pierre Dreyfus fait savoir qu'il rentrera à la maison.

Reçu ensuite par le président, je lui représente le risque que fait courir ma prochaine nomination : « Si j'échoue, tout le monde vous dira : "On vous l'avait bien dit !" Et si je réussis, la France entière saisira le premier faux pas pour me flinguer. Autrement dit, c'est encore une mission de kamikaze… » Le sourire aux lèvres, il m'arrête : « Vous allez réussir, croyez-moi. Mais, au fait, je ne me souviens pas vous avoir demandé si vous aviez envie d'y aller ! – Effectivement, Monsieur le président. Je suis prêt à y aller. Il s'agissait juste d'un commentaire. Je vous prie de bien vouloir m'en excuser. »

Rhône-Poulenc

Nous sommes en juillet 1982. Pierre Dreyfus s'en va. Jean-Pierre Chevènement devient ministre de l'Industrie et de la Recherche. Il m'appelle auprès de lui au poste de chargé de mission. Au bout de trois semaines, sont rendues publiques la démission de Jean Gandois et ma nomination. Pierre Mauroy et son cabinet ne l'accueillent pas avec enthousiasme mais, une fois de plus, Michel Delebarre vient à mon secours. J'ai tellement d'ennemis que je n'y croirai pour de bon qu'au soir de ma première journée chez Rhône-Poulenc ! Le commentaire de Chevènement est assassin : il me présente juste comme un serviteur « zélé » de l'État, même défiance dans *L'Express* sous la plume de Raymond Aron. Le « mouton noir » fait l'unanimité contre lui. Après tout, je n'ai pas encore 39 ans, je n'ai jamais dirigé une entreprise. Rhône-Poulenc est le premier groupe chimique français. Il emploie plus de 60 000 personnes. J'ignore encore que j'arrive dans un champ de mines et que Jean Gandois n'a pas facilité mon arrivée. C'est une folie. J'ai un seul soutien, celui de Georges Besse, le président de Pechiney, qui considère que j'ai peut-être une chance de m'en sortir.

Jean Gandois venait de faire ses adieux aux cadres. Il leur avait expliqué qu'il lui était impossible de travailler avec les socialistes au pouvoir. Quelques jours après, je réunis le même public. L'atmosphère est houleuse. Chaque question provocatrice est applaudie à tout rompre. Qu'un ingénieur n'appartenant pas aux grands corps de l'État ait été porté à la tête de l'entreprise a suffi pour, avec le relais de l'aristocratie républicaine de l'Économie et des Finances, déclencher l'orage interne. Parce que je ne suis ni X-Mines, ni inspecteur des Finances, je ne serais pas légitime. Je suis certes entouré d'ennemis, mais la confiance du chef de l'État est totale. Et je me mets au travail, la tête froide.

L'examen des comptes est sans appel. Rhône-Poulenc est mal en point. Lorsque la chimie européenne va bien, le groupe gagne un peu d'argent tandis que ses confrères allemands, Bayer, Hoechst et BASF, en gagnent beaucoup. Lorsque la chimie va mal, Rhône-Poulenc perd beaucoup d'argent tandis que les trois acteurs allemands maintiennent leurs positions. C'est l'indice d'un problème structurel. Nous ne sommes pas compétitifs. Nous ne faisons que profiter des périodes d'accalmie du marché, c'est-à-dire des périodes de sous-production générale. J'engage donc deux réformes sur le champ. *Primo*, nous allons travailler à un plan de redressement pendant l'été, préparer et faire voter le budget en septembre. Le budget entrera en vigueur en janvier, contrairement à l'usage qui voulait que le budget soit voté au printemps. *Secundo*, nous allons identifier les productions structurellement déficitaires. Nous les stopperons tout en nous efforçant de convaincre nos concurrents d'abandonner eux aussi leurs productions déficitaires, ce qui permettra à certaines des nôtres de sortir la tête hors de l'eau.

Je me rends régulièrement en Allemagne pour ces négociations. Mes homologues d'outre-Rhin m'appellent *The Young Boy*. Ils me trouvent plutôt « gonflé », eux tous qui s'apprêtaient à ne faire qu'une bouchée de Rhône-Poulenc ! Au bout de quelques semaines, ils y ont renoncé. Et c'est ensemble que nous travaillons à la restructuration de la chimie européenne. À l'issue de mes quatre ans de présidence, Rhône-Poulenc sera redevenue structurellement bénéficiaire. En vertu de quelle méthode ? Pour les uns, la presse en particulier, je n'aurais fait qu'appliquer la stratégie Gandois. Pour d'autres, j'aurais juste été chanceux. D'autres encore ont crédité de ce succès certains de mes collaborateurs, qu'ils tenaient pour des génies de l'industrie. Normal. Que je puisse réussir, ça n'était pas légitime. Mais ces raisons sont un peu courtes.

Parmi les investissements envisageables, beaucoup promettaient un *pay-back* élevé, soit une incidence positive sur les comptes dans un délai de quelques mois à deux ans. S'endetter pour réaliser ces investissements m'apparaissait comme un devoir pour un industriel. Ce n'était pas, on s'en doute, l'avis de mes censeurs des Finances, qui ont demandé aux plus hautes autorités de l'État mon renvoi immédiat, sans succès....Sauf au bout de quatre ans d'insistance.

Toutes les idées sont bonnes pour restaurer la compétitivité. Seule solution dans l'immédiat : augmenter l'effort de recherche et aller chercher ailleurs les innovations qui peuvent nous être utiles. Du même coup, il fallait nous prémunir contre la culture classique des grandes entreprises qui tendent à dénigrer les travaux des autres, ce que les Anglo-Saxons appellent le NIH, le *Non Invented Here*. Nous avions besoin de cadres dirigeants témoignant d'une grande connaissance technique, capables de résister aux sirènes des batteurs d'estrade brillants, mais souvent creux et qui comptent dans leurs rangs ces génies des fusions-acquisitions qui, lecteurs matinaux de la presse économique, vous recommandent des entreprises de santé fragile et donc attractives, mais sans réel potentiel scientifique et technique. « En chiffre d'affaires, la fusion place l'entreprise X à la première place sur tel produit... » Ces cocoricos ont aidé beaucoup de dirigeants à être choyés par la presse et à se considérer eux-mêmes comme les meilleurs. Mais combien, parmi ceux qui venaient de recevoir la palme du « meilleur manager de l'année » se sont retrouvés en difficulté quelques mois plus tard ? Presque tous ! Additionner des chiffres d'affaires et des profits a un sens : sur le papier. Mais le véritable enjeu est ailleurs. C'est de savoir si les cultures sont compatibles, si l'on peut tabler sur une démultiplication des innovations. En économie comme ailleurs, c'est affaire d'hommes et de femmes, pas de concepts.

Une fois notre stratégie définie, autour d'investissements rentables à bref délai et de travaux de recherches ouvrant la voie à de nouveaux produits ou à de nouveaux modes de production à coût inférieur et de qualité supérieure, il faut la répandre et la faire partager par toute l'entreprise. Ce n'est pas la stratégie du patron, ce doit être celle de chacun. Chacun doit pouvoir y adhérer et en être aussi le promoteur à l'extérieur. Il n'y a pas de meilleure politique de communication que celle qui émane des salariés eux-mêmes, fiers de leur entreprise, de ses réalisations, et confiants dans son futur. Pour susciter pareille adhésion, il faut de la franchise et du temps.

Tout le monde doit comprendre d'où l'on part. Il n'y a rien à cacher. Tous les moyens d'expertise demandés par les salariés, je les mets au service d'un diagnostic commun. « Vous ne serez pas forcément d'accord sur le remède, avais-je coutume de déclarer au début de chaque réunion. Mais sachez que je ne ferai rien tant que nous ne serons pas tous d'accord sur le diagnostic. » Cette franchise requiert de la patience, du sang-froid, du temps pour l'analyse, du temps pour exposer les résultats, du temps pour convaincre de l'honnêteté des chiffres livrés. C'est sur la foi du diagnostic partagé que l'on peut entrer en action, fermer des sites, les reconvertir, ouvrir des perspectives ailleurs. C'est une fois qu'ont été cernés les atouts des concurrents et que s'impose la nécessité de conquérir les marchés extérieurs que l'on peut présenter et défendre un programme d'investissements internationaux. Une politique de délocalisation, il faut la préparer, l'expliquer, mais elle ne peut réussir sans avoir obtenu l'adhésion de tous.

À l'époque, Rhône-Poulenc mêle des produits de grande consommation, dits « commodités » et des produits à plus forte marge, dits « spécialités », dont les produits pharmaceutiques et agrochimiques. Dans le premier cas, l'enjeu repose dans les procédés et donc dans l'outil industriel : bonnes performances techniques, bonne productivité, bonne qualité du produit, politique commerciale agressive. Dans le second cas, qui réclame de préparer sans cesse la génération d'après, ce sont l'innovation et la flexibilité de l'outil industriel qui priment. Il s'agit de deux univers très différents. C'est dire s'il y a intérêt à en tenir compte lorsqu'on conçoit une nouvelle usine ! Les usines de Rhône-Poulenc avaient été prévues pour produire des « commodités ». Or ce que le marché achète dans ces années-là, c'est une variété de produits, plus proches des « spécialités ». D'où la catastrophe économique, et même technique, que représente l'obligation d'adapter chaque semaine un outil industriel bâti pour produire des séries sur plusieurs mois. Tous les secteurs viables ont été redressés en quatre ans. Les productions et les sites condamnés ont été fermés avec ordre, concertation et méthode, sans jamais aucune annonce tonitruante, anxiogène pour le personnel, sur le nombre d'emplois supprimés.

Dans le même temps, nous avons mis de l'ordre dans notre politique internationale. En Europe avec nos usines en Allemagne, Suisse, Autriche et Grande-Bretagne, et encore au Japon et en Corée du Sud. La filiale américaine nous a causé le plus vif souci, car c'était un gouffre, tandis que, de la filiale brésilienne, nous avons fait un petit bijou. Sur chaque continent, nous avons défini le secteur où nous voulions agir et pourquoi. C'est au Japon que nous avons fait porter l'effort maximal car, à l'époque, les Japonais étaient devenus les rois de la chimie de spécialités.

On l'aura compris : compte tenu du poids des restructurations, je n'ai pas cherché à modifier le périmètre du groupe. Je m'appuyais sur un seul critère : la viabilité du secteur. Si j'estimais que nous pouvions le rendre bénéficiaire, j'écartais l'idée de nous en séparer. C'est ainsi que la seule cession que j'ai acceptée au cours de ma présidence a été le secteur des engrais ; je ne voyais pas la nécessité de deux secteurs engrais en France. La Générale des engrais a été fusionnée avant fin 1982 au sein de Chimie de France/AZF. Pour tous les autres secteurs, commodités et spécialités, j'ai cherché à rationaliser et à retrouver la voie des bénéfices.

À la lumière de ce qui est arrivé depuis à la chimie – Rhône-Poulenc a vendu son agrochimie à Bayer, a fusionné sa pharmacie avec Hoechst Roussel pour donner le jour à Aventis, et autonomisé sa chimie avec Rhodia ; par la suite Aventis a été absorbé par Sanofi et Rhodia par Solvay – il est éclatant que je me suis comporté en industriel producteur. Je répugnais donc à me séparer de ces secteurs qui, pour les stratèges en chambre, ont le tort d'apparaître trop éloignés du « cœur de métier ». Moi, une fois que je suis confiant dans les prouesses de nos *process* et de nos produits, je préfère tout « garder » dans le portefeuille de la société. Le discours sur le cœur de métier me paraît artificiel. Ma démarche, qui met l'accent sur un équilibre entre les produits, est d'autant plus convaincante qu'elle respecte bien davantage le corps social de l'entreprise, laquelle a besoin d'être fière de ses produits phare et d'une certaine diversification. La diversification permet en outre de tirer meilleur parti des restructurations, puisque l'on finit par trouver sur le site menacé de disparition l'espoir d'une reprise d'activité.

J'ai conscience avec ce point de vue de faire hurler d'horreur les spécialistes de la Bourse qui fustigent les stratégies de holding. Je continue cependant à bien aimer tout ce qui peut produire la flexibilité. Je suis sans doute l'un des industriels français qui, pendant ces quatre années à la tête de Rhône-Poulenc, a dû présider aux plus amples restructurations. J'ai supprimé plus d'emplois que nombre des jeunes gens qui m'ont succédé. Mais c'est grâce à la multiplicité des fabrications que cela a pu se faire sans heurts majeurs. Encore aujourd'hui, les syndicalistes que j'ai trouvés sur ma route sont mes amis. Ils savent que je me suis réellement efforcé de sauver l'appareil industriel de la France en alliant effort de productivité et nouveaux produits. Dans les périodes de transformation industrielle, les salariés attendent des managers qu'ils justifient leur confiance dans la stratégie de l'entreprise. Sinon, la colère prend le pas sur la raison.

La droite revient au pouvoir à l'issue des législatives de mars 1986. M. Balladur, ministre de l'Économie, des Finances et de la Privatisation, me fait savoir que je n'ai pas « l'image » d'un homme susceptible de pouvoir mener à bien une privatisation (!), je suis mis à la porte de Rhône-Poulenc sans ménagement. C'est Jacques Friedmann, futur ex-président d'Air France, qui au nom de M. Balladur me salue machinalement : « Vous n'avez qu'à retourner à votre corps d'origine. »

Et je m'en vais attendre chez des amis la suite des événements. J'ai 42 ans. Je suis déjà un « ex ».

Les patrons d'entreprises françaises minimisent mes succès. Pour des raisons familiales, je ne peux partir à l'étranger, alors que j'ai reçu nombre de propositions aux États-Unis.

Deux ans plus tard, en 1988, le président de la République m'appelle à mon domicile.

11

Ce que j'ai appris de l'industrie – *suite*

François Mitterrand a été réélu au soir du 8 mai 1988 pour un second mandat présidentiel. La défaite de Jacques Chirac puis celle de la droite aux législatives a mis fin à la cohabitation. Le Parti socialiste dispose d'une majorité relative à l'Assemblée nationale, Michel Rocard est Premier ministre. Si le président de la République m'appelle ce jour-là, c'est pour me prier de me mettre en réserve : il projette, en effet, de me faire nommer tôt ou tard à la tête d'Elf Aquitaine. Je me sens autrement plus aguerri et plus sûr de moi que le jour où il m'a proposé la présidence de Rhône-Poulenc. Et c'est donc sans hésitation que j'accepte la mission, et que je lui assure que, moi l'impatient, je saurai prendre mon mal en patience. Si bien que je refuse successivement les présidences de Total, de Gaz de France et de la SNCF jusqu'au jour, le 28 juin 1989, où je prends mes fonctions au siège d'Elf Aquitaine.

Elf Aquitaine

J'ai eu un an pour me préparer. Pour la chimie et la pharmacie, après mes quatre années chez Rhône-Poulenc, je n'étais pas dépaysé. Le pétrole, en revanche, est pour moi un nouveau métier, quoique relativement : mon travail de conseil ces deux dernières années auprès du PDG d'Occidental Petroleum, Armand Hammer, m'a familiarisé avec l'univers pétrolier. Mais en vérité la grande différence avec Rhône-Poulenc tient moins à la nature des activités qu'aux circonstances et qu'à l'état d'esprit. Cette fois, je n'aurai pas à me battre pour restructurer et pour fermer comme m'y avait contraint la situation du groupe chimique. Avec Elf, tout au contraire, l'occasion m'était donnée de développer la compagnie d'après une stratégie offensive.

Je commence par me fixer trois objectifs. En premier lieu, sa cotation aux États-Unis. J'entends configurer à l'avenir la compagnie comme une société pétrolière coiffant certaines diversifications. En effet, continuer à la présenter comme une entreprise reposant sur trois pieds (pétrole, chimie, pharmacie) ne pouvait qu'entretenir la décote qui frappe généralement une holding, sa capitalisation boursière se révélant, assez logiquement pour les acteurs du marché, inférieure à la somme de ses différentes participations. En deuxième lieu, je projette de doubler la production pétrolière, ainsi que les réserves, au cours des cinq prochaines années. Troisième objectif : internationaliser l'entreprise sous toutes ses dimensions.

Au bout de quatre ans, soit au moment où M. Balladur me chassera à nouveau, d'Elf cette fois, à l'occasion de la seconde cohabitation qui s'ouvrira en mars 1993, tous ces objectifs ont été atteints. Les développements possibles sont immenses, aussi bien dans le pétrole que dans la chimie et la pharmacie. La production pétrolière a été dopée en Afrique au-delà de nos territoires traditionnels, c'est-à-dire au Nigeria et en Angola. Je décris plus en détail le bilan de mon action en Afrique, ainsi que l'état des exploitations, réserves et prospections sur le continent, dans un prochain chapitre. Nous exploitons en mer du Nord, en mer d'Écosse précisément. Elf a été pionnier à l'Est. Les négociations se poursuivent avec la Russie, le Turkménistan et l'Ouzbékistan. Nous forons au Kazakhstan. Le Venezuela fait l'objet de démarches, ainsi que les pays du Golfe, particulièrement l'Irak et l'Arabie Saoudite. Au total, la production a doublé, et les réserves également. Et la France a la possibilité, si elle le veut, de devenir désormais autonome en matière pétrolière.

L'aval, raffinage et distribution, n'a pas été oublié. Nous avons conforté notre part de marché et renforcé nos raffineries, tandis que nous avons lancé dans un projet de nouvelles installations à Leipzig, en ex-Allemagne de l'Est. Nous avons aussi racheté une grande part du réseau africain de BP pour nous mettre plus à niveau sur ce continent. La chimie a poursuivi son internationalisation, marquée par une acquisition majeure aux États-Unis. Tandis que la pharmacie s'est intégrée, elle aussi, dans le marché américain.

Après notre *road show* d'information et de sensibilisation à travers les États-Unis, la cotation au Big Board du New York Stock Exchange à l'été 1991 a rencontré un vif succès – l'émission a permis de lever d'emblée 200 millions de dollars. Elf a ainsi ouvert la voie à d'autres entreprises françaises qui souhaitaient être cotées outre-Atlantique.

À l'intérieur du périmètre d'Elf, il faut distinguer quatre entreprises : pétrole amont, pétrole aval, chimie et pharmacie. C'est naturellement le premier secteur, le pétrole amont, qui mobilise le plus massivement son président. L'obtention et le maintien des permis pétroliers exigent en effet d'être en relation étroite et régulière avec les chefs d'État. D'où de fréquents voyages sur tous les continents. Si l'on y ajoute les présentations de nos activités, de nos résultats et de notre stratégie à la communauté financière internationale, il est clair que je ne dispose pas de beaucoup de temps pour retrouver les cadres, les salariés et leurs organisations syndicales. Par ailleurs, il est d'usage, et je n'ai fait là que suivre la voie de mes prédécesseurs, que le président d'Elf s'acquitte d'un certain nombre de missions que l'on appellerait aujourd'hui de « diplomatie parallèle ». Un exercice épuisant à dire vrai, car il est surveillé par tous les corps de l'État dont c'est le métier en propre, et il excite les jalousies d'une grande partie de l'administration.

Je finis par avoir le sentiment d'être pris dans un tourbillon qui ne me ménage plus assez de recul, qui ne me laisse plus le temps de réfléchir la tête froide. Et pour quelqu'un comme moi qui n'aime rien tant que la production et les producteurs, le fait de ne presque jamais les rencontrer devenant frustrant, je m'autorise bientôt à faire des escapades pour ne pas perdre le contact avec les réalités du terrain. Pendant ce temps, je n'avais d'autre choix que de déléguer à certains de mes collaborateurs la responsabilité de travaux qui me rebutaient. Mal m'en a pris, puisque cela m'a coûté par la suite dix-sept ans d'une procédure pénale déclenchée par mon successeur. Mais aussi, et pire encore, l'aventure se terminera en 2000 par la disparition d'Elf, absorbé par Total, avec le concours d'Albert Frère, après l'échec de l'offre publique d'échange émise à contretemps par le PDG d'Elf sur Total.

*

En mars 1993, s'engage la seconde cohabitation. M. Balladur est Premier ministre. Le président François Mitterrand a accepté mon éviction, à condition que je sois reclassé. C'est ainsi que, le 4 août 1993, je prends mes fonctions de président de Gaz de France.

Gaz de France

J'y retrouve les salariés et leurs organisations syndicales, mais aussi une entreprise à la culture encore très administrative. L'autre difficulté vient de ce que la distribution est commune avec l'entreprise sœur EDF. Pour la clientèle, l'interlocuteur s'appelle EDF-GDF. Les deux présidents sont nommés en Conseil des ministres. Leurs rôles respectifs, ainsi que ceux des directeurs généraux, demeurent flous. Comparé à mes journées de travail et de folie chez Elf, mon quotidien promet d'être grisâtre : j'hérite d'une administration dont l'énergie comptée se consume en petites manœuvres et bassesses quotidiennes, une administration, et c'est là le plus préoccupant, sans perspectives stratégiques. Je vais m'efforcer néanmoins d'honorer la confiance que me fait le président de la République, en recherchant le meilleur mode de fonctionnement et en m'orientant vers la meilleure stratégie.

Il y a deux scénarios possibles. Soit Gaz de France a pour objectif à plus ou moins long terme de se fondre dans EDF. Soit GDF a intérêt à jouer l'autonomie et à se mettre en demeure de pouvoir un jour produire de l'électricité avec son gaz, électricité qu'elle vendra elle-même. À la réflexion, je penche nettement pour cette dernière orientation. Car il m'apparaît que la réticence d'EDF à réaliser des centrales à gaz dans notre pays représente un lourd handicap, une erreur, une faiblesse pour notre industrie. Je plaide donc pour la construction, en France, d'une centrale électrique au gaz et, sans attendre que ce vœu prenne corps, je demande que la cogénération (et les cycles combinés), qui permet lors de la combustion de gaz de produire à la fois la chaleur et l'électricité induite, soit présentée aux industriels et aux collectivités comme la solution pour leur avenir énergétique. Sur ce point, je n'ai aucun mal à convaincre. Très rapidement, les cadres de la maison et l'ensemble des salariés y voient la manière de se rassurer sur leur avenir. Je perçois, malgré tout, leurs réticences à l'idée que GDF pourrait s'écarter, jusqu'à faire route à part, d'EDF. Je me garde de me prononcer sur la décision que prendront les pouvoirs publics, mais j'anticipe d'une certaine façon en souhaitant clairement une production électrique en France à partir du gaz.

À mon arrivée, GDF est une entreprise qui achète du gaz, qui le transporte et qui le distribue. Le transport est le point fort, obligatoire. Or, au même moment, l'Europe projette d'introduire une concurrence *via* la prochaine autonomie des réseaux de transport, qui auraient donc à servir plusieurs distributeurs. L'équilibre de Gaz de France risque de s'en trouver chamboulé. L'entreprise combat le projet depuis des mois, mais il est clair que c'est un combat perdu d'avance. Je préfère positiver. J'estime en effet que cette évolution inéluctable nous donne l'occasion d'élaborer une autre stratégie pour le futur. Comme d'habitude, mon tempérament de producteur prend le dessus : je demande à mon actionnaire unique, l'État, l'autorisation d'ouvrir un secteur de production gazière. Cette modification du statut de Gaz de France ne s'opère pas sans mal. Mes ennemis de toujours au ministère des Finances sont vent debout contre ce projet, mais j'emprunterai des chemins de traverse pour parvenir à mes fins. Résultat : à mon départ de GDF, le 2 janvier 1996, il y a bien un secteur de production au sein de l'entreprise et, par-dessus le marché, Gaz de France a obtenu le droit de l'avoir ! C'est d'ailleurs cette modification à la fois de statut et de rôle qui assurera la survie de Gaz de France, et l'épilogue qu'a représenté en 2008 la fusion avec Suez.

À l'époque, l'approvisionnement en gaz dépend de quatre sources : l'Algérie (gaz naturel liquéfié), la Russie (gazoduc), la Norvège (gazoduc) et le marché mondial du gaz naturel liquéfié. C'est notre intérêt d'acheteur de diversifier nos fournisseurs pour pouvoir peser sur les prix, et nous faisons flèche de tout bois. En particulier, je souhaite et j'obtiens, que l'atterrage du gaz norvégien se fasse à Dunkerque, et non, comme c'était l'usage, à Zeebrugge en Belgique. Je lance mes collaborateurs à la recherche d'approvisionnements en gaz au Qatar, à Trinidad et Tobago et au Nigeria. Ainsi, nous serons en même temps acheteurs et vendeurs de gaz naturel liquéfié, selon nos besoins et selon ceux des autres.

Au plan social en général, et en interne en particulier, j'ai bien conscience que le débat en France sur les retraites est essentiel, qu'il va prendre de l'ampleur, et que nous n'échapperons ni à la politisation, ni à la démagogie, ni aux erreurs. Il en est question chaque mois dans la revue de l'entreprise. Diagrammes et courbes montrent que nous allons dans le mur. Je rencontre beaucoup de gens sur ce sujet, mais le débat reste coupé des réalités et dominé par l'idéologie. Et je n'entrevois pas de solution : il n'y a pas de politique des petits pas possible. Une réforme d'ampleur ne peut que provoquer une crise majeure dans le pays, car personne n'a encore compris ou n'a encore admis que nous vivons au-dessus de nos moyens ! Dans le même temps, je comprends fort bien que celles et ceux qui ont tant de mal à boucler leur fin de mois ne tolèrent pas de s'entendre dire qu'ils seraient des nantis ! J'ai donc pris mes responsabilités. J'explique, jour après jour, qu'il y a là un sérieux problème, mais je ne conseille à personne de se lancer dans la bagarre. C'est pourtant le choix que, droit dans ses bottes et sans prendre de gants, fait le Premier ministre Alain Juppé. Et c'est le secteur des transports publics, le plus fragile et le plus handicapant en cas de grève générale, qui va faire flamber le pays en décembre 1995.

Dans l'intervalle, dès l'été 1994, les nuages judiciaires et médiatiques ont commencé à assombrir mon existence. J'ai 52 ans. J'ai déjà dirigé trois grandes entreprises. Je viens de faire effectuer des virages stratégiques majeurs à Gaz de France. Le directeur général, Pierre Gadonneix, supporte de moins en moins de demeurer grand vizir quand il lui tarde de devenir calife. Je me prends à rêver d'autres aventures. Le grand large me manque, en particulier l'Afrique et le Moyen-Orient lorsque la grande grève nous tombe dessus.

Très rapidement, à la mi-décembre 1995, le président Jacques Chirac m'envoie un émissaire. Ce dernier ne tourne pas autour du pot : « Êtes-vous prêt à donner un coup de main pour remettre en selle la SNCF ? » Les responsables confédéraux des organisations syndicales me font la même demande. Je commençais à m'ennuyer. J'accepte.

SNCF

Les sept mois que je vais passer à la SNCF, à partir de décembre 1995 jusqu'au jour de mon incarcération à la Santé le 4 juillet 1996, seront les plus intenses de ma vie. Je ne me souviens pas d'avoir pris le temps de dormir ! La proposition que m'a faite le chef de l'État, j'y ai adhéré à une condition que lui-même et son entourage ont acceptée. La justice me cherche. Soit, j'ai certifié qu'elle me trouverait quand elle voudrait. Mais parce que je ne pourrai pas partager mon temps entre présider la SNCF et m'occuper de ma défense, j'ai réclamé et obtenu d'avoir les mains libres pendant un an, soit jusqu'en décembre 1996.

Au niveau du personnel comme de la production, la SNCF, c'est très hexagonal. Mais c'est tout ce que j'aime. Les cheminots aiment leur entreprise par-dessus tout. Elle est leur horizon, leur famille, leur vie, la vie de leurs parents souvent et aussi, ils l'espèrent, la vie future de leurs enfants. Ils s'en sentent propriétaires. Ils veulent la protéger de tous les prédateurs potentiels, français ou européens. Mais ce corps social, à la loyauté inégalable, il est temps de le faire évoluer. Parce que le monde bouge, la France bouge, l'économie bouge. Mes premiers quinze jours, je les passe à bord des trains, à discuter avec tous les salariés que je peux rencontrer, conducteurs, contrôleurs, agents commerciaux, personnel de guichet, chefs de gare… Je me pénètre de la « psychologie du train ». Mon cerveau ne connaît pas le repos. Mes collaborateurs directs m'aident à gérer mon agenda, pour me réserver des heures de présence au siège.

La SNCF n'est pas à proprement parler une entreprise : la décision d'investir lui échappe, son déficit est abyssal, et tout le monde s'en fout. Quand l'ardoise s'élève déjà à 15 milliards, rajouter 1 milliard se fait en une seconde. C'est l'épaisseur du trait ! Première décision : il faut faire payer à l'État ses décisions d'infrastructures et la dette correspondante ; corrélativement, je veux faire de la SNCF une entreprise dont l'objectif doit être de réaliser des bénéfices. Je ne connais pas une seule entreprise qui ne fasse que gérer des pertes pendant des décennies en toute impunité. Je fais savoir que cette séparation n'est pas négociable. Et je vais me faire de nouveaux amis au ministère des Finances. Mon successeur, Louis Gallois, parachèvera mon travail avec la création de Réseau Ferré de France. Hélas, ce qui dans mon esprit ne représentait qu'une coquille vide de cantonnement de la dette va devenir très vite une épine du jour où les dirigeants de RFF se prendront au sérieux et rêveront à leur tour d'être califes à la place du calife ! Reste que, échelonnée sur dix ans, cette réforme a permis de transformer la SNCF en entreprise véritable.

Ma deuxième décision touchait à un terme du langage de toujours, et donc au management. Il était temps de mettre en cause le mot « usager » que je voyais appliqué à tort et à travers à l'intérieur et à l'extérieur de la SNCF. J'ai indiqué que, pour ma part, j'étais un industriel et que je ne connaissais que des clients. En effet, le terme « usager » nie la notion de relation, de relation contractuelle, qui est étroitement associé en revanche au terme « client ». Anonyme, passif, l'usager a la dignité d'une unité de compte. Au pire, ce langage-là suggère que, revers d'une culture de propriétaire, les agents des services publics auraient un droit de regard souverain et exclusif sur la marche des services publics, l'usager étant relégué à l'arrière-plan. Il n'était plus possible de justifier pareil déséquilibre, de perpétuer pareil réflexe. Même le Parti communiste a dû cesser un beau jour de se flatter de son « centralisme démocratique ». Que cela plaise ou non, en contrepartie de son acte de confiance, de son acte d'achat, le client a un droit. Pendant des jours et des jours de négociations et de discussions syndicales, j'ai arrêté mes interlocuteurs en les priant de remplacer leur mot « usager » par le mot « client ». À la fin d'une seule journée où j'avais pris la peine de compter mes interventions, j'avais dû les reprendre quatre cents fois ! Puis nous avons lancé la campagne « Engagements ». Elle a conduit l'ensemble du personnel à comprendre enfin qu'il s'agissait de satisfaire le « client ».

La conduite responsable vaut pour le client, comme elle vaut pour l'entreprise. Au reste, administration ou entreprise, toute organisation doit être en ordre de marche. De mes sept mois à la SNCF, j'ai ainsi retiré une anecdote aussi souriante qu'édifiante. Un jour de décembre, j'étais à bord du TGV Nice-Paris qui, à l'époque, ne roulait à pleine vitesse qu'après Avignon, assis au milieu d'un compartiment vide. Il y avait un corps allongé à l'avant de la voiture, que je distinguais à peine. Au bout de deux heures, j'ai vu soudain ce corps se déployer. J'ai aussitôt reconnu l'uniforme du contrôleur, appelé agent commercial train ou ACT. J'engage la discussion. Il me dit qu'il n'y a pas grand monde dans ce train. Et que c'est très bien ainsi. Parce que dans un train vide, il n'a pas à travailler, et qu'il peut donc se reposer. Je lui rétorque que s'il n'y a plus de clients pour ce train comme pour d'autres, il n'aura plus de travail. Il accueille mon propos par un éclat de rire… « Mais c'est que j'ai passé un concours. Moi, je suis là jusqu'à la retraite ! » J'objecte : « Même si la SNCF n'existe plus ? Parce que si elle n'a plus de clients, elle va disparaître. — Mais non, mon pauvre monsieur ! La SNCF, c'est l'État. Moi, j'ai passé un concours avec la bénédiction de l'État. » Je le reprends :

« Et si l'État n'a plus d'argent pour payer votre retraite ? Si l'activité économique est insuffisante ? En Afrique, les agents de l'État touchent des retraites de 100 euros par mois. Que ferez-vous avec 100 euros par mois ? » Ce coup-là, il ne rit plus. Il demande à voir mon « titre de transport ». Je lui tends ma carte, et le prie de s'asseoir. Pendant une heure, je lui explique qu'il ne peut pas se réjouir que son train soit vide de clients, et que toute notre action va viser, au contraire, à remplir nos trains. À partir de là, ma réputation était faite. Cette conversation a eu l'effet d'une traînée de poudre. Huit jours après, les délégués syndicaux la connaissaient dans les moindres détails.

Auprès de ma tutelle, l'État, j'avais commencé par réclamer la fin de la dyarchie, soit la création d'un poste unique de PDG. Il en a été de même par la suite pour toutes les entreprises publiques. Dès mon arrivée et simultanément, j'ai congédié toute l'équipe dirigeante, de même que j'ai demandé aux ministres d'arrêter de vouloir faire mon travail. PDG, autonome, je veux bien rendre des comptes sur ma gestion. Mais c'est moi qui prends les décisions et qui les assume. Ce n'est pas aux ministères d'entendre mon personnel. C'est à moi de le recevoir. C'est moi qui négocie les salaires et non le ministère des Finances. C'est moi qui détermine s'il faut payer ou non les heures de grève, et pas la puissance publique.

Le pli est vite pris. Et je passe tous les jours quelques heures avec les représentants des salariés. Je hais la mode ancestrale des préavis de grève perpétuels. Je m'en explique directement avec les intéressés. Aucun préavis ne débouchera sur une grève. Enfin, je n'aime pas non plus l'occupation des voies dans les gares. Auquel cas, je vais chercher moi-même les leaders syndicaux et les invite à me rejoindre en salle de discussion après dégagement des voies.

Mon souci était de transformer la SNCF en entreprise. Il m'a manqué les six mois qui m'avaient été promis pour aller au bout de la phase que j'avais planifiée. À chaque fois que je prends le train, il se trouve un(e) cheminot(e) pour venir me voir. Nous discutons de la situation et de l'avenir. Au fil de la conversation, insensiblement, je mesure combien le souvenir de ma présence à leurs côtés persiste chez les cheminots, comme persiste dans mon cœur l'écho de leur affection pour l'entreprise.

12

L'industrie et l'énergie qu'il nous faut

Lorsque je considère la situation alarmante de la France en 2013, il me prend d'imaginer comment, s'il revenait de nos jours, « mon patron » l'évaluerait et, anticipation à peine moins hasardeuse, ce qu'il suggérerait de faire. On le sait, François Mitterrand était obsédé par la construction de l'Europe, tout spécialement à la fin de son second mandat. Il se fâcherait certainement contre les détracteurs de la construction européenne, de l'Union européenne et de l'euro qui, après l'avoir approuvée tant que le ciel était au beau fixe, ont retourné leur veste au premier orage. En politique qu'il était, je me doute que ce n'est pas chez un homme comme moi qu'il aurait cherché un avis autorisé sur le fond. Mais parmi les sujets préoccupants, ceux dont dépendent notamment le redressement de l'économie française et l'évolution de l'économie européenne, je me permets de croire qu'il aurait plu à « mon patron » de me consulter.

Ministre de l'Industrie de 1981 à 1982, Pierre Dreyfus ne quittait pas le président Mitterrand à l'issue de leur réunion mensuelle sans lui avoir remis une note d'une page, pas plus. Plus succinct, y a pas ! C'était moi, le directeur de cabinet du ministre, qui en était le rédacteur. Mes précédents patrons m'avaient habitué à me montrer moins concis et à mieux m'exprimer, tel celui-là qui me renvoyait régulièrement ma prose avec pour seul commentaire : « À refaire. » C'est donc au service de Pierre Dreyfus que j'ai appris à resserrer ma pensée. Les notes me revenaient, rituellement assorties de la mention : « VU », soussignée « FM ».

Il y a ainsi trois à quatre sujets « critiques » sur lesquels je souhaiterais faire la lumière. Plutôt que de feindre de me prêter formellement au jeu des notes, chacun réclamant un développement de plusieurs pages, c'est à leur esprit, à leur objet – souligner l'essentiel, inspirer l'action – que je m'efforce d'être fidèle ci-après. En abordant successivement l'industrie, l'énergie, l'avenir de l'Afrique et du Moyen-Orient (traité au chapitre suivant). Il est notoire que l'économie, soit l'enjeu autour duquel gravitent ces quatre analyses, n'était pas le talent principal du président François Mitterrand. Pour s'assurer qu'il lise la note jusqu'au bout, il fallait éveiller son intérêt dès les premiers mots.

L'industrie

C'est une évidence aveuglante. La France ne peut tenir son rang de cinquième puissance dans l'économie mondiale qu'à condition de conserver un secteur industriel fort. Il y va de l'équilibre de sa balance commerciale, de l'emploi et du niveau de vie de sa population. Sans une industrie dynamique, notre pays est à la merci. Il ne peut ravir à la Grande-Bretagne son rôle de première plateforme de services financiers et bancaires. De même qu'il ne peut seulement se flatter, et encore jusqu'à quand, d'être la destination favorite du tourisme international.

Or nos industries classiques ne sont plus là pour tirer le pays vers l'avenir. L'industrie automobile résiste, mais elle souffre d'un déficit de compétitivité. Des pans entiers de nos secteurs de la sidérurgie de l'aluminium ou des métaux précieux ont disparu, à l'occasion de ventes « aveugles » ou de progressifs démembrements. Car la France et beaucoup de ses entreprises ont perdu la boule ces dernières années. On a vu de « bons gestionnaires » célébrés à la fois par la Bourse et la presse spécialisée annoncer qu'ils revenaient à leur « cœur de métier », prétexte à se séparer de secteurs entiers de leur activité historique. Voulues par tant de financiers, c'est après coup que l'on a découvert que les mégafusions, à l'exemple de Elf-Total ou de GDF-Suez, avaient été sanctionnées par des chocs de cultures antagonistes.

Aucune des analyses justifiant ce type d'opération, notamment à propos des groupes que j'avais dirigés et qui, depuis, ont connu des fortunes diverses, ne m'a convaincu. Qu'il s'agisse d'une fusion ou d'une séparation, j'ai presque toujours observé que la technique, que la valeur du capital technique, soit l'essentiel à mes yeux, n'étaient jamais mentionnées. Autrement dit, les protagonistes sont passés à côté des réalités. Or l'industrie, c'est bien le monde réel. Tout sauf le monde de la posture, de la communication ou du bluff. Si, rapportée à la situation qui était la nôtre il y a vingt ans, nous sommes surpris de ne plus rencontrer à présent que ruines dans bien des domaines, c'est parce que nous n'avions pas évalué la valeur essentielle de nos entreprises : leur avenir technique.

Si je m'assure de mon avance sur le plan technique, si je peux en faire état pour obtenir de financer et de réaliser les investissements productifs en temps utile, je sais que mon entreprise a de l'avenir. Étant objectivement convaincu moi-même, je saurai convaincre à leur tour mes collaborateurs, mes employés et ouvriers, mes actionnaires, mes financiers et jusqu'à mes clients. Dans le cas contraire, je n'ai plus qu'à gérer un déclin et une mort annoncée.

La politique des grands programmes confiés aux grands organismes d'État et aux groupes industriels a certes réussi à bâtir en une centaine d'années l'industrie française, mais le monde a changé. La compétition au sein des secteurs classiques est devenue plus féroce, à l'avantage des pays à bas coûts de main-d'œuvre. Par ailleurs, la course à l'innovation renouvelle toujours plus tôt les produits et les modes de production, accélérant d'autant l'obsolescence de nos offres et de nos équipements.

De plus, alors que, voici encore trente ans, la France pouvait tendre à l'excellence dans quasiment tous les domaines de recherche, elle a désormais expressément besoin d'identifier aussi bien ceux où elle peut demeurer compétitive que ceux où cet objectif serait chimérique. L'insuffisance des budgets consacrés à la recherche et au développement y est pour quelque chose. Au lieu de 3 % du PIB qu'y affectent la plupart des grands pays, et que chacun de nos nouveaux gouvernements promet d'atteindre, à la vérité sans plus de succès que le précédent, la France n'y consacre qu'environ 2 %. On dira qu'un point de moins, c'est peu ; et pourtant, quoique minime, ce déficit a un impact considérable sur l'étendue et sur l'éventail des recherches, sur la motivation et sur le recrutement des chercheurs, sur la qualité et la quantité des résultats. Si bien que, malgré les programmes de soutien européens, la France est devenue un pays de seconde zone pour beaucoup de secteurs.

Nous savions que notre effort était insuffisant, nous avons laissé faire et nous en payons aujourd'hui les conséquences. Comme si la France avait pu maintenir un isolat à l'intérieur de tout le reste du monde en mouvement, avec son élite protégée des grands corps, tous assurés de se coopter les uns les autres à la tête des entreprises, tous assurés de ne courir aucun risque personnel, tous autorisés dans leurs cercles à se renvoyer indéfiniment l'ascenseur et l'immunité, et tous entraînés à masquer leurs vrais résultats sous une communication avantageuse ! Ne laisser qu'à ses pairs la faculté de juger la politique de l'entreprise, voilà le tropisme de nos élites françaises. Pour interdire que leur politique soit jugée « sur pièces » de l'intérieur par leurs personnels, et de l'extérieur par les « élites » du reste du monde.

Comment relancer l'industrie ? Courir après les sociétés en difficulté pour en préserver les outils obsolètes et les emplois n'a aucun sens. C'est un leurre, prétexte à une politique de communication, au mieux la politique d'accompagnement et de soins palliatifs d'une disparition programmée, cela ne fait pas une politique industrielle.

J'estime qu'il y a au moins deux conditions à réunir pour conjurer le découragement, la faillite collective.

La première met l'accent sur la nécessité de l'ancrage à un collectif. Le mien est breton, français, européen et désormais africain. On ne se bat pas seulement pour soi-même, mais pour les siens. La solidarité met en mouvement. Dans une entreprise, on commence par renforcer sa solidité, sa pérennité. C'est l'appartenance première. Un chef d'entreprise songe en priorité à son entreprise. Le collectif régional ou national peut bien lui assigner des objectifs complémentaires non-contradictoires, des orientations… qu'il y souscrive, qu'il les amende ou qu'il les conteste, c'est à son entreprise qu'il est d'abord attaché. Et c'est cet ancrage-là qui incite les cadres, les salariés, les syndicats à s'engager. Ce type de chef d'entreprise, il ne prend pas ses décisions à la légère, spécialement les plus amères. À lui d'assumer l'impopularité. Alertés par les difficultés, les représentants du peuple parés de l'écharpe tricolore ont beau jeu d'aller le trouver, de le sommer publiquement de rendre des comptes sur sa gestion, sur sa stratégie, de le conjurer de surseoir aux licenciements, aux fermetures et aux reconversions envisagés. Ce genre de manifestation a le même mérite qu'une cérémonie d'obsèques : ça ne fait jamais revenir le défunt à la vie, mais ça permet d'évacuer un trop-plein d'émotion.

Il est indispensable de créer un nationalisme d'entreprise, de le développer et de le maintenir. Ensuite, il faut rechercher un ancrage géographique, identifié à une localité, une région, un pays ou un ensemble de pays. Car une entreprise ne peut pas être apatride. Elle doit avoir son siège quelque part. D'ailleurs, s'il avait parfois été prévu d'en partager le siège entre deux lieux, il finit tôt ou tard par ne plus être reconnu qu'en un seul endroit. Ainsi, Shell est britannique, Royal Dutch est néerlandaise, batave. Leur fusion a donné le jour à la première compagnie pétrolière européenne. Officiellement, la direction se répartit entre deux sièges, l'un à Londres, l'autre à La Haye. Mais c'est La Haye qui est le véritable centre nerveux de la multinationale. Autre illustration : longtemps l'entreprise Schlumberger a eu son siège à Paris, jusqu'au jour où, au prétexte que ses clients pétroliers étaient à New-York, sa direction y a ouvert un nouveau siège. Le siège français est devenu depuis une fiction. Et lorsque les médias font le tour des entreprises françaises, ils oublient désormais de citer Schlumberger !

Même si le développement international se fait autour de nouveaux managers de toutes les nationalités, ressortissants ou étrangers, je crois à la valeur de cet ancrage. Il n'est pas indifférent de tenir les conseils d'administration en français, ni de souligner la personnalité française de l'entreprise lorsqu'on croise au grand large. Certains, tels Yves Rocher, Pierre Fabre ou Alain Mérieux, ont su conserver leur ancrage régional, en conservant leurs sièges sociaux à La Gacilly (Morbihan), à Castres (Tarn) et à Lyon, tout en imprimant un formidable rayonnement international à leurs groupes.

Dans un monde de compétition, il faut respecter une habile combinaison entre nationalisme de l'entreprise-mère, nationalité du siège social, et nationalisme de l'entreprise-fille et de son siège. Par exemple, le développement au Brésil de Rhodia, la filiale de Rhône-Poulenc, s'est fait en insistant sur le caractère brésilien de l'entreprise. J'imagine que la filiale de Renault en Roumanie, Dacia, a la même ambition. De même que l'on ne parle pas d'une filiale Nissan au Japon, mais d'une entreprise-sœur. C'est encore le cas de l'assemblage Air France – KLM.

Pour que tout le monde donne le meilleur de soi-même, pour que les meilleurs restent fidèles, ce souci d'appartenance à un collectif est vital. Si la fierté nationale se rencontre dans le sport, elle se rencontre aussi dans l'entreprise. Et, pour peu que cette entreprise évolue parmi une cinquantaine de pays, elle doit pouvoir jouer aisément avec les doubles nationalités. Pour soutenir son dynamisme.

La seconde condition du ressaisissement : définir nettement la stratégie de l'entreprise et démontrer sa pérennité. Nul ne supporte d'être à bord d'un navire en perdition. Il faut dégager une ambition et réunir les capacités techniques et financières pour atteindre les objectifs retenus. La planification est nécessaire. Elle peut être déclinée différemment selon les secteurs d'activité. Mais, d'après moi, la base a toujours été l'aptitude à apporter des techniques ou des produits nouveaux tandis que progressait la productivité. Ce qui suppose d'examiner où en est la concurrence, de s'y comparer, d'estimer si l'on peut soit conserver un avantage, soit le conquérir.

Pendant dix ans (1971-1981), j'ai étudié chaque mois une vingtaine de dossiers d'entreprises qui cherchaient à obtenir une aide de l'État pour financer la réalisation de prototypes ou de pilotes. Toutes ces années, j'ai vu ces managers prendre des risques techniques pour assurer l'avenir de leur entreprise. Il est là, le cœur du métier. Le risque est d'abord technique, puis il sera financier. À cette époque, je débute mon analyse en soulevant trois questions : quels nouveaux produits, quels nouveaux procédés, quels progrès de productivité ? C'est l'acte de gestion indispensable. C'est seulement après l'avoir évalué que j'examine les comptes. En effet, si l'entreprise n'a pas travaillé à son avenir, à quoi servent des comptes en ordre et une gestion rigoureuse ? Son échec futur, il est déjà écrit au stade de son impréparation.

De même, il y en a assez de voir pointer du doigt la grande industrie qui délocalise certaines de ses productions pour desservir ses marchés extérieurs. On l'a toujours fait. Il faut plutôt s'assurer que la recherche et l'innovation ont leur siège en France. Ce qui est de moins en moins fréquemment le cas. C'est là le vrai drame, le seul drame ! Que Renault implante une unité de fabrication d'automobiles *low cost* dans des pays comme le Maroc n'a rien de choquant. Plus préoccupante, la localisation en Inde de nos centres de recherche en téléphonie. Si nous n'avons plus la ressource de garder en France nos chercheurs et nos innovateurs, nous n'aurons bientôt plus d'autre choix que de nous limiter exclusivement au secteur du tourisme, que d'accueillir visiteurs chinois et indiens.

Mais la politique industrielle, ça n'est pas réservé aux grands groupes industriels. Pour permettre à l'économie française de prendre, de reprendre et de conserver une longueur d'avance sur les économies concurrentes à bas coûts, l'innovation doit être considérablement stimulée et soutenue. Mais plutôt que de l'attendre de la seule grande industrie, laquelle n'est pas la mieux armée, c'est sur les petites structures, mobiles, périssables, flexibles et vendables dès que, prêtes à croître, elles font appel à des capitaux plus importants, qu'il faut miser. Ce sont elles qu'il s'agit de promouvoir. Sur dix petites entreprises créées, il suffit parfois qu'une seule réussisse pour s'épargner la déroute !

Pour réellement convaincre les jeunes ingénieurs et scientifiques de créer et de développer des procédés ou des produits de nature innovante, il n'y a guère plus qu'une recette au point mort où nous sommes rendus : leur faire confiance aveuglément, leur ouvrir l'accès aux subventions sans contreparties ni même contrôle a priori. La décision ne procédera que de l'examen d'un *business plan* succinct, où le caractère innovant du projet aura été souligné et démontré. Pareille démarche bousculera notre rationalisme administratif, soulèvera un scandale parmi notre appareil de financiers et de banquiers, révulsera la respectable énarchie républicaine. C'est pourtant la dernière chance à saisir pour éviter la marginalisation accélérée de notre industrie et la transformation de notre pays en un folklorique « Dysneyland ».

Il n'y a pas d'autre choix. C'est donc le meilleur. Si nous ne témoignons pas notre confiance à notre jeunesse, en sa capacité et en sa volonté d'entreprendre, il n'y a plus qu'à jeter l'éponge, et qu'à engager les plus jeunes à tenter leur chance et à proposer leur talent au loin, en Australie, au Canada ou au Brésil…

L'énergie

Il y a de toute évidence un lien étroit et direct entre l'industrie et l'énergie. L'industrie ne peut être compétitive que si le coût de l'énergie disponible demeure modéré. A contrario, plus ce coût s'élève et, par rapport aux autres pays, plus la compétitivité de la France décroît. Dès lors que l'énergie disponible est compétitive, nous pouvons avoir une industrie de l'énergie compétitive : en hydraulique, en nucléaire, dans le pétrole, le gaz et le charbon. Pour obtenir par exemple un meilleur rendement de la combustion du charbon et, parallèlement, pour réduire l'émission de CO_2 et la pollution, il est possible de s'équiper de centrales à très hautes températures de combustion, dites supercritiques, qui réclameront des matériaux très spéciaux. Cette solution permet par la même occasion de développer un secteur industriel.

Depuis qu'ils exploitent à grande échelle le gaz de schiste, les États-Unis ont révolutionné leur situation énergétique. Le prix du gaz a été divisé par trois. On a vu apparaître un secteur industriel original, créateur d'emplois. Jusque-là tenu pour un État pauvre et « plouc », le Dakota du Nord est désormais le deuxième producteur derrière le Texas. Le taux de chômage a chuté. À 3,2 %, c'est l'un des plus faibles d'Amérique du Nord, tandis que les salaires moyens figurent parmi les plus élevés. Améliorant progressivement leurs techniques de *fracking*, les opérateurs américains les ont vendues depuis dans tous les pays.

Alors que les États-Unis confortent leur avance technique dans ce domaine, la France est frappée de l'interdiction d'exploiter depuis la loi Jacob de 2011 et la circulaire de septembre 2012 et, conséquence navrante, d'explorer et de rechercher. Cette situation est une véritable insulte au développement des sciences et des techniques pour un pays qui, comme la France, a l'honneur jusqu'à aujourd'hui de compter treize prix Nobel de physique et huit prix Nobel de chimie, parmi lesquels Antoine-Henri Becquerel, Pierre et Marie Curie, Louis de Broglie, Alfred Kastler et jusqu'à Serge Haroche, prix Nobel de physique 2012. Le drame, c'est que cette interdiction provoque un retard supplémentaire : nous ne pouvons pas développer à notre tour des solutions industrielles créatrices de richesses et d'emplois. J'ajoute, et c'est le troisième handicap, que ce refus obstiné d'encourager la recherche et l'expérimentation nous prive d'un argument de poids dans nos négociations avec les pays producteurs de gaz. En effet, tant que ces derniers n'ont pas à redouter la possible concurrence que représenterait demain une production domestique, nous sommes dans le creux de leurs mains.

Que l'activité humaine soit génératrice de CO_2, c'est indéniable. Que, par son ampleur croissante, ce gaz carbonique se soit révélé de nature à affecter les équilibres préexistants, à accélérer la fonte des glaciers, à provoquer des dérèglements climatiques, c'est plus que probable. Mais ce n'est pas parce que je suis d'accord avec ce constat effectivement alarmant qu'il est inconvenant d'examiner et de contester l'opinion qui domine aujourd'hui. De ce constat, je me garde en effet de déduire, aussi abruptement que tant d'écologistes qui voudraient tirer leur autorité d'une morale planétaire dont, par mystérieuse élection, ils seraient les grands prêtres, qu'il n'y a qu'à cesser l'exploitation de l'énergie nucléaire et des hydrocarbures pour ne plus faire appel dorénavant qu'aux énergies dites renouvelables.

Quoi de plus absurde que de croire que ce parti-là est la solution à tous nos problèmes ! Car les critères qui déterminent aujourd'hui et qui inciteront demain les utilisateurs à s'orienter vers telle ou telle autre source d'énergie, vers tel ou tel autre vecteur, ne sont toujours pas près de changer. Il s'agit pour eux et en priorité du niveau de disponibilité et du niveau du coût, l'aspect environnemental intervenant à titre accessoire. Les raisonnements écologiquement corrects qui ont cours dans nos pays nantis, je suis au regret de le souligner, passent ailleurs pour des raisonnements d'enfants gâtés.

Depuis une trentaine d'années, on nous serine qu'il est urgent de modifier notre comportement par rapport aux hydrocarbures pour différer autant que possible les prochains effets de leur raréfaction – assertion en vérité quotidiennement contredite dans tout le vaste monde ! « On ne peut pas attendre, fait-on dire au président Nicolas Sarkozy, pour préparer le monde à l'après-pétrole… » C'était le 23 septembre 2008 à New-York, quelques mois après son élection, à l'occasion de la 63e assemblée générale des Nations-unies. Quatre ans plus tard, c'est au tour de François Hollande de reprendre l'antienne. Il se prononce le 28 novembre 2011 en qualité de candidat cherchant à obtenir l'investiture du Parti socialiste. C'est ainsi, dit-il, que s'il sort vainqueur de l'élection présidentielle, « la transition énergétique » sera l'une des priorités de son quinquennat, conformément aux obligations écologiques, mais aussi conformément au fait (?) que, selon lui, « les réserves de pétrole s'amenuisent ». Or c'est tout l'inverse qui se produit dans la réalité ! De quel crédit jouiront jamais des chefs d'État qui s'abusent à ce point, qui posent si mal le problème ?

Ce n'est pas la limitation ou l'amenuisement des réserves physiques de pétrole, de gaz ou de charbon, qui constitue la difficulté, c'est la question du prix. Car l'augmentation continue des prix a progressivement justifié l'ampleur croissante des coûts d'exploration, d'exploitation, de transport et de raffinage. Par voie de conséquence, elle a fini par rendre disponibles de nouvelles réserves enclavées ou offshore. Et davantage encore : le prix toujours plus élevé de l'énergie a conduit à découvrir et à exploiter des réserves dites non conventionnelles, celles contenues dans tous les argiles de la planète. C'est cette source d'énergie que l'on a coutume d'appeler (vulgairement) « le gaz de schiste ».

Il n'y a donc pas, à proprement parler, de fin du pétrole. En revanche, ce foisonnement de réserves représente un coût, qui se répercute sur le consommateur. Pour peu que le niveau de l'offre vienne à excéder le niveau de la demande sous l'effet d'une récession mondiale, et une réaction en chaîne s'ensuivra : les prix s'orienteront à la baisse, la rentabilité des réserves non traditionnelles chutera jusqu'à provoquer leur mise en sommeil… jusqu'à ce que s'inverse la tendance observée précédemment, jusqu'à ce que le niveau de la demande vienne à excéder l'état de l'offre à un certain instant T, entraînant du même coup les prix à la hausse. Il est clair que ce sont les prix qui avoisinent les 100 dollars par baril qui demeureront la référence de cet hydrocarbure, tandis que, par rapport à leurs niveaux de ces dernières années, baisseront les prix du gaz et du charbon. N'en déplaise aux économistes des cafés du commerce, c'est sous ce régime-là que sont traités les trois quarts de la production et de la consommation de l'énergie mondiale. Ce sera encore le cas pour les cinquante années à venir, et peut-être même toujours le cas pour les deux cents prochaines années.

Il n'empêche, sans conteste, que le CO_2 dont s'accompagne la combustion de l'énergie fossile porte préjudice à l'équilibre de la planète. Que faire ? Outre qu'économiser les énergies et taxer fortement le CO_2 vont dans le bon sens, il s'agit d'améliorer les rendements et de s'attaquer aux gaspillages. Car, sur ces deux plans, il y a de la marge. Le remplacement des installations vétustes, l'innovation qui présidera à la conception en même temps qu'à la maintenance des raffineries, turbines, centrales et moteurs, voilà autant d'impératifs à échelle mondiale qui aboutiront à minimiser la part du CO_2 à mesure qu'ils seront concrètement introduits et respectés. Encore doit-on faire jouer cette exigence d'innovation d'amont en aval, en nous efforçant notamment de traiter le CO_2 qu'émettent les sites industriels : soit en le piégeant, soit en le transformant. À cet égard, nous savons déjà nourrir des micro-algues avec du CO_2 issu d'une centrale au charbon, nous savons en tirer des produits pharmaceutiques et cosmétiques. Et nous sommes loin d'avoir épuisé tous les usages susceptibles de maîtriser, de piéger ou de transformer le CO_2. J'ajoute que, si les hydrocarbures demeureront la source essentielle de l'énergie du futur, il n'y a que par les coûts que peut être encouragée et rigoureusement pratiquée une utilisation rationnelle de l'énergie. Il n'y a aucune « transition » à attendre !

Il reste à se pencher sur le dernier quart de la production d'énergie, celui vers lequel convergent tous les regards et toutes les attentions. En ce qui concerne l'hydraulique, les efforts portent sur la maintenance des installations dans les pays développés, sur les installations à construire dans les pays en cours de développement. Mais il faut avoir présent à l'esprit que, quand bien même aurions-nous enfin réalisé tous les barrages possibles parmi tous les pays du monde, l'énergie de source hydraulique continuera à ne représenter qu'un médiocre pourcentage de la consommation globale. J'ajoute que le gigantisme des chantiers, qui attire beaucoup d'investisseurs, entraîne inévitablement de sérieux désordres. Toute création de lacs artificiels provoque des déplacements de populations, exige de nouvelles infrastructures, etc. Cette solution mérite d'être examinée et évaluée cas par cas. Elle n'est pas à tout coup la panacée. Toujours est-il que, sous l'angle du coût et de la disponibilité, et même du CO_2, l'hydraulique peut être préférée aux autres solutions.

Le nucléaire n'induit pas de CO_2. Il est le seul à présenter cet avantage, mais aussi le seul à être assorti d'un risque à couvrir, d'une nature et d'une échelle qui suffisent à expliquer la vive méfiance, sinon la franche hostilité, que soulève cette production d'énergie. Et, subséquemment, l'augmentation de ses coûts. Toute centrale nucléaire réclame en effet le plus haut niveau de sécurité et de sûreté. Ce sera à la recherche scientifique et technique de progresser en ce sens, jusqu'à prouver dans un futur point trop éloigné que, compte tenu des perspectives qu'offre la « fusion », pourra être respecté sans faille ce double objectif : sécurité et sûreté. C'est également de la sorte que sera résolu le casse-tête que représentent les déchets nucléaires. Il ne faut pas se cacher que le nucléaire est un problème politique dans les régimes démocratiques occidentaux. Leurs gouvernements n'en sont pas moins sensibles au fait que le nucléaire assure la disponibilité de l'électricité et qu'il demeure un gage précieux d'indépendance. C'est dire s'il faut réfléchir à deux fois avant d'en sonner le glas. Ainsi les autorités allemandes, en décidant brutalement l'arrêt de quelques centrales nucléaires, ont-elles provoqué un renchérissement du prix de l'électricité et un accroissement vertigineux du CO_2 émis à partir de leur territoire. Les États-Unis ont bien profité de l'aubaine : depuis le boom du gaz de schiste bien moins cher, le charbon que les Américains continuent d'extraire du Wyoming n'est plus brûlé sur leur territoire, il est exporté vers les centrales à charbon d'outre-Rhin !

Les énergies éoliennes et solaires ? Elles se payent cher et, tant que leur développement ne sera pas bordé par une politique mondiale adaptée, leur généralisation fera flamber les prix et, contradictoirement, limitera leur expansion, parce qu'elles font appel à des composants critiques dont le coût ne cesse de progresser. Il y a en effet un revers en somme peu écologique à accepter si l'on veut répandre massivement les « technologies vertes » : la course aux terres rares. Ainsi, préférés aux premiers moteurs à induction au cuivre moins performants à haute température, les nouveaux moteurs des grandes éoliennes sont équipés d'aimants permanents à base d'alliages composés notamment de néodyme et d'une proportion très faible, mais jusqu'à présent indispensable, de dysprosium, une terre rare qui se monnaye très cher, et dont le déséquilibre entre l'offre et la demande futures laisse présager une hausse des prix insupportable pour des applications de grande ampleur. La Chine dispose de réserves et d'une longueur d'avance dans ce domaine, par rapport aux États-Unis et à l'Europe, alors que ce sont des savants français qui, à la fin du XIXe siècle, avec Lecoq de Boisbaudran et Urbain, ont ouvert la voie à la chimie séparative des terres rares !

Les technologies vertes s'amélioreront au fil du temps mais il faut s'attendre, malgré des recherches engagées dès le premier choc pétrolier de 1973, soit depuis pas moins de quarante ans, à ce que le bénéfice ne s'en fasse pas sentir avant les vingt prochaines années. Si l'on a déjà enregistré de belles réussites pour ce qui touche à la production, on ne peut pas, hélas, en dire autant des projets de stockage électrique. Ils marquent le pas. Au total, les rendements insuffisants du solaire et de l'éolien, couplés avec la discontinuité et l'intermittence de leur exploitation, sans parler du coût dissuasif du stockage, n'autorisent de leur accorder la préférence que si les contraintes géographiques, de disponibilité et de coûts, les rendent incontournables. Dans certaines contrées africaines, privées de réseaux ou de sources, ces énergies renouvelables se justifient parfaitement. Mais à l'échelle mondiale cette fois, soutenir que des légions d'éoliennes en mer suffiront à approvisionner et à sauver la planète, c'est courir au ridicule.

Énergie des courants, des vagues, centrales au fil de l'eau… il ne manque pas de sources d'énergie propre et renouvelable. Autant de programmes passionnants que la science étudie et développe en progressant toutefois à son rythme. On peut fonder bien des espoirs sur les hydroliennes mais, là encore, c'est seulement dans une vingtaine d'années que l'on recueillera les résultats probants.

À côté des projets réellement d'avenir qui réclament du temps, je déplore l'absurdité et l'effet contre-productif des programmes qui se succèdent de façon désordonnée et à courte vue en faveur des agrocarburants, de l'hydrogène ou des véhicules électriques.

Les terres agricoles doivent être réservées aux productions alimentaires et, accessoirement, aux végétaux à usage pharmaceutique ainsi qu'à la production de biopolymères susceptibles, comme l'ambitionnent les promoteurs de la « moléculture », de se substituer peu à peu et selon l'usage à certains plastiques.

L'hydrogène est régulièrement salué comme un carburant écolo-compatible. Malgré un paradoxe : de toutes les sources d'énergie nécessaires pour le produire, c'est le recours aux hydrocarbures, au gaz naturel en particulier, qui s'avère le moins onéreux, et quoique déjà trois fois plus cher que le gaz naturel. Mais, outre que le procédé entraîne une émission de CO_2, il est absurde d'envisager l'hydrogène comme un futur carburant d'usage courant car il est bien moins pratique que les produits pétroliers classiques. La production par électrolyse, qui consiste à décomposer l'eau en oxygène et en hydrogène, présente un autre type de coût, trois à quatre fois plus élevé qu'à partir du gaz naturel : celui de l'énergie électrique. Or, à ce jour, il n'y en a pas à coût plus compétitif que celle délivrée par les centrales nucléaires. Quant aux autres procédés, biomasse (végétaux) ou centrale solaire, dont le modèle économique est encore flou, ils ne sont pas près d'être généralisés.

L'enjeu le plus sensible pour les véhicules électriques et hybrides à alimentation électrique tourne d'une part autour de l'ensemble des performances de la batterie stockant l'électricité : encombrement, poids, puissance, sûreté d'utilisation, sensibilité aux températures, durée ou capacité d'autonomie, temps de charge, durée de vie, possibilité de recyclage et, d'autre part, sur l'emploi croissant de terres rares dans une multitude d'applications de ces véhicules électriques. Enfin, n'oublions pas que leur carburant, l'électricité, sera d'autant plus compétitif que la production en sera continue et à prix faible. Autrement dit, le véhicule électrique sera l'enfant naturel de l'électricité nucléaire et non pas des énergies renouvelables coûteuses et intermittentes. Là encore, entrent en ligne de compte les terres rares, comme dans le cas de la Toyota Prius, dont, d'après Patrice Christmann, un de nos experts du BRGM, la batterie contient 10 kilogrammes de lanthane.

13

Aidons l'Afrique, l'Afrique nous aidera

Au lendemain de la Première Guerre mondiale, après avoir méprisé le pétrole et le gaz pendant des années, alors que le charbon était considéré comme la source principale et essentielle d'énergie pour toujours, certains Français se sont pris à rêver aux autres hydrocarbures. Des ingénieurs sont partis prospecter le sous-sol de la Roumanie. Ils ont découvert des réserves d'or noir. Ils se sont mis à en produire. Les mêmes ont incité la France à s'intéresser au pétrole irakien, *via* sa participation au capital de l'Irak Petroleum Company (40 % de la consommation en France à la veille de la Seconde Guerre mondiale) tandis que, au long des années 1920 et 1930, le sous-sol national faisait lui-même l'objet de prospections. C'est à cette époque que remonte la découverte des gisements du Sud-Ouest, notamment en Haute-Garonne. Mais les travaux d'envergure attendront les lendemains de la Libération.

Le général de Gaulle s'est entouré de jeunes ingénieurs passionnés par les hydrocarbures avec, à leur tête, l'ingénieur des Mines Pierre Guillaumat, directeur des carburants en 1944 puis, à partir de 1945, patron du Bureau des recherches de pétrole. Lui et ses équipes vont mener de front les recherches pétrolières et gazières. En France et dans les pays de l'Union française, soit en Afrique. Identifié en 1951, exploité à partir de 1957, le bassin de Lacq fournira du gaz naturel (au lieu du « gaz de ville » produit par les centrales à charbon) pendant plus d'un demi-siècle – même à ce jour, le gisement n'est pas totalement tari ! Des gisements de pétrole seront découverts en Afrique saharienne et au Gabon, puis au Cameroun et au Congo-Brazzaville.

En tant que président d'Elf, j'étais l'héritier de cette période où se sont illustrés nos pionniers de l'après-guerre. Pierre Guillaumat a été le premier président d'Elf Aquitaine, née de l'Union générale des pétroles voulue par de Gaulle pour éviter à la France d'être trop dépendante des réseaux de raffinage et de distribution des multinationales étrangères. Créée en 1966, apparue publiquement en 1967, Elf connaîtra un beau succès. À mon arrivée à la présidence en 1989, je sais combien ce succès est dû, pour une bonne part, aux relations que mes successeurs ont entretenues avec l'Afrique. Sauf que, au lieu de nous limiter à l'ancien pré carré français, nous entrerons en relation avec les pays anglophones et lusophones.

Avec, dans les années 1990, un baril à 10 dollars, les bassins sédimentaires les plus recherchés se trouvaient essentiellement, outre au Sahara, parmi les régions côtières, sous terre (onshore) et sous mer (offshore) à faible profondeur. Le Nigeria était le premier producteur pétrolier. Il surpassait de loin tous les autres pays. Mais l'augmentation prévisible du prix du baril devait nous conduire à nous intéresser à l'offshore profond. Et donc à l'Angola dans son ensemble, et non plus seulement à la pépite du Cabinda, cette province qui s'étire entre la RDC (ex-Zaïre) et la République du Congo (Congo-Brazzaville), et encore en Guinée équatoriale au nord de sa capitale, Malabo. Nigeria, Angola et Guinée équatoriale sont les trois leaders de la production pétrolière africaine. Le Gabon qui, mitoyenneté territoriale oblige, revendique désormais auprès de la Guinée équatoriale le droit de partager une part de ses bénéfices, le Congo-Brazzaville et le Cameroun étaient de moyens producteurs, tandis qu'avaient été localisées d'importantes réserves au Tchad, gisements cependant non exploitables en raison de l'enclavement d'un pays – à 800 kilomètres du littoral, et à 10 dollars le baril, il ne pouvait en être autrement dans ces années-là.

Les compagnies pétrolières poursuivent leurs études parmi les bassins sédimentaires du continent. Des puits sont forés ici et là. Progressivement, la mise à jour de la cartographie géologique fait lever des espoirs un peu partout. Mais les travaux et campagnes de prospection ne vont pas plus loin. Il y a toujours une bonne raison pour ne pas investir dans l'exploitation :

gisement trop profond, site trop éloigné, instabilité du pays, difficulté de pénétration, climatologie hostile, etc. Tant et si bien que, dans les années 1990, nous ne pouvons toujours compter que sur quelques pays, et déplorer certaines expériences malheureuses, par exemple le gisement offshore du Bénin, qui végète au large des côtes de Sèmè.

Deux événements peuvent changer la donne. Que le baril de pétrole se renchérisse. Ou que l'utilisation du gaz se révèle rentable, même sur ce continent. Et c'est d'après ces hypothèses que je vais entreprendre la nouvelle politique d'Elf en Afrique.

Car j'en ai l'intuition dès mes premiers jours à la tête de la compagnie nationale, le prix du baril de pétrole est irrésistiblement appelé à la hausse dans les vingt ans à venir, et je fais même déjà le pari qu'il finira par tutoyer les 100 dollars. Avec pour conséquence que tous les bassins sédimentaires de l'Afrique, sous terre et sous mer, vaudront la peine d'être exploités, et qu'il faut donc nous y employer sans plus attendre. En Afrique comme ailleurs, nous ne pouvons pas continuer à torcher autant de gaz associé et à fermer sans avoir même envisagé de les exploiter, les champs uniquement gaziers que nous découvrons. C'est contraire à l'intérêt de ce continent, et néfaste à l'environnement. Le fléau tient en deux mots : gaspillage et CO_2. Nous devons changer d'attitude.

C'est ainsi que je vais consacrer mon temps à convaincre mes différents interlocuteurs de l'importance de l'Afrique et pour les Africains eux-mêmes et pour la France. Et que je m'efforcerai d'ouvrir de nouveaux horizons dans la plupart des pays d'Afrique, de 1989 à aujourd'hui.

Tout d'abord, j'estime que la compagnie a eu tort de se tenir à l'écart de l'Algérie. Certes, l'indépendance a fait vaciller le groupe. Mais vingt ans ont passé. Étant les seuls à disposer d'autant d'informations sur le sous-sol du Sahara, nous sommes bien placés pour reprendre les travaux dans l'intérêt des deux pays, Algérie et France. À peine émise, mon hypothèse est accueillie par une levée de boucliers. Je n'insiste pas sur le moment. Mais le groupe reviendra en Algérie vers 1991, grâce à CEPSA, nouvellement acquise. Notre filiale espagnole y a fait une découverte majeure, au sud-est du pays (bassin de Berkine). Comme quoi il n'était pas insensé de prospecter en Algérie. Vingt ans après, le désert du Sahara redeviendra l'un des foyers des réserves mondiales d'hydrocarbures.

Au potentiel des gisements, il faut associer le potentiel des techniques. Chez Elf, nous ne craignons pas d'envisager l'offshore profond. Et c'est malgré les mises en garde des professionnels du monde pétrolier et des financiers que nous décidons d'investir, en Angola, puis au Nigeria et au Congo-Brazzaville. Nous connaissons des succès techniques. Puis nous passons à la phase de production. Bingo ! La hausse du cours du pétrole conjuguée avec l'amélioration des techniques pour diminuer les coûts d'exploitation, tout cela justifie doublement le montant de nos investissements. Il fallait y croire. Nous y avons cru. Et nos successeurs peuvent nous bénir, eux qui n'ont pas fini d'en toucher les dividendes.

Mais nous nous orientons également vers les bassins sédimentaires enclavés, le bassin de Taoudeni sur le territoire du Mali et à cheval sur ses frontières, le bassin du Congo que se partagent la RDC et le Congo-Brazzaville, et sur les régions des Grands Lacs, de part et d'autre de la vallée du Grand Rift africain qui s'étire du sud de la mer Rouge jusqu'au Zambèze. Le bon sens commandait d'exploiter en priorité les gisements déjà découverts, spécialement ceux du Tchad. Elf rachète une part de 20 % dormante du permis, puis nous pressons l'opérateur d'entreprendre les travaux d'exploitation du gisement. Un chantier pharaonique. Pour pouvoir acheminer le brut, il faut construire un oléoduc sur une distance de 890 kilomètres, de Doba au Tchad à travers le Cameroun jusqu'au terminal de Kribi sur la côte Atlantique. À 10 dollars le baril, c'était une folie. C'est entre 1993 et 1995, alors que je présidais Gaz de France, que les deux chefs de l'État, le président du Tchad Idriss Deby et le président camerounais Paul Biya, ont entamé les discussions.

Mais il aura fallu attendre que mon successeur, l'infaillible Philippe Jaffré, revende les parts d'Elf dans le permis, pour que les travaux commencent enfin. Et c'est seulement en 2003 que l'oléoduc entrera en service. Mais à cette période-là, j'étais devenu indépendant. Je conseillais le Tchad. Le cours du pétrole continuait à grimper. Le modèle économique du projet était clair. L'oléoduc était financé par la Banque mondiale, et le chantier du port pétrolier de Kribi était déjà bien avancé. Le Tchad est ainsi devenu le premier pays africain enclavé producteur de pétrole. J'ai été décoré de la Légion d'honneur du pays. Cela n'a pas fait de moi un milliardaire, mais après dix ans d'efforts, après avoir milité contre la pensée unique, j'avoue que l'inauguration de la production du site de Doba exploité par l'américain Exxon a été un grand moment de ma vie. Mon regret, depuis, a été de constater que cette prouesse ne faisait pas vraiment le bonheur du peuple tchadien. Et je me suis retiré sur la pointe des pieds.

Les barons d'Elf ayant déjà désapprouvé mon investissement au Tchad, puisqu'ils s'en sont débarrassés sitôt que j'ai tourné le dos, motiver les cadres dirigeants à s'aventurer dans d'autres régions enclavées était donc une cause perdue d'avance. Comment aurais-je pu les convaincre d'aller prospecter au Mali ou dans le bassin du fleuve Congo à plus de 800 kilomètres du littoral, sans parler du lac Albert, du lac Victoria ou du lac Tanganika ? Une mission suicide. Certains ont toutefois daigné recueillir des données, les mêmes qui, dans le même temps, lorgnaient sur la Bolivie, la forêt amazonienne, l'Asie centrale ou la Chine intérieure, autant de zones que les mers avaient occupé il y a des millions d'années et qui, désormais, se trouvaient à mille kilomètres du littoral… !

Un territoire me passionnait particulièrement : le bassin du fleuve Congo. D'après nos analyses, il contenait sept kilomètres de sédiments à certains endroits. Elf était à l'époque déjà considérablement absorbé par ses projets, en URSS et au Venezuela, et compte tenu aussi du programme onshore au Congo, j'ai estimé qu'il était déraisonnable de poursuivre plus loin, et j'en suis resté à mes dossiers et à mes rêves.

Depuis, quand l'occasion s'en est présentée, j'ai pu reprendre ce programme. Avec le concours d'anciens collaborateurs, aussi passionnés que moi, j'en ai défini les priorités. Ce programme risqué mais prometteur, un financier s'est offert à le développer. C'est ainsi que je travaille au Nord Congo depuis 2005. Dans le même temps, d'autres baroudeurs ont convaincu à leur tour d'autres financiers. Si bien que l'on rencontre aujourd'hui de nombreuses petites compagnies ici et là, parmi toutes ces zones enclavées que personne n'osait aborder il y a encore vingt ans. Car la donne a changé. Dorénavant, sitôt que la production estimée dépasse le niveau des 50 000 barils par jour, il est permis d'envisager le financement d'un oléoduc de 1 000 kilomètres. Il n'y a donc plus aucune limite à l'exploration de tous les bassins sédimentaires africains.

Avec une seule opération à ma charge, je me considère suffisamment occupé, mais je continue de scruter toutes celles qui se poursuivent. Et j'espère que l'on fera des découvertes majeures. C'est vraisemblablement de l'Ouganda que jaillira la première vague d'or noir autour du

Grand Rift africain, ouvrant la voie à beaucoup d'autres pays pourvu que revienne la sérénité dans cette région, idyllique en théorie et, cependant, si violemment convoitée et déchirée.

*

J'avais beaucoup étudié le bassin de Taoudeni, entre Algérie, Mali et Mauritanie. Hélas, les responsables maliens n'avaient pas admis que les contrats pétroliers soient assortis de conditions variables selon les chances de succès. Leurs lois interdisaient une juste rémunération du risque encouru. J'ai préféré renoncer.

Avec un prix du baril en augmentation constante, il devenait plus intéressant d'étudier l'ensemble du littoral Atlantique, depuis le Maroc jusqu'à la Namibie. C'est l'un des objectifs que je me suis fixé après mon départ d'Elf en 1993. Il est toutefois à l'origine de fâcheuses déconvenues. Ainsi, au Maroc, m'a-t-on consulté, en particulier alors qu'une petite société venait d'annoncer de merveilleux résultats, relayées par les plus hautes autorités. En fait, il s'agissait d'un coup de publicité mensongère qui avait dû rapporter quelque chose à quelqu'un, et peu m'importe de savoir à qui.

Quelques années plus tard, un prince me prie de lui rendre visite dans son appartement parisien pour reparler du même sujet. En une demi-heure, je lui démontrais qu'il lui faudrait renvoyer tous les employés du siège social de ladite société avant de pouvoir espérer un jour ne plus perdre d'argent. Depuis, j'ai été à nouveau sollicité, cette fois-ci par la ministre marocaine de l'Énergie, Mme Amina Benkhadra. C'était au quatrième trimestre de 2011. Mes collaborateurs qui, toute la semaine, ont examiné minutieusement les résultats des opérations passées, reviennent vers moi pour m'apprendre que les compagnies qui ont prospecté ont négligé beaucoup de données intéressantes. Mais notre rapport tombe au lendemain des législatives de novembre 2011, remportées par le parti Justice et Développement (islamiste). Un nouveau gouvernement est constitué autour d'Abdelilah Benkirane, Premier ministre. Depuis, je n'ai eu aucun écho de ce rapport.

Le Sénégal, où n'avaient été découverts jusque-là que de maigres gisements, s'est mis à concevoir des espoirs inconsidérés. Il peut certes y avoir des gisements au large du littoral sénégalais, mais la prospection doit être réservée à des explorateurs sérieux, qui ne peuvent s'engager qu'au titre de contrats corrects, et que l'on ne contraindra pas à investir et à risquer leurs capitaux ailleurs que dans les travaux de recherche d'hydrocarbures. Un changement de gouvernance était nécessaire à cet égard. Et l'on peut espérer que, dans l'intérêt du pays, les nouvelles autorités se montreront plus avisées.

Sous les eaux territoriales du Sénégal et de la Guinée-Bissau, s'étend le gisement du dôme Flore. L'agence de gestion et de coopération commune aux deux pays a son siège à Dakar. L'exploration a mis en évidence dès 1992 deux couches sédimentaires à une profondeur correcte : un pétrole très lourd (plus difficile à exploiter) plutôt abondant, c'est un pétrole à bitume ; puis, plus en profondeur, un pétrole léger mais en quantité plus réduite. Un puits d'appréciation était nécessaire, et j'avais été appelé à le réaliser. Mais, tandis que j'étudiais les données, une petite compagnie britannique, Sterling Energy, est entrée dans la danse. Elle a dû se montrer rapidement convaincante, car c'est à elle que le permis a été délivré. Depuis, ce permis passe de mains en mains. Je me doute que certains y trouvent leur compte. Toutefois pas à l'avantage du Sénégal et de la Guinée-Bissau. Pas la moindre goutte de pétrole n'a été remontée.

Pays lusophone, la Guinée-Bissau a toujours connu une situation politique explosive. Son général-président, João Bernardo Vieira, qui allait et venait, de disgrâce en retour au pouvoir, depuis vingt-trois ans, a fini par être assassiné le 2 mars 2009 par des militaires de sa garde personnelle. Je n'étais pas préparé à ce brutal dénouement, moi qu'il avait désigné comme son « conseiller pétrole ». J'avais passé des jours à Petroguin, à examiner les dossiers sous le regard ouvertement hostile des cadres de son entourage. Touchant des émoluments de la société qui avait acheté les zones prometteuses, ils tenaient à les conserver et interdire à quiconque de contester la situation. Je n'aurais pas eu le temps de trouver la parade : Nino Vieira était déjà mort. Depuis, le pays vit des jours terribles et sans plus de pétrole qu'au premier jour. Il serait devenu le point de passage de la drogue venant d'Amérique latine. Alors qu'il y a au sud du Sénégal et au nord de la Guinée-Bissau une zone sédimentaire remplie de gaz non conventionnel, dit de schiste ou *shale gaz*. Si les autorités le voulaient, la région pourrait devenir autosuffisante en énergie en l'espace de deux ans. Mais il faut croire qu'il est plus juteux pour tout le monde de l'abandonner aux caïds de la drogue...

En Guinée-Conakry, le domaine offshore a d'abord été cédé à des opérateurs locaux, puis à Hyperdynamics, une société texane. Entreprendre les premières études réclamait des moyens considérables, qui se sont avérés bien au-dessus des ressources de cette société. En sorte que le président Sékou Touré, au pouvoir depuis 1958, aux premiers jours de l'indépendance et qui, en autocrate, avait toujours décidé de tout sur tout « gela » l'affaire. Au lendemain de sa mort le 26 mars 1984, un gouvernement intérimaire se mit en place, que le général Lansana Conté ne tarda pas à renverser. Ce dernier se fera élire à la présidence en 1993 puis en 1998. Il me consulta dans les dernières années de sa vie. Il voulait une nouvelle politique économique. Mais il changeait d'avis du matin au soir, me convoquait puis se rétractait. Pour finir j'ai abandonné la partie. Ce n'est que sous les régimes suivants, celui de Dadis Camara puis de Konaté, que je me suis rendu en Guinée. J'y ai rencontré les représentants d'Hyperdynamics et ceux de l'administration.

Après les élections, le nouveau pouvoir a cru que les vieilles recettes produiraient de nouveaux résultats. Sans succès car, entretemps, le monde a changé, le monde pétrolier aussi. Quel gâchis ! Avec son secteur minier exceptionnel et son domaine pétrolier, la Guinée-Conakry pourrait devenir l'un des plus grands producteurs d'Afrique.

Avec la Côte d'Ivoire, nous avons eu plus de chance. Le domaine offshore a été étudié, foré et exploité. On y a trouvé du gaz et du pétrole. Il y avait déjà une raffinerie. Nous y avons construit une centrale à gaz. Et le pays a connu des jours heureux grâce à ses ressources agricoles, bien gérées pendant des dizaines d'années. On en a attribué la paternité à la stabilité et à la sagesse du président-fondateur Houphouët-Boigny. Sans doute. La Côte d'Ivoire a connu une prospérité et un équilibre sans équivalent ailleurs. La production de pétrole et de gaz oscille entre 32 000 barils/jour et 50 000 barils/jour, ce qui en fait certes un petit pays producteur – mais un pays producteur quand même. De plus, dans la mesure où Abidjan dispose de la meilleure raffinerie d'Afrique subsaharienne ainsi que de la meilleure unité de bitumes, on peut estimer que le pays recèle également d'excellentes compétences techniques dans le secteur pétrolier.

Gaz de France a été associé avec la famille Bouygues au gisement de Foxtrot. EDF et Gaz de France ont collaboré dans la fourniture d'électricité, en choisissant de construire et d'exploiter la centrale à gaz d'Azito. Les perspectives de l'offshore ivoirien étaient encourageantes alors que le cours du baril grimpait. Anglais, Américains, Canadiens et Russes affluaient. Tous cherchaient à investir la zone. Quand la machine s'est détraquée. Parce que les responsables ivoiriens ont voulu « vendre » des résultats loin d'être certifiés, d'après une cartographie erronée. Leurs décisions finales contredisaient les accords passés. La confiance s'est effritée, et l'investissement aussi.

Les autorités ivoiriennes m'appellent alors à les rencontrer à Abidjan. Je livre mon analyse. Je mets en cause l'attitude de certains individus qui occupent un échelon élevé dans l'appareil. Leur proximité avec le chef de l'État est notoire. Mon premier diagnostic est gratuit. Cette modalité me garantit une grande liberté de parole. Pour le cas où les autorités souhaiteraient que je poursuive le travail, je les prie de me reconnaître une liberté d'action. Je m'entends répondre que ça n'est pas possible, que je dois attendre les prochaines élections. Je décide de me retirer. Malgré les changements de responsables intervenus depuis, les comportements n'ont pas évolué.

La production ivoirienne a stagné, puis elle a reculé. Alors qu'au même moment le pays riverain, le Ghana, était devenu l'objet d'un vif engouement. En effet, à l'opposé de leurs confrères ivoiriens, l'administration ghanéenne et la Ghana National Petroleum Corporation mettaient tout en œuvre pour encourager les sociétés étrangères à prospecter. Et cette politique a payé.

Jusqu'à entraîner un nouveau contentieux entre… la Côte d'Ivoire et le Ghana.

Le littoral ghanéen s'étend vers l'ouest sur une langue de terre. C'est dans cette zone, à la limite (en vérité non définie !) des eaux territoriales du Ghana et de la Côte d'Ivoire qu'a été découvert le gisement offshore. Avec en perspective une production de 150 000 barils/jour. Un pactole pour le Ghana !

Les ministres de l'Intérieur des deux pays poursuivent les discussions. Une commission mixte se réunit régulièrement en vue de parvenir à un accord. Sans résultat, à ce jour. Je n'ai pas cessé d'expliquer qu'il fallait s'engager dans une démarche d'un autre type. En effet, aucune instance internationale n'a le pouvoir de modifier des frontières maritimes. En revanche, il est possible en droit pétrolier de faire appel à des arbitrages pour « unitiser un gisement frontalier » et répartir les productions entre les deux États.

À chaque réunion, je comprends que la décision va être reportée. En attendant, le Ghana produit. L'ancienne côte d'or devient la côte d'or noir. Le droit pétrolier ne prévoyant pas de répartition à titre rétroactif, ce qui est produit aujourd'hui est définitivement perdu pour la Côte d'Ivoire.

Ce n'est pas sans amertume que j'en viens au Togo. Au temps où je présidais Elf, nous avions procédé à un premier examen de l'offshore. Des années plus tard, des conseillers du fils du défunt président fondateur m'ont consulté. Le domaine est étroit. Une compagnie nigériane avait été désignée pour opérer. Mais aucun travail sérieux n'avait été engagé. La géologie n'apparaissait pas très prometteuse. Toutefois, il n'y avait pas matière à désespérer compte tenu du prix du baril. C'est ainsi que je négocie pour mes collaborateurs un petit contrat d'assistance destiné à dénoncer à l'amiable la licence passée avec la compagnie nigériane et à préparer un nouvel appel d'offres pour mettre aux enchères le permis d'exploiter.

Mais je bute sur un passé, sinon un passif, que je ne comprends pas. Les blocs finissent par être attribués sans appel d'offres. Mes collaborateurs sont déçus, et moi aussi. J'ai réalisé tout ce travail pour rien. Lors du dénouement, mes interlocuteurs ont trahi les accords verbaux que nous avions passés au départ. Le premier forage se serait soldé par un échec. Il faudra attendre le second, plus au large, pour estimer le potentiel du Togo. En tout état de cause, je n'aurais pu imaginer qu'en remerciement de mes services gratuits, je serai kidnappé à Abidjan, séquestré à Lomé et, pour finir, mis en demeure de payer une rançon à l'État togolais !

Au Bénin, le domaine minier est du même ordre. Un petit gisement avait été opéré, puis abandonné. La plateforme est toujours là. Les tuyaux suintent. Il faudrait reboucher et traiter l'ancien champ, et cela peut coûter beaucoup d'argent. J'ai travaillé en ce sens avec le gouvernement du Bénin, mais sans succès. Nous projetions de monter un dossier « Environnement » auprès des instances internationales pour parvenir à réunir les 20 millions d'euros que réclame le nettoyage du gisement de Sèmè. Mais il aurait fallu au préalable un engagement clair des autorités locales. Ces derniers ont préféré mettre l'accent sur d'autres travaux.

C'est aussi le cas au Nigeria voisin. Les travaux effectués à l'ouest, près de la frontière du Bénin n'ont pas été plus concluants, de même que la prospection de l'onshore nigérian n'a apporté de découvertes. C'est le delta du Niger lui-même qui s'est avéré prolifique.

Le Nigeria est et restera le premier producteur africain de pétrole et de gaz. D'autant mieux qu'il y a encore du travail à accomplir à l'intérieur de son immense territoire. C'est désormais la tâche des grands groupes autour de la société nationale, la NNPC. Des entreprises locales obtiennent des permis, mais c'est pour les monnayer aux industriels étrangers aux reins solides. Un petit jeu auquel tout le monde a l'air de trouver son compte, mais ce n'est qu'un jeu. Le Nigeria est un théâtre d'opération pour les plus puissantes compagnies, un terrain de bataille semé d'obstacles.

Dans tous les pays du monde, nous assistons à la même lutte entre un pouvoir central décidé à capter l'ensemble de la manne pétrolière et les petits chefs locaux qui aspirent à en recueillir une part. Mais cette lutte-là est devenue un problème insoluble au Nigeria. Des gangs de villageois se sont spécialisés dans le business du kidnapping. Ils enlèvent les ouvriers et les cadres sur leurs sites de travail. Ils ne les libèrent pas avant d'avoir touché les rançons réclamées. D'où l'apparition de deux nouvelles professions d'avenir : celle de ravisseur et celle de négociateur. Une façon inattendue de récupérer des miettes de la manne pétrolière. Et leur champ d'intervention n'en finit pas de s'étendre. Ces brigands prennent désormais le contrôle des navires, les pillent et kidnappent les équipages. Ils envahissent les plateformes. Jusque dans le nord, où il n'y a pourtant pas de pétrole, la pratique de l'enlèvement se répand sous l'alibi ou le paravent de la cause de l'islam.

Le Cameroun a eu son heure de gloire. Avec un offshore aux multiples facettes. À l'identification de gisements dans sa partie sud ont succédé les découvertes faites au nord de l'île de Malabo en Guinée équatoriale. La Société nationale des hydrocarbures (SNH) a toujours tenu la dragée haute aux opérateurs. Lorsque j'arrive chez Elf en 1989, la situation est bloquée. Les contrats proposés sont irrecevables. Il me faudra une bonne année pour réussir à convaincre la SNH et pour faire repartir l'exploration. Mais la production camerounaise continuera à baisser. Les gisements découverts tardent à entrer en exploitation à cause des exigences de l'administration. C'est dans ce contexte que s'engage la négociation avec le Tchad, lequel doit obtenir le droit de faire passer sur le territoire camerounais l'oléoduc qui joindra le champ de Doba au terminal de Kribi. Il fallait avoir une foi de tous les diables à cette période-là pour ne pas céder au découragement !

Le plus intéressant pour le Cameroun se trouvait à l'ouest, à la frontière avec le Nigeria, au cœur de la zone prolifique que représente le delta du fleuve Niger. Cette presqu'île de Bakassi est peuplée de Nigérians et de Camerounais. Elle est revendiquée par chacun des deux pays depuis l'indépendance. Un ancien président du Nigeria avait accepté le principe d'une dévolution de Bakassi au Cameroun. Il faut croire qu'il n'a pas été entendu. Lorsque nous avons affrété un bateau pour faire une campagne sismique en mer au large de Bakassi, la marine nigériane a ouvert le feu ! Et nous avons dû rebrousser chemin.

À peine avais-je quitté la présidence d'Elf que j'étais invité par les présidents des deux pays à faire un arbitrage, non pas pour régler la question politique de la dévolution du territoire de Bakassi, mais afin d'élaborer des modalités du partage des richesses. Là encore, je défendais la même idée : foin de politique, exploitez le pétrole et le gaz pourvu que vous tombiez d'accord sur le partage de la production. Pour aboutir, il me fallait, en qualité de président de Gaz de France, me rendre dans ces deux pays. Las ! À la veille de mon second voyage, j'ai reçu un brutal rappel à l'ordre du gouvernement de M. Balladur : « Pas de diplomatie parallèle. Vous êtes prié de rester à Paris ! » Les diplomates ont tenté de poursuivre mon travail, mais ils se sont heurtés au problème de la dévolution de la presqu'île. Jusqu'à s'y enliser. La zone de Bakassi représente toujours un bel espoir.

Au Gabon, le baril à 100 dollars ouvre de nouveaux horizons sur le littoral. C'était le territoire d'Elf par excellence, c'est celui de Total aujourd'hui. Mais il attire également beaucoup d'autres petites compagnies. La création d'une société nationale, propriété de l'État du Gabon, est un bon point. Car ceux que l'on appelait pudiquement les « investisseurs gabonais » n'étaient autres que les parents et amis du président fondateur.

Au Congo-Brazzaville, c'est au retour de Sassou au pouvoir que, dès 1997, a été créée la Société nationale des pétroles du Congo (SNPC). Ce qui a permis de clarifier les rapports des opérateurs pétroliers avec l'État. Elf-Total a été supplanté par l'ENI. Les Italiens ont accepté de développer les gisements de gaz découverts par Elf. Depuis peu, ils s'aventurent à leur tour dans le nord du Congo, qui est l'une de mes marottes. C'est également l'ENI qui a racheté les gisements de l'onshore côtier de M'Boundi. L'opérateur pétrolier Maurel & Prom l'avait développé à partir de 2003. Mon successeur chez Elf, qui refusait de poursuivre le forage prévu, leur avait revendu le permis. Pour une bouchée de pain. M. Jaffré ne pouvait pas être mieux inspiré : M'Boundi est la plus belle découverte au Congo depuis dix ans. La localisation d'autres gisements dans le nord du pays pourrait déclencher un engouement pour l'ensemble du bassin du fleuve Congo, en particulier sur le pourtour d'Inongo.

En RDC (Congo-Kinshasa), la production est sobre, et les perspectives sont médiocres. Il est vraisemblable que le pays trouvera son pétrole autour du lac Albert – quand les armes se seront tues.

L'Angola est un pays pétrolier mature. Cabinda et l'offshore du nord font l'objet de travaux considérables et de découvertes régulières. Les grandes sociétés ont pour partenaire la Société nationale, la Sonangol. Il reste à prospecter plus systématiquement l'onshore côtier de la Namibie angolaise qui jouxte l'État de la Namibie lui-même. Peu de travaux y sont entrepris. L'on y a découvert un gisement de gaz offshore qui devra faire l'objet d'une consommation locale.

Autre source d'énergie, autre enjeu : le gaz. Il faut distinguer entre les gisements qui ne recèlent que du gaz, du méthane, CH_4, appelé gaz naturel, et les gisements de pétrole où le gaz est présent, souvent en grande quantité, et que l'on appelle le « gaz associé ». Alors que, au lendemain de la Seconde Guerre mondiale, les pays occidentaux se sont mis à utiliser le gaz pour l'industrie et les particuliers, ainsi que pour produire l'électricité, les pays du tiers-monde ne cherchaient pas à le valoriser. Les gisements de gaz étaient purement et simplement fermés. Le gaz associé était torché, c'est-à-dire brûlé au sommet de ces grandes torchères qui s'élèvent parmi les champs pétroliers.

Pour le gaz associé, nous avons estimé que la meilleure solution consistait à le réinjecter dans le puits. Cette méthode permet d'augmenter le volume de pétrole récupérable, et d'aboutir au bout d'une vingtaine d'années à un gisement de gaz exploitable. Nous l'avons fait en Angola, avant de rééditer au Nigeria, puis au Congo-Brazzaville. Par la suite, nous avons suggéré aux pays concernés d'envisager la production d'électricité à partir du gaz, gaz naturel ou gaz associé. La Côte d'Ivoire a étrenné la formule, suivie du Sénégal qui disposait d'un petit gisement. Puis le Nigeria est entré dans la danse : jusqu'à ce moment-là, ce pays avait torché dans les années 1990 l'équivalent de la consommation de gaz en France !

C'est alors que les projets de gaz naturel liquéfié ont commencé à fleurir en Afrique. Redoutant que les consommateurs africains rechignent à payer leur électricité, les compagnies préférèrent vendre le gaz sur le marché international. Soutenu par Gaz de France et Elf, le premier projet a germé au Nigeria. Les autres détenteurs de gisements de gaz nous ont emboîté le pas. Puis le Nigeria a investi dans un gazoduc pour desservir l'ouest du pays et les pays limitrophes, Bénin, Togo et Ghana. Mais cette passion pour le gaz a longtemps été une affaire nigériane. Et c'est après beaucoup d'efforts que les autres pays pétroliers d'Afrique ont fini par s'y intéresser. Le Congo-Brazzaville a bâti une centrale à gaz à Pointe Noire, alimentée par le champ exploité par l'ENI. Le Gabon et l'Angola ont suivi, imités depuis par le Ghana. Le Bénin et le Togo espèrent toujours bénéficier un jour du gaz nigérian. En attendant, leurs centrales brûlent encore du fioul importé !

En aval de la production, se pose le problème du raffinage. Les compagnies pétrolières avaient construit des petites raffineries un peu partout sur le littoral. La gestion en a été rapidement partagée avec les pays indépendants. Il n'en a pas résulté une saine gouvernance et, surtout, cela n'a pas incité à réaliser en temps utile les investissements indispensables. Il fallait augmenter leurs capacités pour améliorer leurs rendements. On en est resté, en Afrique, à des installations conçues pour traiter 20 000 barils/jour quand elles auraient dû être dimensionnées pour 100 000 barils/jour. Outre qu'ils soulèvent des problèmes de qualité, ces équipements se sont rapidement révélés déficitaires. Ils ont été arrêtés, puis repris. Les dirigeants des différents pays, comme au Sénégal, au Gabon, au Cameroun et en Angola, ont fini par envisager des fermetures définitives. Les compagnies de *trading* qui achetaient le brut et revendaient les produits voyaient dans la fermeture une occasion d'accroître leurs gains. Elles ont pris des parts dans ces raffineries avant, une fois acquis leur pouvoir d'actionnaires, d'en obtenir la disparition. Et cela a conduit au chaos de tout l'aval pétrolier sur le continent, chaos dont nous ne sommes toujours pas sortis.

Pour résumer, le brut africain est vendu trop bon marché, les raffineries ne sont pas adaptées. Ultime paradoxe : cela fait les affaires des *traders* qui leur vendent un brut venu d'ailleurs et hors de prix, ainsi que des produits pétroliers.

14

Stabilité, paix civile, respect du droit

Ce n'est pas parce que le « décollage » économique du continent africain a été « prophétisé » trop tôt ou à contretemps, spécialement aux premiers jours des indépendances, qu'il faut accepter de croire que, conformément à un cliché d'inspiration colonialiste, ses populations seraient condamnées au sous-développement. Il n'y a pas de fatalité. L'émergence n'est pas réservée aux seuls pays de l'Asie. Surtout à l'heure où nombre de pays d'Afrique affichent des taux de croissance qui témoignent du décollage depuis si longtemps attendu. Les experts de l'OCDE et de la Banque africaine de développement pronostiquent ainsi un taux de croissance de 4,8 % en 2013, et un taux de 5,4 % en 2014. Avec, certes, d'inévitables disparités, l'avantage revenant à l'Afrique de l'Ouest (Ghana et Côte d'Ivoire, en particulier) et à l'Afrique de l'Est (Éthiopie, Ouganda, Rwanda et Tanzanie, en particulier). L'une et l'autre sont créditées, en effet, des prochains records de croissance soit, pour 2013 et pour 2014, respectivement 6,7 % et 7,4 %, %, 5 % et 7 %.

Nous autres Français, legs de l'Histoire oblige, nous avons eu spontanément tendance à confondre le continent africain avec l'Afrique francophone. Il est vrai qu'avec le poids de nos colonies nous y avons occupé une position privilégiée, et que le cercle de la francophonie s'est élargi depuis aux pays naguère contrôlés par les Belges, les Espagnols et les Portugais, et jusqu'aux pays anglophones. La France a été pendant de nombreuses années le pays de référence. Certains États africains ont adopté le franc CFA, indexé sur le franc français, puis sur l'euro. Ajoutons que, dans un monde dominé par l'affrontement et la lutte d'influence entre les États-Unis d'Amérique et l'Union soviétique, la puissance américaine étant elle-même appuyée par la puissance britannique, la voix de la France a porté plus loin grâce au soutien de l'Afrique, la francophone et au-delà. À cet égard, la politique d'indépendance de l'Afrique subsaharienne a été un succès du général de Gaulle dans les années 1960.

L'indépendance était une issue inéluctable, mais au final la parole de la France a été sauvegardée. Ce qui était loin d'être gagné, si l'on se souvient qu'elle n'était pas représentée lors du « partage du monde » à Yalta. Mais en se refusant à entretenir une alliance aveugle avec Washington (en témoigna son refus d'intégrer l'OTAN) et sans, pour autant, jouer le jeu de Moscou, le général de Gaulle ne fit pas seulement respecter la volonté d'indépendance de la France, il encouragea bien d'autres pays à ne pas s'aligner, à ne pas s'inféoder à une puissance ou à une autre. C'est sans doute, là encore, l'un des ressorts du prestige dont sa figure est, encore à ce jour, entourée.

Soixante ans se sont écoulés depuis les indépendances. À y regarder de près, l'on peut estimer que l'évolution des pays africains a été globalement décevante. Comment est-ce possible ? Ce continent recèle des ressources minières et naturelles considérables. Il abrite une population en continuelle expansion. De plus en plus de pays affichent des taux de croissance élevée. Des organisations communes et consensuelles ont vu le jour. L'espérance de vie et l'éducation progressent. Ce continent se couvre peu à peu d'infrastructures routières, portuaires… Et, cependant, un seul pays se détache : l'Afrique du Sud, qui est entrée dans le cercle des pays à fort potentiel de croissance, au côté du Brésil, de l'Inde et de la Chine. Or, globalement, la population de tout le continent connaît la souffrance, y compris celle du pays aujourd'hui le plus envié.

La joie de vivre, la danse, la musique, la fête et les rires qui font le bonheur des Occidentaux lors de leurs séjours en Afrique, ne peuvent cacher les deux fléaux majeurs : la pauvreté qui engendre le désespoir, l'insécurité et la violence ; la confiscation des richesses par une faible proportion d'individus ou de familles qui se répartissent le pouvoir et les prébendes, qui dictent la corruption dans tous les secteurs d'activité, spécialement les administrations. Ce constat consternant continue de m'inspirer deux sentiments contradictoires. J'éprouve un véritable amour pour ces peuples qui vivent au jour le jour, qui remercient le soleil de briller et la pluie de tomber. Mais j'éprouve en même temps une sainte colère face au népotisme, face au gaspillage des ressources et des revenus, face à l'arrogance de quelques-uns et face à la désorganisation entretenue, qui ne font qu'aviver le malheur des peuples.

Car après la colonisation politique, s'est installée une colonisation plus pernicieuse, celle de l'économie. Les entreprises ont justifié le pillage systématique des richesses du continent au prétexte qu'il y manquait les compétences, l'organisation et de réelles possibilités d'industrialisation – mis à part le cas particulier et unique de l'Afrique du Sud. En faveur du développement, on a toutefois multiplié les programmes d'aides diverses. On a encouragé la coopération par pays, puis par régions (le choix qu'a fait l'Union européenne). La Banque mondiale, le FMI sont entrés dans le concert. Se sont succédé les traitements de la dette, puis les plans d'austérité et leurs classements selon que le pays était éligible à leurs secours au titre de PPTE (pays pauvre très endetté) ou au titre de Pays en Transition, etc. Puis les ONG sont venues au chevet des populations en détresse. Un immense sentiment de bonne conscience s'est ainsi répandu parmi les pays riches, jusqu'à affréter des avions charters en vue, pour lutter contre le sida, de distribuer le maximum de préservatifs malgré, à ce sujet, les sentiments réservés du pape catholique romain.

Il n'empêche qu'il y a des réalités que l'on doit avoir le courage de regarder en face, que l'on soit africain ou pas.

Toutes les frontières des États sont artificielles, y compris celles du seul pays qui n'a pas été colonisé à proprement parler, soit l'Éthiopie. Les États-nations n'existent que sur le papier, que d'après la cartographie. Les Africains subsahariens sont d'abord africains. Ensuite, ils appartiennent à des tribus ou des familles. Et enfin, ils ont une nationalité, laquelle n'est pas forcément celle de leurs parents, ni celle de leurs frères et sœurs. Ils n'ont qu'une seule occasion de se sentir « nationaux », c'est lors des matches de foot de la Coupe africaine des nations, la CAN !

Presque rien n'a changé depuis qu'au moment de sa création l'Unité africaine, qui a son siège à Addis-Abeba, a décidé de ne pas remettre en cause les frontières des États. Car ce choix a connu depuis deux coups de canif. Le premier cas, c'est celui que présente l'autonomie de fait du Somaliland. En théorie, ce territoire fait partie de la Somalie. En réalité, il s'est doté voici vingt ans d'un gouvernement qui fait respecter ses frontières, qui délivre des visas. Elle a beau ne pas être reconnue par l'Union africaine, ni par les Nations unies, son indépendance est totale. Il y a ensuite le cas du Soudan, avec la partition récente et, cette fois, officielle entre le Soudan et le Soudan Sud. La voie est donc ouverte à d'autres « autodéterminations » ici ou là, à des déclarations et constitutions de prochaines indépendances. Dans tous les pays. Car aucun n'est homogène. Sur le petit territoire du Togo, on ne compte pas moins de quarante-cinq langues vernaculaires. À l'origine, l'est du Ghana dépendait du Togo historique. Il n'a été rattaché au Ghana qu'il y a soixante ans. Certains Ghanéens anglophones se considèrent donc comme Togolais : ils parlent aussi la même langue vernaculaire que leurs frères de l'autre côté de la frontière.

Dans ces États artificiels, l'unité ne peut être personnifiée que par un chef d'État charismatique, fort, autocratique. La démocratie classique mène au tribalisme et à la balkanisation. C'est pourquoi les Occidentaux peuvent bien qualifier de dictateurs ou de tyrans les présidents qui se maintiennent longtemps au pouvoir sans trop se préoccuper des attentes de leurs peuples. Il y a là, à la période charnière actuelle qui promet de durer quelque temps, comme un passage obligé. Il n'en reste pas moins que, même sous le régime des plus sévères autocrates, la parole est souvent très libre, jusqu'à couvrir les présidents-dictateurs de propos très injurieux. Ces régimes autocratiques ont été ponctués de révoltes de palais, d'assassinats, de coups d'État. Mais leurs successeurs n'ont rien changé au mode d'exercice du pouvoir. Leurs peuples n'ont pas vu la différence. Même confiscation, et même misère. Une clique de nantis, de notables, de gens instruits peuvent bien se partager à tour de rôle richesses et pouvoir… Il arrive qu'un clou chasse l'autre, mais c'est toujours un clou.

Comment sortir de cette répétition ? Les élections se font autour de candidats qui appartiennent plus ou moins étroitement à des tribus, et non autour de programmes particuliers. Puisque leur seul programme est de prendre le pouvoir pour l'exercer de la même façon que leurs prédécesseurs, mais cette fois-ci à leur avantage Quoi qu'il en soit, le dernier mot revient aux Africains. À eux de déterminer les représentants qu'ils veulent, plutôt qu'à nous autres qui nous flattons d'avoir inventé l'ultime bonheur démocratique !

Je considère que nous devons néanmoins adopter deux attitudes.

La première, ce serait de conseiller à ces pays de créer un statut d'ancien président. Cette mesure s'inscrirait bien dans la tradition africaine de respect des anciens. Il s'agirait de réserver une place à une sorte de président honoraire, voire de Père de la nation. Il serait garant de l'unité nationale. Il prendrait part à certaines manifestations, et même à certaines décisions. L'ex-président du Ghana, J.-J. Rawlings, bénéficie à ce qu'il me semble d'un statut de cette nature, de même que, pour l'Afrique du Sud, Nelson Mandela. Ce serait une façon d'éviter les contestations et les violences qui accompagnent régulièrement les successions, pour ne pas dire les guerres de succession. Une façon de ne pas rééditer les descentes aux enfers de tant de pays.

Je songe par exemple aux dernières années de Houphouët-Boigny en Côte d'Ivoire, aux derniers mois d'Omar Bongo au Gabon, à l'exil absurde de Senghor pour le Sénégal ou aux brutales mises à l'écart des présidents Gowon ou Babangida au Nigeria, sans parler de la comparution de Gbagbo de Côte d'Ivoire devant le Tribunal pénal international. Il y a d'autres solutions possibles !

La seconde recommandation, et dans la mesure où tous ces pays reçoivent des aides, émanant d'institutions internationales ou de pays, serait de conditionner leur délivrance : à chaque pays candidat à une aide de la justifier en prouvant qu'il a marqué un progrès dans le respect des droits de l'homme. Car il faut bien observer que nous en sommes loin. Soit les droits de l'homme ne sont tout simplement pas respectés, soit ce respect est en recul. Il suffirait de fixer des règles claires, qui prévoiraient le retrait immédiat des aides pour le cas où elles ne seraient pas appliquées. Je me doute bien que ça n'est pas dès demain que la justice indépendante verra le jour dans ces pays autocratiques, qu'il n'y aura plus à se plaindre de la corruption de l'administration, de brutalités policières, du népotisme, du clientélisme, du bourrage des urnes… Chacun a le droit de rêver. Cela arrivera un jour. Mais pas demain !

Du moins peut-on exiger que certaines lois essentielles soient respectées. Et s'il s'avère que ce n'est pas le cas, adieu les aides, adieu la Banque mondiale, adieu le FMI. Bonjour, l'embargo. Attention : il doit s'agir de leurs lois, pas des nôtres. Par exemple, dans l'affaire qui a failli me coûter la vie, j'ai souligné le fait que les pays de la CEDEAO ont signé des textes sur les conditions d'extradition, conditions qui ont été enfreintes pour ce qui me concerne. Ces textes valent pour les quinze pays. Que l'un de ces pays, le Togo par exemple, ne les applique pas, et il se trouve automatiquement exclu de la CEDEAO, des aides internationales, de la Banque mondiale et du FMI. C'est à la Cour de la CEDEAO à Abuja, au Nigeria, de s'en saisir et de se prononcer.

Il y a encore un autre principe, élémentaire, à faire respecter : qu'il ne soit licite d'inculper quiconque qu'après avoir produit les preuves motivant l'inculpation, qu'après lui en avoir donné connaissance et qu'après lui avoir laissé la possibilité d'être entendu. Illustration : il était minuit lorsque se sont déclarés les incendies des marchés de Lomé ; comment expliquer qu'avant que le sinistre soit maîtrisé la police ait pu arrêter, à 2 heures du matin, vingt-huit personnes – comme par hasard membres de l'opposition – prétextant qu'elles étaient les auteurs des incendies. L'enquête n'avait pas débuté, le feu continuait de ravager les marchés, que les autorités togolaises prétendaient les avoir déjà confondues. Ces personnes n'étaient pas sur place, puisqu'elles ont été arrêtées chez elles. Innocentes, suspectes ou coupables : je ne me prononce pas. Je me limite à souligner le fait qu'elles ont été arrêtées sans qu'aucune preuve ne le justifie, sans qu'elles aient pu prendre connaissance du moindre élément d'enquête.

Un pays qui tolère ce genre de pratiques doit être tenu pour hors la loi. Il ne pourra plus prétendre aux aides extérieures, ni à faire entendre sa voix au sein des organisations communes.

Voilà deux mesures dont on est à peu près sûr qu'elles donneront des résultats, deux mesures qui pourront aider les Africains dans leur ensemble à prendre en mains leur destin. Et sans cesser de souhaiter que, tirant plus équitablement parti de leur rente pétrolière, les États allouent toujours davantage de ressources à la santé, à l'éducation et au développement de l'agriculture et de l'industrie.

15

Moyen-Orient : vers la fin de notre dépendance

Il y a deux sortes de pays au Moyen-Orient : ceux qui ont du pétrole, et ceux qui n'en ont pas ! Depuis les dernières découvertes, nous savons qu'Israël et le Liban peuvent à leur tour devenir des États pétroliers. Et puisqu'on en a trouvé aussi en Turquie comme en Égypte, il n'y aura bientôt plus que la petite Jordanie pour demeurer à la diète. Arabie Saoudite, Irak, Syrie, Iran, Émirats arabes unis, Qatar, Koweit, Yémen, Oman, Bahreïn : tous ces pays vivent du pétrole à des degrés divers.

Les musulmans y sont massivement majoritaires, sauf dans l'État d'Israël, pomme de discorde depuis cent ans. Il y a bien des minorités chrétiennes, mais elles s'amenuisent au fil du temps, des intimidations et des persécutions. Les sunnites représentent le gros des populations musulmanes, mais les chiites dominent en nombre en Iran et en Irak et ils occupent la plus grande région pétrolière de l'Arabie Saoudite et Bahreïn.

Israël et la Turquie sont les seules démocraties. Des élections se tiennent en Irak, en Iran, au Liban, en Égypte et au Yémen, mais leurs régimes oscillent entre l'autocratie et la théocratie. En revanche, Arabie Saoudite, Bahreïn, Qatar, Émirats arabes unis, Oman, Jordanie et Koweït sont des royaumes ; les institutions émanant du peuple sont très sommaires, voire inexistantes. Par ailleurs, surtout dans les États très pétroliers, la région fait beaucoup appel à la main-d'œuvre étrangère. Or celle-ci n'a aucun droit, alors qu'elle représente une majorité écrasante parmi la population vivant sur leurs territoires. Au Qatar, on compte deux millions de travailleurs étrangers pour deux cent mille Qataris. À Dubaï, les Émiratis ne pèsent là encore que 10 % de la population !

L'équilibre intérieur est donc fragile. Les frontières de certains pays ont été délimitées par les puissances qui se sont répartis les dépouilles de l'Empire ottoman, en priorité par le Royaume-Uni. La ligne de partage entre la Syrie, le Liban, Israël, l'Irak et la Jordanie n'obéit à aucune règle classique, pas plus que la frontière qui sépare l'Irak de l'Iran puisque la première contrée que l'on traverse lorsqu'on voyage d'Irak en Iran s'appelle l'Arabistan, comme quoi ses habitants ne sont pas perses.

Le caractère « national » s'estompe ou apparaît secondaire rapporté au caractère religieux et coutumier, juif, chrétien, sunnite, chiite, les notions d'Arabe, de Kurde, de Turc ou de Perse. Sans omettre d'y associer « le critère palestinien », à savoir celles et ceux, ou les descendants de celles et ceux qui ont été chassés par les Juifs israéliens ou qui ont quitté volontairement la Palestine de leurs aïeux, aussi bien que les musulmans israéliens et les chrétiens israéliens, minoritaires au sein de l'État d'Israël.

Il s'agit donc une fois encore d'une région aux frontières artificielles, sujette à deux sources de tension : l'existence de l'État d'Israël contestée par la majorité des autres États ; la présence d'un pétrole abondant et facile d'extraction qui a conduit la plupart des pays à ne plus vivre que de sa rente, laquelle a entraîné un désœuvrement d'une grande partie de la population, son opulence, des comportements à la limite de l'esclavagisme à l'endroit des immigrants et des luttes intestines entre les clans. À côté d'Israël, État « juif », le sort des Kurdes représente une seconde épine. Les Kurdes n'ont pas d'État, ils n'ont que des provinces, en Irak, en Iran, en Syrie et en Turquie. Ils revendiquent partout l'autonomie. Ils ne l'ont obtenue qu'en Irak, mais la Turquie a fini par accepter d'en discuter. Par ailleurs, l'hostilité entre sunnites et chiites ne cesse d'augmenter, tandis que les chrétiens sont de plus en plus rejetés ou marginalisés, coupables d'apparaître trop proches du monde occidental « ennemi » de l'islam.

En définitive, le seul pays qui témoigne d'un certain équilibre et qui présente quelques traits d'une nation est le sultanat d'Oman. Cela tient en bonne part à la personnalité du sultan, et à l'existence de frontières naturelles avec l'Arabie Saoudite : un désert !

L'instabilité de cette région du monde, si stratégique pour l'approvisionnement de toutes les populations en produits pétroliers, explique pourquoi bien des pays se pressent à son chevet.

La politique de la France n'a jamais été nette, pas plus à l'égard de l'État d'Israël qu'à l'égard de tous les autres pays du Proche et du Moyen-Orient. L'accueil dont a bénéficié le Qatar, les pays européens l'incitant à jouer un rôle dans le concert des nations « démocratiques », la France invitant en 2008 le cheikh Hamad al-Thani à célébrer le 14 Juillet en qualité d'hôte d'honneur de la tribune présidentielle, tout cela a de quoi faire sourire. La chaîne de télévision Al Jazeera qui rayonne parmi les musulmans de la planète, la position clef dans l'émirat du cheikh Al-Qaradawi, prédicateur ultra-islamiste aux positions plus que douteuses, autant d'indices susceptibles d'inquiéter nos démocraties. Il n'en a rien été. Depuis, le Qatar s'est joint à l'Occident pour dénoncer et chasser le régime syrien. Et j'imagine que ce ne sera pas le dernier fait d'armes du petit État qui a été désigné pour organiser la Coupe du monde de football en 2020.

Un jour que, cherchant à l'intéresser aux ressources pétrolières et gazières du Qatar, je venais de demander à « mon patron » de faire étape à Doha au cours de l'un de ses voyages au Moyen-Orient, François Mitterrand ne s'y prit pas par quatre chemins pour m'éconduire sèchement. « Je ne suis pas votre voyageur de commerce », répliqua-t-il. Sur le coup, il m'avait vexé. Mais, avec le recul, j'ai compris qu'il avait pourtant raison, comme il avait raison d'être réservé à l'égard de cet autre pays de la région qu'est l'Arabie Saoudite.

Car, malgré notre dépendance pétrolière et gazière, nous ne pouvons plus ignorer à la fois les réalités de ces régimes monarchiques, l'appui qu'ils apportent aux intégrismes religieux les plus sectaires, leurs entorses aux droits des hommes et des femmes les plus élémentaires. Il nous faut mettre des bornes à notre enthousiasme mercantile, que nous fixions des limites à nos demandes incessantes. Ces monarchies d'un autre âge ne font pas du bien au monde, pas de bien aux démocraties, pas de bien au futur que nous souhaitons aux générations à venir. Nous ne devons pas hésiter à leur déclarer ce que nous pensons de leurs positions vis-à-vis du progrès social et de l'accomplissement individuel.

Si j'étais encore une fois en présence de « mon patron », voilà ce que je lui dirais :

« Comme moi, Monsieur le Président, ou plutôt moi comme vous, vous êtes un ex-catholique agnostique qui cherche désespérément à savoir si Dieu existe, s'il y a un au-delà. Mais depuis, le wahhabisme le plus primitif a fini par envahir la planète musulmane, par chasser les sages soufis dont les pensées étaient si proches des nôtres. Tous ces obscurantistes bornés qui comptent leurs millions de barils comme des trophées qu'ils auraient eux-mêmes remportés, eh bien oui, nous avons eu tort de les traiter comme des rois et de jouer auprès d'eux les "voyageurs de commerce". »

Par bonheur, la science et la technique nous autorisent désormais à aller puiser le pétrole et le gaz non conventionnels, à aller chercher aussi le méthane en mer, à transformer le gaz en carburant liquide. Nous disposons de centrales nucléaires. Après-demain, le solaire photovoltaïque deviendra compétitif.

Il n'est que temps de dire à ces monarques ce que représente la démocratie, ce qu'elle peut apporter aux hommes et aux femmes de leurs pays, en priorité parmi les théocraties rétrogrades qui font honte à l'humanité tout entière.

C'est la gloire de la science que de pouvoir nous laisser reprendre dès à présent cette liberté de parole que nous avions perdue depuis le 14 février 1945. Depuis que le président Roosevelt avait proposé au roi Ibn Saoud, reçu ce jour-là à bord du croiseur *Quincy*, le pacte qui figerait les relations de l'Occident avec la péninsule arabique et ses monarchies, pour une période de soixante ans.

Estimant que leurs intérêts vitaux étaient en jeu dans la région, les Américains avaient promis la protection inconditionnelle à la famille Saoud, et la non-ingérence dans leur politique intérieure. En contrepartie d'une garantie : que l'Arabie Saoudite les laisse exercer un droit de contrôle sur le domaine pétrolier et qu'ils soient accueillis comme des acheteurs et partenaires prioritaires. Ce pacte du *Quincy*, scellé dans un contexte particulier et sans rapport avec celui d'aujourd'hui, au retour de la rencontre tendue de Roosevelt avec Staline à Yalta, le président Georges W. Bush a pourtant cru indispensable de le renouveler en 2005 pour les soixante prochaines années. Mais le contexte n'est plus le même. Celui d'aujourd'hui ne nous lie plus les mains.

Conclusion

Lorsque nous allions au Gagne-Petit, le chef de l'atelier de couture avait l'habitude de nous raconter l'histoire de « sa guerre », celle de 14-18. Il s'appelait M. Bouédec. Et lui, le rescapé de ce casse-pipe où les Bretons avaient péri par milliers comme en attestent tous les monuments aux morts de nos villages, il débutait immanquablement son récit par la phrase : « Nous montions en ligne. » Des générations entières ont été décimées pendant la Grande Guerre. Le costume des Bretonnes était très coloré, il est devenu sombre à partir de 1914 car il n'y avait bientôt plus que des veuves et des orphelines. Les connaissant déjà par cœur, les récits de M. Bouédec avaient forcément fini par nous lasser, et nous n'avions guère l'envie de nous attarder. Et depuis, quand, comme pour ce livre, c'est à mon tour de me pencher sur mon passé, je crains toujours de ressembler à M. Bouédec, de radoter et de manifester les mêmes obsessions.

On l'aura compris : si je fouille et explore « l'avant », c'est pour éclairer le futur. Et si je décris la situation présente et la situation à venir, ce n'est pas pour juger mais pour agir. Je ne me sens pas dans la peau d'un observateur ou d'un commentateur. De même qu'en écrivant ce livre, ainsi que le lecteur l'aura relevé, je suis resté fidèle à une ligne de conduite dont je n'ai pas varié depuis, pendant et après mes tracas judiciaires.

Au fil du temps, j'aurais pu finir par m'en écarter à force de m'entendre dire par tel ou tel, bien ou mal intentionné, que le temps était venu de me venger d'avoir endossé à la place de certains autres la responsabilité de leurs propres comportements, que le temps était venu de livrer « les noms », que le temps était venu de sortir de l'ombre les commanditaires, les manipulateurs, les bénéficiaires, les comparses, etc. On a beau jeu de réclamer la lumière quand on ne songe en réalité qu'à jouir de juger, qu'à jouir de condamner et qu'à jouir de punir. Mouton noir, je n'ai surtout pas cherché à me « blanchir » sur le dos d'autrui, vif ou défunt. Question de dignité, question de fierté. D'une certaine façon, je me suis efforcé pour la première fois de me juger moi-même. Ce livre m'aura donc donné l'occasion de reconnaître certaines regrettables légèretés, certaines regrettables lacunes, certaines regrettables méprises. Je n'y reviendrai plus. Pas plus que je ne me déciderai un jour à « balancer ». À l'heure où les « affaires » successives creusent toujours davantage le fossé entre les politiques (de droite et de gauche) et les Français, qu'on ne s'attende pas à ce qu'à mon tour je me joigne aux délateurs et aux procureurs de la pureté et de la transparence. Je n'ai le goût ni de l'imposture, ni de la vengeance.

Je ne me connais qu'un métier : poser à tout instant ma pierre dans l'édifice collectif du progrès et du développement. Quelle que soit la complexité des problèmes soulevés, et Dieu sait si la mondialisation accélérée et les crises que nous vivons mettent au défi les acteurs de l'économie, je n'ai pas d'autre ambition que de toujours rechercher des solutions. Par bonheur, ainsi que « mon patron » et mes expériences me l'ont appris, et pourvu que l'on ait correctement analysé la situation, sans détours ni tabous, l'on finit nécessairement par découvrir le ou les leviers qui auront raison de l'obstacle. C'est pourquoi il ne faut surtout pas s'attendre à ce que j'emboîte le pas aux gens blasés d'humeur catastrophiste. Ceux-là se gargarisent de l'enlisement de l'Afrique, de la fin de l'Europe, de la France qui tombe. Certes, je ne suis pas satisfait du cours des choses. Mais il faut à tout moment évaluer ses atouts et les employer pour écrire l'avenir. Reconnaître ses faiblesses est souvent un atout maître !

Quel est notre talon d'Achille ? Je mets farouchement en cause notre suradministration. Elle est gérée à son sommet par des individus incompétents et arrogants. Monnayant leur « carnet de relations » nouées grâce à leur position au sein de la haute fonction publique, leur ambition ultime est de « rentrer » dans le « privé » pour s'y assurer une seconde partie de carrière financièrement dorée. Ce sont ces gens-là que m'avait fait rencontrer Yvonne dès mes premières sorties à Paris. Ce sont les mêmes qui se poussent du col aujourd'hui. À une différence près, toutefois : ils sont plus nombreux à présent et ils font beaucoup plus de mal au pays. Car, en plus de leur dramatique incompétence, ils interfèrent dans tous les instants de la vie économique. Ils l'entravent, ils l'asphyxient, ils la paralysent. En l'espace de cinquante ans, de mouches du coche ils sont devenus les mouches tsé-tsé. Inutile de se bander les yeux : le sentiment que plus rien n'est possible en France gagne de jour en jour. Les jeunes élites véritables, celles qui sont décidées à entreprendre et à courir leur risque, ne rêvent plus que d'émigrer. Il y a péril. Il est hors de question de le nier. Il est hors de question de se résigner.

Dans ce combat pour le renouveau de notre pays, je veux tenir ma place, rechercher, élaborer et montrer les voies du succès. Non pas en prétendant avoir réponse à tout, mais à l'intérieur des limites de mon domaine de compétence, partout où sera perceptible ma valeur ajoutée. Ma curiosité naturelle et ma boulimie de connaissances, de contacts et de lectures, peuvent bien me conduire à me prononcer sur des sujets qui me sont familiers, c'est en priorité autour de l'énergie et de l'industrie, en Europe, en Afrique et au Moyen-Orient, que je souhaite travailler pour le futur.

Pour éviter toute mesure irréfléchie, et j'en relève chaque jour émanant de la plupart de nos responsables, il faut anticiper, prévoir et planifier.

Je suis ébahi d'en voir autant annoncer leurs mesures après s'être concertés avec leurs « communicants » alors que s'ils avaient écouté le monde du travail, s'ils s'étaient nourris de lectures, ils auraient été capables d'agir en temps utile avant de s'en expliquer, avant de convaincre de la justesse de l'orientation choisie. Il faut rester au contact des réalités, être sensible à l'évolution des techniques, au moral des hommes et des femmes qui prennent part à l'action. Or, à tous les étages de la vie publique, on met désormais la charrue avant les bœufs. On annonce, on vocifère, on commente, et puis on recule et on se lamente. Gouvernants, chefs d'entreprise, contrôleurs et commentateurs, tous s'agitent en vain dans la spirale de l'inaction. Car il leur suffit d'annoncer pour recueillir soutien et félicitations, tandis que le peuple se désole d'être condamné au sur-place, au *statu quo* (en pire, chaque jour qui passe). En attendant, les Français entretiennent à leurs frais un petit monde que Raymond Barre appelait « le microcosme ». Ce poids-là est devenu insupportable à une population qui se sent progressivement déclassée, voire paupérisée.

Je n'ai pas le sentiment que le renouveau soit impossible. Mais je mentirai à prétendre qu'il se fera spontanément et sans de rigoureuses conditions. Pour les faire accepter, ces conditions, il faudra une personnalité qui ait un charisme et une autorité propres à justifier la confiance dans les efforts à engager et à poursuivre. Donner la priorité aux sciences et aux techniques, faire confiance aux jeunes gens doués qui réunissent les compétences et le goût d'entreprendre, tout cela nous aidera à sortir de l'ornière. Si je n'attends rien des incompétents et des arrogants, je ne souhaite pas leur disparition. Ils ont droit à leur place, en tant que variété typiquement française de première classe, parmi ces « veaux » dont parlait naguère le général de Gaulle. Laissons-les à leurs cocktails, à leurs tapis rouges, à Roland-Garros, à Davos et à Cannes. Le monde de l'industrie et de l'énergie doit nous faire renouer avec la croissance et l'espoir. Et la première de nos priorités, laquelle ne coûte rien à l'État, c'est de commencer par lui foutre la paix !

La Bretagne. En costume breton pour les fêtes de la Saint-Loup à Guingamp (avec Annie Martin).

À Prat, le café d'origine de la famille Le Floch, il y a 300 ans, devenu la Mairie du village aujourd'hui.

Adolescent, au retour de pêc
De gauche à droite :
Mon cousin Jean-Michel,
son cousin Jean-Philippe,
mon « petite oncle » Jean-Gab

Ma grand-mère Antoinette
au tricot.

Mon père
dans son cabinet
de consultation
à l'hôpital.

Sur les rochers
avec Marlène.

En famille
avec les enfants.

Directeur de cabinet
au ministère de l'Industrie
avec Pierre Dreyfus.

Décoré par François Mitterrand
officier de l'Ordre du Mérite.

Avec Jacques Chirac
qui prend l'Eurostar
pour Londres.

Président d'Elf
sur une plateforme
pétrolière en mer du Nord.

Avec Omar Bongo
et André Tarallo.
Président d'Elf
en Afrique.

Président d'Elf
en avion
vers l'Afrique.

Président
de Gaz de France.

© Bernard Bisson / Sygma / Corbis

Président
de la SNCF.

ésident de la SNCF
seau Île-de-France.

Avec ma mère Gabrielle
et Marlène pendant le procès Elf.

Président
de Rhône-Poulenc.

Table

Mise en page par Meta-systems
59100 Roubaix

Achevé d'imprimer
sur les presses numériques de Dupliprint (95)
Dépôt légal : janvier 2014
N° d'édition : L.01EUCN000630.N001

Imprimé en France